पर्यटन विकास : उत्पाद, संचालन और स्थिति अध्ययन

टी.एस.-02

Notes For
BTS, CTS, DTS

AF102267

Useful For

Delhi University (DU), IGNOU, Berhampur University (Odisha), University of Kashmir, Sambalpur University (Odisha), University of Kalyani (West Bengal), Gurukula Kangri Vishwavidyalaya (Uttarakhand), Himachal Pradesh University, Cooch Behar Panchanan Barma University (West Bengal), Ranchi University, University of Culcutta, Pune University, University of Mumbai, and other Indian Universities

GPH BOOK ®

GullyBaba Publishing House Pvt. Ltd.

ISO 9001 & ISO 14001 CERTIFIED CO.

Regd. Office:
2525/193, 1st Floor, Onkar Nagar-A,
Tri Nagar, Delhi-110035
(From Kanhaiya Nagar Metro Station Towards Old Bus Stand)
Call: 9991112299, 9312235086
WhatsApp: 9350849407

Branch Office:
1A/2A, 20, Hari Sadan,
Ansari Road, Daryaganj,
New Delhi-110002
Ph.011-45794768
Call & WhatsApp:
8130521616,8130511234

E-mail: hello@gullybaba.com, **Website:** GullyBaba.com

Author: Gullybaba.com Panel

Copyright© with Publisher

All rights are reserved. No part of this publication may be reproduced or stored in a retrieval system or transmitted in any form or by any means; electronic, mechanical, photocopying, recording or otherwise, without the written permission of the copyright holder.

Disclaimer

Although the author and publisher have made every effort to ensure that the information in this book is correct, the author and publisher do not assume and hereby disclaim any liability to any party for any loss, damage, or disruption caused by errors or omissions, whether such errors or omissions result from negligence, accident, or any other cause.

If you find any kind of error, please let us know and get reward and or the new book free of cost.

The book is based on IGNOU syllabus. This is only a sample. The book/author/publisher does not impose any guarantee or claim for full marks or to be passed in exam. You are advised only to understand the contents with the help of this book and answer in your words.

All disputes with respect to this publication shall be subject to the jurisdiction of the Courts, Tribunals and Forums of New Delhi, India only.

प्रकाशक परिचय

गुल्लीबाबा पब्लिशिंग हाउस श्री दिनेश वर्मा जी का मौलिक विचार है जिनका नाम आज इस क्षेत्र में सम्मान एवं प्रशंसा के भाव को जगाता है। वे इग्नू के विद्यार्थियों को श्रेष्ठ स्तर की सामग्री प्रदान करने के जनक हैं क्योंकि वे स्वयं भी इग्नू के विद्यार्थी रह चुके हैं और इस रूप में वहाँ के विद्यार्थियों को अच्छे स्तर की सामग्री न मिलने की कठिनाइयों को झेल चुके हैं। वे इस समय विद्यार्थियों को निम्नलिखित सेवाएँ प्रदान कर रहे हैं–

परीक्षा में सफलता की गाइड–
इसके अंतर्गत महत्त्वपूर्ण प्रश्नों, हल किए गए प्रश्न-पत्र, गेस पेपर को एक ही स्थान पर उपलब्ध कराया गया है ताकि विद्यार्थी कम समय और कम परिश्रम से उत्कृष्ट अंक प्राप्त कर सकें।

नि:शुल्क पुस्तक–
"Secrets to Pass IGNOU Exams with Less Study" नामक शीर्षक से प्रसिद्ध यह पुस्तक अपने विद्यार्थियों के प्रति स्नेह एवं आदर के रूप में आपको नि:शुल्क प्रदान की जाती है। आप इसे निम्नलिखित लिंक से नि:शुल्क डाउनलोड कर सकते हैं–
https://www.gullybaba.com/ignou-free/

प्रकृति के प्रति आपका योगदान–
जब भी आप हमारी पुस्तक को पढ़ते हैं तो आप प्रकृति के प्रति भी अपना योगदान करते हैं क्योंकि हम पुस्तक तैयार करने में रिसाइकिल किए गए कागज का प्रयोग करते हैं। इस प्रकार आपकी प्रत्येक खरीद एक पौधा लगाने में भी कुछ-न-कुछ योगदान करती है।

हल किए गए Assignments की PDFs/हस्तलिखित Assignments–
हल किए गए सर्वोत्तम एवं असली Assignments की PDFs, जिन्हें आप Gullybaba.com से या हमारे App से तुरंत डाउनलोड कर सकते हैं।

परियोजना (Project) रिपोर्ट/सारांश (Report/Synopsis)–
प्रोफेशनल्स/शोधकर्त्ताओं द्वारा तैयार की गई सर्वोत्तम गुणवत्ता वाली परियोजना रिपोर्ट (Project Report) तथा सारांश (Synopsis) जिसकी अस्वीकृति की कोई गुंजाइश नहीं होती और जो दिए गए फॉर्मेट में तैयार की जाती है।

मोबाइल एप–
आप Google Play Store से हमारे 'Gullybaba' app को डाउनलोड करके उपर्युक्त सभी सेवाओं का लाभ एक ही स्थान पर उठा सकते हैं।

गुल्लीबाबा की इग्नू हेल्प बुक ही क्यों खरीदें?

क्या आप परीक्षा के डर से तनाव में हैं? क्या आपको इग्नू की परीक्षाओं में अच्छे अंक प्राप्त नहीं हो रहे हैं? क्या आप इग्नू की पढ़ाई में किसी Sure-shot Solution की तलाश में हैं? तो अब आप कहीं और कुछ तलाश न करें क्योंकि आपकी समस्या के समाधान के लिए Gullybaba.com प्रस्तुत है। यहाँ पर विशेषज्ञों के द्वारा तैयार की गई सहायक पुस्तिकाएँ (Help Books) आपको किसी भी परीक्षा का सामना करने की गारंटी देती हैं। इसके साथ ही आपको इग्नू हेल्प बुक की कॉम्बो डील्स (Combo Deals) पर काफी अच्छी बचत का प्रस्ताव (offer) भी मिल रहा है।

अब आप इग्नू के पाठ्यक्रम को शीघ्रता से पूरा कर सकते हैं और वो भी कम परिश्रम एवं कम समय में अच्छे अंकों के साथ।

जी.पी.एच. पुस्तकों की होम डिलीवरी

आप गुल्लीबाबा की पुस्तकों का ऑर्डर Gullybaba.com या Gullybaba App द्वारा कर सकते हैं। हम अपने fastest courier partners के माध्यम से आपकी पुस्तकों को ऑर्डर वाले दिन ही भिजवा देते हैं। आप अपनी पुस्तकों का ऑर्डर WhatsApp number 9350849407 पर या order@gullybaba.com पर e-mail द्वारा भी कर सकते हैं।

हम अपने courier partners के माध्यम से और कभी-कभी सरकारी डाक विभाग के माध्यम से "Cash On Delivery" की सेवा भी प्रदान करते हैं।

विक्रेताओं के लिए महत्त्वपूर्ण सूचना

प्रकाशक की लिखित अनुमति के बिना इन पुस्तकों को किसी ऑनलाइन प्लेटफॉर्म जैसे कि अमेज़न, फ्लिपकार्ट, शॉपक्ल्यूज, रेडिफ आदि पर बेचने की अनुमति नहीं है। किसी विक्रेता द्वारा इस प्रकार की गई GPH पुस्तकों की बिक्री को गैर-कानूनी (ILLEGAL SALE) माना जाएगा और ऐसे व्यक्ति के विरुद्ध सख्त कानूनी कार्यवाही की जाएगी।

इस पुस्तक का प्रयोग कैसे करें?

इस पुस्तक से सही लाभ प्राप्त करने के लिए कृपया पुस्तक के सभी भागों को अच्छी तरह से पढ़ लें। पहले भाग में परीक्षा से जुड़ी महत्त्वपूर्ण अध्ययन सामग्री है, जिसमें सबसे ज्यादा पूछे जाने वाले प्रश्न (उत्तर सहित), कभी-कभी पूछे जाने वाले प्रश्न और बहुत कम पूछे जाने वाले प्रश्न शामिल हैं। ये सब विषय के प्रवाह के रूप में हैं ताकि संकल्पना को समझा जा सके और अधिक अंक प्राप्त करने के लिए सर्वश्रेष्ठ उत्तर दिए जा सकें।

दूसरे भाग में पिछले वर्षों के प्रश्न-पत्रों को उत्तर सहित दिया गया है। अगर कोई विषय नया है जिसकी कोई परीक्षा पहले आयोजित नहीं हुई है तो उसके लिए सैम्पल प्रश्न-पत्र (उत्तर सहित) प्रस्तुत किए गए हैं। ये इग्नू विद्यार्थियों की सहायता करने के हमारे 18 वर्षों से अधिक के अनुभव पर आधारित हैं।

अध्याय इस क्रम पर आधारित है—

(1)	सबसे अधिक पूछे जाने वाले प्रश्न
(2)	अधिक पूछे जाने वाले प्रश्न
(3)	कभी-कभी पूछे जाने वाले प्रश्न
(4)	बहुत कम पूछे जाने वाले प्रश्न
(5)	परीक्षा की दृष्टि से उपयोगी प्रश्न
(6)	परीक्षा के नोट्स

अगर वास्तव में, अध्ययन के लिए ही आप इस पुस्तक को पढ़ रहे हैं तो अपनी परीक्षा में सफलता के लिए आपको इसके प्रत्येक पृष्ठ को ध्यानपूर्वक पढ़ने की आवश्यकता है।

प्रश्न-पत्र की रूपरेखा

अब हम आपके प्रश्न-पत्र की रूपरेखा तथा परीक्षा में उसको हल करने के कुछ टिप्स आपके सामने प्रस्तुत कर रहे हैं ताकि आप अपने अध्ययन की योजना और अधिक प्रभावी रूप से बना सकें।

प्रश्न-पत्र की रूपरेखा (Pattern)

कुल अंक: 100	
विवरण	अंक
भाग - क	
निम्नलिखित में से किन्ही पाँच प्रश्नों के उत्तर 400 शब्दों (प्रत्येक) में दीजिए:	5 × 10 = 50
भाग - ख	
किन्ही चार प्रश्नों के उत्तर 250 शब्दों (प्रत्येक) में दीजिए:	4 × 5 = 20
किन्ही दो प्रश्नों के उत्तर 600 शब्दों (प्रत्येक) में दीजिए:	2 × 15 = 30

नोट: प्रश्न-पत्र की रूपरेखा अलग-अलग प्रश्न-पत्र में अलग-अलग भी हो सकती है।

परीक्षा में उत्तर कैसे लिखें?

सर्वोत्तम अंक प्राप्त करने के लिए आप अपने उत्तर को साफ-साफ लिखें जो प्रस्तुत करने योग्य स्थिति में हो। अपना उत्तर लिखते समय आप निम्नलिखित बिंदुओं को अपने मार्ग-दर्शक के रूप में प्रयोग में ला सकते हैं–

(1) अपने उत्तर के अनुच्छेदों (paragraphs) को छोटा रखें और प्रत्येक अनुच्छेद के बीच में एक लाइन खाली छोड़ दें ताकि उन्हें आसानी से पढ़ा जा सके।

(2) यह सुनिश्चित करें कि आपका उत्तर छोटे-छोटे सार्थक हिस्सों में विभाजित किया गया हो। जहाँ तक संभव हो, प्रत्येक उपशीर्षक को छोटे-छोटे बिंदुओं में भी विभाजित कर लिया जाए। प्रत्येक उपशीर्षक को रेखांकित भी किया जा सकता है।

(3) प्रत्येक उत्तर को 2 या 3 लाइनों के अंतराल के बाद शुरू किया जाए।

परीक्षा में लिखने संबंधी कुछ और महत्त्वपूर्ण टिप्स जानने के लिए, हमारी प्रसिद्ध पुस्तक "Secrets to Pass IGNOU Exams with Less Study" का संदर्भ लें।

इसे आप निम्नलिखित लिंक से अभी मुफ्त डाउनलोड कर सकते हैं–
https://www.gullybaba.com/ignou-free/

# जरूरी सूचना

यद्यपि हम पूरी कोशिश करते हैं कि नोट्स में किसी भी प्रकार की कोई गलती न रहे। फिर भी यदि आप किसी भी प्रकार की कोई गलती या सुझाव बताना चाहते हैं, तो कृपया हमें जरूर सूचित करें, ताकि हम अपनी भूल को जल्दी से जल्दी सुधार सकें। आपका बताना, दूसरे छात्रों को उलझनों में समय गवाने से बचा सकता है। साथ ही साथ छात्रों को उच्च गुणवत्ता वाली अध्ययन सामग्री प्राप्त करने में आप उनकी मदद कर सकते हैं।

आगामी संस्करण में आपके सुझावों को यथास्थान साभार सम्मिलित भी किया जाएगा। अत: अपने सुझाव नि:संकोच हमें हमारी Email : feedback@gullybaba.com पर या सीधे प्रकाशन के पते पर लिखें और हमें अपने सुझावों से अनुग्रहित करें।

Table of Contents
Based on...

Very High Asked Questions
Highly Asked Questions
Medium Asked Questions
Less Asked Questions
Exam Important Questions
Exam Notes

खंड–1 पर्यटकों और मेजबानों को समझना..................1

- इकाई-1 विदेशी पर्यटक
- इकाई-2 घरेलू पर्यटक
- इकाई-3 मेहमान–मेजबान संबंध
- इकाई-4 समाजशास्त्र, मानवशास्त्र और पर्यटन

खंड–2 गाइड और यात्रा मार्ग–निर्देशक..................27

- इकाई-5 एक शहर की खोज : गाइड और नगर भ्रमण
- इकाई-6 एक स्मारक का वर्णन : ताजमहल
- इकाई-7 पर्वतीय गाइड : शेरपा
- इकाई-8 एक संग्रहालय की यात्रा
- इकाई-9 राष्ट्रीय उद्यान का भ्रमण : एक गाइड का नजरिया

खंड–3 पर्यटक स्थल : उत्पाद और संचालन–1 51

- इकाई-10 नृत्य और संगीत : खजुराहो उत्सव
- इकाई-11 व्यापारिक शहर : मुंबई
- इकाई-12 भोजन, रीति रिवाज, उत्सव और मेले

खंड–4 पर्यटन स्थल : उत्पाद और संचालन–2..................65

- इकाई-13 रोमांच और खेलकूद
- इकाई-14 समुद्रतटीय और द्वीपीय आरामगाह : कोवलम और लक्षद्वीप
- इकाई-15 भारत के हिल स्टेशन
- इकाई-16 वन्य जीव : जिम कॉर्बेट तथा गीर राष्ट्रीय उद्यान

खंड–5	**पर्यटन स्थल : उत्पाद और संचालन–3**	**...87**
इकाई-17	तीर्थस्थल	
इकाई-18	उत्सव	
इकाई-19	नृजातीय पर्यटन	
इकाई-20	शिल्प और लोक कला	
खंड–6	**प्रोत्साहनमूलक कौशल : स्थिति अध्ययन–1**	**...111**
इकाई-21	भारत–महोत्सव : विदेशों में सांस्कृतिक छवि निर्माण	
इकाई-22	इंडियाफेस्ट	
इकाई-23	कलिंग–बाली यात्रा	
इकाई-24	पैलेस ऑन व्हील्स	
खंड–7	**प्रोत्साहनमूलक कौशल : स्थिति अध्ययन–2**	**...131**
इकाई-25	पाटा : यात्रा हाट का एक अध्ययन	
इकाई-26	विदेशों में विपणन : पर्यटन विभाग, भारत सरकार	
इकाई-27	राज्य सरकार की पर्यटन प्रोत्साहन योजनाएँ (महाराष्ट्र का स्थिति अध्ययन)	
खंड–8	**दूसरों से सीखिए**	**...155**
इकाई-28	सीटा	
इकाई-29	एयर इंडिया	
इकाई-30	राजमार्ग सेवाएँ : हरियाणा पर्यटन	
इकाई-31	विरासत होटल	

प्रश्न पत्र

(1) दिसम्बर-2017..183
(2) जून-2018..184
(3) दिसम्बर-2018..186
(4) जून-2019..187
(5) जून-2020..188
(6) दिसम्बर-2020..189
(7) दिसम्बर-2021..190

अध्याय
1

पर्यटकों और मेजबानों को समझना

प्रश्न 1. पर्यटकों को समझने के क्या तरीके हैं? किसी पर्यटन स्थल के विकास में इससे क्या सहायता मिलती है?

अथवा

पर्यटकों की रूपरेखा बनाने के क्या लाभ हैं? विदेशी पर्यटकों को रूपरेखा आप किस प्रकार बनाते हैं? समझाए।

उत्तर– पर्यटन के प्रमुख तत्त्व पर्यटक ही हैं। इस गतिविधि की सुखद अनुभूति का उपभोग पर्यटक ही करते हैं। इस रूप में पर्यटक इस व्यवसाय के उपभोक्ता हैं। पर्यटकों में वे सभी लोग सम्मिलित होते हैं, जो अल्प समय के लिए अपने निवास–स्थान से बाहर घूमने–फिरने के लिए जाते हैं। उनके घूमने–फिरने का उद्देश्य आराम, स्वास्थ्य–लाभ, शिक्षा, मनोरंजन, कुछ समय के लिए घर से निकासी आदि कुछ भी हो सकता है। उम्र, व्यक्तित्व एवं शैक्षिक स्तर के अनुसार पर्यटकों के व्यवहार में विविधता पाई जाती है। इसी विविधता को ध्यान में रखते हुए पर्यटन के उत्पादों का निर्माण होता है। विविध रुचियों के पर्यटकों की सेवाओं एवं माँग के अनुरूप पर्यटन स्थलों के विकास को लाभदायक बनाने तथा नकारात्मक तत्त्वों को नियंत्रित करने में मदद ली जाती है।

किसी भी व्यवसाय अथवा सेवा की लगातार उन्नति के लिए बाजार की जरूरतों के मुताबिक उत्पाद का विकास करना अनिवार्य होता है। पर्यटन के संदर्भ में किसी पर्यटक स्थल की ओर संभावित पर्यटकों को आकर्षित करने के लिए उनके साथ प्रभावी संपर्क कायम करना भी महत्त्वपूर्ण है। इसके लिए जरूरी है कि पहले ऐसे पर्यटकों के अलग–अलग समूहों की शिनाख्त कर ली जाए। उनकी रुचियों और आवश्यकताओं का पता लगा लिया जाये। प्रभावी संपर्क का अर्थ है पर्यटकों तक पहुँचना और उनकी रिहाइश के भौगोलिक क्षेत्र की जानकारी

(1)

हासिल करना। किसी भी पर्यटक स्थल के संदर्भ में इन पहलुओं का तथ्यात्मक विश्लेषण ही पर्यटकों की रूपरेखा तैयार करना कहलाता है। पर्यटकों की रूपरेखा तैयार करने से निम्नांकित पक्षों के सुधार में भी मदद मिलती है–

(1) विकास प्राथमिकताओं के नियोजन और निर्णय में,

(2) पर्यटक उत्पादों की विपणन रणनीति में, और

(3) सेवाओं में।

रूपरेखा बनाने से मेहमान मेजबान संबंधों और पर्यटन के प्रभाव को समझने में भी मदद मिलती है। पर्यटक रूपरेखा के लिए हमेशा जरूरी है कि पर्यटकों का नियमित सर्वेक्षण किया जाये। विशेष उद्देश्यों के लिए समय–समय पर संबंधित सर्वेक्षण भी होने चाहिए। मसलन 1988–89 में भारत आने वाले अंतर्राष्ट्रीय पर्यटकों का सर्वेक्षण निम्नलिखित उद्देश्यों के लिए किया गया था।

(1) अंतर्राष्ट्रीय पर्यटकों से संबंधित सामाजिक आर्थिक और जनसंख्या मूलक तथ्यों का आकलन करना।

(2) भ्रमण के लिए भारत को चुनने संबंधी उनके निर्णय को प्रभावित करने वाले तत्त्वों की शिनाख्त करना।

(3) रिहायश, भोजन, पेय, मनोरंजन, खरीददारी और आंतरिक यात्रा जैसे विभिन्न आयामों पर अंतर्राष्ट्रीय पर्यटकों के खर्चें की प्रकृति का अनुमान लगाना।

(4) उन पर्यटक स्थलों की पहचान करना जहाँ अंतर्राष्ट्रीय पर्यटक भ्रमण करने जाते हैं। हर जगह उनके ठहरने की अवधि और रिहाइश के लिए इस्तेमाल की गई जगह का पता लगाना।

(5) विभिन्न आवास व्यवस्थाओं, उनकी दरों, विभिन्न सुविधाओं और सेवाओं के बारे में पर्यटकों की प्राथमिकताओं का पता लगाना।

(6) पर्यटन संबंधी विभिन्न पहलुओं के संदर्भ में पर्यटकों की संतुष्टि के स्तरों का अनुमान लगाना।

(7) अंतर्राष्ट्रीय पर्यटकों के लिए एक उपभोक्ता मूल्य सूचकांक बनाने के लिए एक भारित रेखाचित्र (weighted diagram) तैयार करना।

(8) भारत से गुजरने वाले पर्यटकों की जनसंख्यामूलक विशेषताओं का आकलन करना और यह पता लगाना कि उन्होंने भारत का भ्रमण क्यों नहीं किया।

पर्यटकों की रूपरेखा बनाते समय सामान्यतः विश्लेषित किए जाने वाले विशिष्ट लक्षणों में निम्नलिखित बातें भी शामिल रहती हैं–

- वे कहाँ के रहने वाले हैं
- आयु और लिंग,

- शैक्षणिक स्तर,
- आर्थिक हैसियत,
- व्यवसाय,
- भ्रमण का उद्देश्य और बारंबारता,
- पर्यटक स्थल का चुनाव करते समय उसके निर्णय को प्रभावित करने वाले तत्त्व।

(1) शैक्षणिक स्तर का अर्थ होता है वह सर्वोच्च स्तर जहाँ तक पर्यटक ने शिक्षा पूरी कर रखी है। शैक्षणिक स्तर के संदर्भ में आमतौर से पर्यटकों को निम्न श्रेणियों में वर्गीकृत किया जाता है।

(क) कभी स्कूल न जाने वाला,
(ख) प्राथमिक शिक्षा पूरी करने वाला,
(ग) माध्यमिक शिक्षा पूरी करने वाला,
(घ) विश्वविद्यालय तथा कालेज से स्नातक अध्ययन पूरा करने वाला, और
(ङ) अन्य अध्ययन करने वाला,

(2) किसी व्यक्ति की आर्थिक हैसियत उत्पादक कार्य के लिए उसकी उपलब्धता को परिभाषित करेगी। यदि कोई व्यक्ति उत्पादक कार्य के लिए प्रस्तुत है तो उसे आर्थिक रूप से सक्रिय कहा जायेगा। शेष सभी को गैर आर्थिक रूप से सक्रिय व्यक्ति माना जायेगा। पर्यटकों का निम्नांकित आर्थिक हैसियतों के रूप में सामान्यतः वर्गीकरण किया जाना चाहिए—

(क) आर्थिक रूप से सक्रिय,
    (i) रोजगार शुदा
    (ii) बेरोजगार
(ख) गैर आर्थिक रूप से सक्रिय,
    (i) छात्र–छात्रायें
    (ii) गृहणियाँ
    (iii) पेंशनकर्ता या बँधी हुई आमदनी वाले लोग
    (iv) अन्य

(3) आर्थिक रूप से सक्रिय व्यक्ति के व्यवसाय का अर्थ उस काम से है जिसमें वह लगा हुआ है। इसका निर्णय आमतौर पर सर्वेक्षण के दिन ही स्थिति के आधार पर हो जाता है। पर्यटक सर्वेक्षणों में व्यवसायों के निम्नांकित समूहों की पहचान की गई है—

(क) विधायक (सांसद) वरिष्ठ अधिकारी और मैनेजर,
(ख) पेशेवर लोग,
(ग) तकनीशियन और संबंधित व्यवसायों में लगे लोग,
(घ) क्लर्क,
(ङ) सेवा कर्मचारी, दुकानों और बाजारों में बिक्री में लगे कर्मचारी,

(च) कुशल खेतिहर मजदूर और मछुआरे,
(छ) दस्तकारी और उससे संबंधित व्यापार से जुड़े मजदूर
(ज) संयंत्र और मशीन के आपरेटर और उन्हें जोड़ कर खड़ा करने वाले मिस्त्री,
(झ) प्राथमिक व्यवसाय और
(ञ) सशस्त्र सेनाओं में काम कर रहे लोग,
(4) पर्यटकों का वैवाहिक स्तर इस तरह दर्ज किया जाना चाहिए—
(क) अविवाहित
(ख) वर्तमान में विवाहित
(ग) तलाकशुदा/अलग-अलग रहने वाले
(घ) विधुर अथवा विधवा

(5) पर्यटक अपना भ्रमण कई कारणों से कर सकता है। लेकिन एक कारण ऐसा अवश्य रहता है जिसके बिना भ्रमण होना संभव नहीं होता। यही कारण मुख्य उद्देश्य कहलाता है और पर्यटक सर्वेक्षण में आमतौर पर इसे ही भ्रमण के उद्देश्य के रूप में दर्ज किया जाता है।
(क) फुरसत, मनबहलाव और छुट्टियाँ
(ख) मित्रों और रिश्तेदारों से मिलना जुलना
(ग) व्यवसाय और पेशे संबंधी
(घ) स्वास्थ्य लाभ के लिए
(ङ) धार्मिक/तीर्थ यात्रा और
(च) अन्य।

(6) किसी भी पर्यटक स्थल के नैसर्गिक आकर्षण का अनुमान पर्यटकों द्वारा वहाँ बार-बार जाने के प्रतिशत के आधार पर लगाया जाता है। छुट्टियों और मनबहलाव के लिए पर्यटक स्थल का चुनाव करने में पर्यटक कई पहलुओं का ध्यान रखते हैं—मसलन—पर्यटन स्थलों से जुड़ी सुरक्षा की भावना, पर्यटकों को आकर्षित करने की क्षमता और वहाँ सैर सपाटे पर होने वाला खर्च। हर श्रेणी के पर्यटकों के संदर्भ में इन पहलुओं की पहचान करना पर्यटन को प्रोत्साहन देने वाली प्रभावी रणनीति बनाने के लिए आवश्यक है।

प्रश्न 2. पर्यटकों की आदतों, रुचियों आदि की जानकारी रखना क्यों आवश्यक है?
उत्तर— विदेशी पर्यटकों को समझने का प्रयास करते समय कुछ महत्त्वपूर्ण पहलुओं का विश्लेषण करने की आवश्यकता होती है। प्रायः उन्हें उनसे संबंधित धारणाओं या उनकी आवश्यकताओं के आधार पर समूहों में बाँटकर देखा जाता है।

ऐसे पहलुओं में स्वच्छता, सुरक्षा या समय की पाबंदी के प्रति उनके नजरिए आदि को भी लिया जा सकता है। उनकी आदतों, पसंद, रुचियों आदि में फर्क होता है। ये विशिष्ट संस्कृतियों, दृष्टिकोणों, धारणाओं आदि से जुड़ी रहती हैं। उदाहरण के तौर पर क्रिकेट इंग्लैंड

का लोकप्रिय खेल है पर अमेरिका का नहीं। इसलिए संभव है कि इंग्लैंड के पर्यटकों के लिए एक मुश्त यात्रा कार्यक्रम (Package tour) तैयार करते समय भारत में होने वाले किसी एक दिवसीय अंतर्राष्ट्रीय मैच को भी भ्रमण के कार्यक्रम में शामिल कर लिया जाये। लेकिन यही बात अमेरिकी पर्यटकों पर लागू नहीं होती। इसी प्रकार, यदि कोई व्यक्ति पर्यटकों के लिए पुस्तकालय चलाता है तो वह सेवा तभी अच्छी प्रकार, समझी जायेगी और बहुत से लोगों द्वारा इस्तेमाल की जायेगी यदि—

(1) वह पर्यटकों के देश के लोकप्रिय लेखकों से परिचित है, और
(2) उन लेखकों की पुस्तकें पुस्तकालय में उपलब्ध हैं आदि।

पर्यटकों के देश के रीति रिवाजों, इतिहास और राजनीति का ज्ञान भी पर्यटन सेवाओं में उपयोगी होता है। उदाहरण के तौर पर एक अच्छा गाइड किसी संग्रहालय, स्मारक या वन्य जीवन की जानकारी देते समय तुलनात्मक व्याख्या कर सकता है। इससे सेवा का स्तर बढ़ जाता है।

प्रश्न 3. 1988-89 के सर्वेक्षण के प्रमुख निष्कर्ष बताइए।

उत्तर— यह सर्वेक्षण भारत सरकार के पर्यटन विभाग की ओर 1988-89 में कराया गया था। यह कार्य अवकाश संबंधी आदतों, मनोरंजन और सैर-सपाटे के क्षेत्र में विशेष दखल रखने वाली एक बाजार अनुसंधान फर्म को सौंपा गया। सर्वेक्षण पर्यटकों के अलग-अलग समूहों पर आधारित था। इसके लिए परगमन केंद्रों (exit points) पर 2000, 14000, रिहायशी प्रतिष्ठानों में 5000 और चार अंतर्राष्ट्रीय हवाई अड्डों से विदेश जा रहे 2000 यात्रियों से संपर्क किया गया। इस सर्वेक्षण की मुख्य बातें इस प्रकार हैं—

(1) पर्यटकों के आगमन के प्रचलित रूख से पता चला कि 44.99 प्रतिशत पर्यटक पश्चिमी यूरोप से, 18.01 प्रतिशत एशियाई देशों से और 9.0 प्रतिशत अमेरिका से आते हैं।

(2) व्यवसाय के लिहाज से 42 प्रतिशत अंतर्राष्ट्रीय पर्यटक वैज्ञानिक, डॉक्टर, अधिकारी या छात्र थे।

(3) पाटा (PATA) क्षेत्र से और अधिक पर्यटकों को आकर्षित करने के लिए भरपूर प्रयास किए जाने चाहिए।

(4) लगभग 59.61 प्रतिशत पर्यटक इकानामी श्रेणी में यात्रा करते हैं। प्रथम श्रेणी में मुख्यतः व्यापारिक लोग यात्रा करते हैं।

(5) लगभग 25.47 प्रतिशत पर्यटकों ने भारत यात्रा का निर्णय मित्रों या संबंधियों की सलाह पर लिया था। 17.40 प्रतिशत ने यह निर्णय सामान्य सूचनाओं के आधार पर लिया।

(6) 58 प्रतिशत पर्यटकों के व्यक्तिगत आनंद के लिए और 22 प्रतिशत के व्यापार के लिए यात्रा की। शेष लोगों के भारत आने के कारणों में मित्रों या संबंधियों से मिलना, अध्ययन, सम्मेलन, तीर्थयात्रा आदि थे।

(7) समुद्र तटीय क्षेत्रों का पर्यटन (Beach tourism) काफी लोकप्रिय है। 31.12 प्रतिशत पर्यटकों ने इसे प्राथमिकता दी जबकि 8.12 प्रतिशत ने पर्वतीय भ्रमण स्थलों को पसंद किया। लेकिन इतिहास और संस्कृति भी प्रमुख आकर्षण थे।

(8) एकमुश्त यात्रा कार्यक्रमों (tourist packages) के तहत आने वाले पर्यटकों के भारत में रुकने की औसत अवधि 17.38 दिन थी जबकि गैर एकमुश्त यात्रा कार्यक्रम वाले पर्यटकों की 31.11 दिन।

(9) सभी देशों के पर्यटकों का औसत निकाला जाए तो उनमें से 27 प्रतिशत ने प्रतिदिन 1000 रुपये से अधिक, 15 प्रतिशत ने 100-240 रुपये के बीच, 12 प्रतिशत ने 250-400 रुपये के बीच खर्च किये। सर्वाधिक खर्च करने वाले पर्यटक आस्ट्रेलिया, जर्मनी और जापान के थे।

(10) लगभग एक तिहाई पर्यटक भोजन में स्वच्छता को लेकर संतुष्ट नहीं थे, लेकिन भोजन की किस्मों से बहुत प्रभावित थे।

(11) लगभग एक तिहाई ने कहा कि भारत में सुविधाओं का अभाव है और यहाँ की रातें बहुत फीकी हैं। उनमें से अधिकांश सांस्कृतिक कार्यक्रम आयोजित किए जाने के पक्ष में थे।

(12) सैर सपाटे के लिए आने वाले पर्यटकों की सूची में खरीददारी सबसे ऊपर थी।

प्रश्न 4. घरेलू पर्यटकों की रूपरेखा आप कैसे तैयार करेंगे?

उत्तर— भारत आरंभ से ही पर्यटन के विचार से जुड़ा रहा है। महाभारत और रामायण जैसे महाकाव्यों के साथ ही प्राचीन शास्त्र-कथाओं में भी अपने निवास-स्थान से बाहर घूमने जाने के प्रसंग कई रूपों में आते हैं। महाभारत कालीन सभ्यता के अंतर्गत उत्सवों व उपहार देने की जो परंपरा मिलती है, उससे स्पष्ट होता है कि एक-दूसरे से मिलने के लिए यात्रा का महत्त्व तब भी था। कौटिल्य के अर्थशास्त्र, वेदों, उपनिषदों आदि में भी भ्रमण के रोचक वृत्तांत मिलते हैं। शास्त्रों में 'अतिथि देवो: भव:' की बात भी वर्षों से चली आ रही भावना को ही इंगित करती है। इस रूप में भारतीय संस्कृति में आरंभ से ही भ्रमण, यात्रा और यात्री के महत्त्व को स्वीकार कर लिया गया था।

उत्तरवैदिक काल में लोहे से इस्पात और उससे हथियार बनाने की कला विकसित हो चुकी थी। भारतीय अस्त्रों की धाक विश्व भर में थी। विश्व में भारत को **'सोने की चिड़ियाँ'** कहकर भी शायद इसीलिए संबोधित किया गया कि यहाँ भौतिक एवं प्राकृतिक दृष्टि से चहुँओर समृद्धि थी। वैसे भी एशिया और यूरोप को जोड़ने वाले प्रमुख मार्ग भारत से होकर ही गुजरते थे। ऐसे में यात्रा और भ्रमण आरंभ से ही यहाँ की संस्कृति का हिस्सा रहे हैं। मौर्य और अशोक के शासन काल के मिले अभिलेखों, भित्ति-चित्रों आदि में उस दौरान सड़कों के निर्माण, सरायों की स्थापना, सड़क के किनारे छाया के लिए वृक्ष लगाने जैसी बातों से इस बात का सहज ही अनुमान लगाया जा सकता है कि यात्रा संबंधी अधिसंरचना बहुत पहले ही

भारत में विकसित हो गई थी। आज से 5 हजार वर्ष पूर्व सिंधु घाटी की खुदाई में मिले हड़प्पा और मोहनजोदड़ो नामक दो नगरों के भग्नावशेषों के अध्ययन से पता चला है कि भारत में सीधी, चौड़ी तथा पक्की सड़कें थी। 323 ई.पू. चंद्रगुप्त मौर्य के शासनकाल का वर्णन करते हुए मेगस्थनीज ने भी भारत में पक्की चौड़ी सड़कों और उन पर यात्रा एवं भ्रमण किए जाने संबंधी विस्तृत विवरण दिए हैं। घरेलू पर्यटन का अस्तित्व युगों पुराना है लोग विभिन्न उद्देश्यों से देश के विभिन्न भागों की यात्रा करते रहे है। फिर भी इस बारे में विश्वसनीय सांख्यिकीय आँकड़ों और व्यवहार संबंधी जानकारियों का अभाव है। पिछले कुछ समय से राज्यों के पर्यटन विभागों ने आवागमन पर ध्यान देना शुरू किया है और कुछ राज्यों ने पर्यटकों के आवागमन संबंधी सर्वेक्षण भी कराये हैं। 1981–82 में एक प्रायोगिक सर्वेक्षण (Pilot Survey) कराया गया था। इससे अखिल भारतीय स्तर पर घरेलू पर्यटन से जुड़े कुछ संकेत प्राप्त हुए। राज्यों के लिए संभवतः सर्वाधिक उपयोगी सर्वेक्षण हिमाचल प्रदेश सरकार के आर्थिक और सांख्यिकीय विभाग ने 1990 में कराया था।

घरेलू पर्यटकों की संख्या में होने वाली वृद्धि के कारकों का वर्णन निम्नलिखित है–

(1) गर्मी की छुटि्टयों के दौरान घरेलू पर्यटकों का आवागमन सर्वाधिक होता है। सर्दियों की छुटि्टयों में और कुछ क्षेत्रों में त्यौहार संबंधी छुटि्टयों के दौरान भ्रमण पर निकलने वाले पर्यटकों का दूसरा स्थान है। उदाहरण के तौर पर पश्चिम बंगाल में पूजा की छुटि्टयों के दौरान पर्यटकों का काफी आवागमन होता है।

(2) सरकारी कर्मचारियों को दी जाने वाली अवकाश यात्रा रियायत (एल.टी.सी.) घरेलू पर्यटन को प्रोत्साहित करने की दृष्टि से एक बड़ा उत्प्रेरक है।

(3) इन्सेंटिव छुटि्टयों की सुविधा निजी क्षेत्र के कर्मचारियों के बहुत छोटे वर्ग तक सीमित है।

(4) ग्रामीण और कस्बाई आबादी का ज्यादातर हिस्सा सैर सपाटे के लिए किए जाने वाले पर्यटन में भाग नहीं लेता। इसके विभिन्न कारण है। बहरहाल, उनमें से एक बड़ा वर्ग तीर्थयात्राओं से संबंधित पर्यटन में दिलचस्पी लेता है।

(5) समृद्ध और उच्च मध्यम वर्ग की यात्राओं की संख्या काफी ज्यादा है। छुट्टी लेकर दूर दराज के स्थानों की ओर निकल जाना तेजी से फैशन बनता जा रहा है।

(6) मध्यम और निम्न वर्ग मोटे तौर पर एल.टी.सी. पर निर्भर रहते हैं। हनीमून पर जाने का प्रचलन भी बढ़ा है और इसके लिए पर्यटन स्थलों का विपणन किया जा रहा है। उदाहरण के तौर पर, हिमाचल प्रदेश पर्यटन विकास निगम के एक प्रचार पोस्टर में लिखा है–शादियाँ स्वर्ग में तय होती हैं और हनीमून हिमाचल में।

(7) केन्द्र सरकार और कुछ निजी कंपनियों में प्रचलित पाँच दिवसीय सप्ताह की परंपरा ने आस पास के स्थानों, पिकनिक स्थलों या पर्यटन स्थलों की सप्ताहांत यात्राओं को प्रोत्साहित किया है।

(8) पर्वतारोहण, ट्रेकिंग, और शिविर आवास यात्राओं को शिक्षण संस्थाओं द्वारा बढ़ावा दिया जा रहा है।

(9) परिवहन संपर्क बेहतर हो गये हैं। उदाहरण के तौर पर, रेलवे ने सप्ताहांत भ्रमण के लिए रियायतें देनी शुरू की हैं और हरियाणा राजमार्गीय सेवाओं का बेहतरीन उदाहरण बन गया है।

(10) व्यापारिक यात्राओं में सैर सपाटे को भी स्थान दिया जाने लगा है।

(11) तीर्थ यात्रियों की संख्या बढ़ रही है।

प्रश्न 5. 1980–81 के पायलेट सर्वे द्वारा कौन–से संकेत प्राप्त हुए।

उत्तर— 1980–81 के पायलेट सर्वे के द्वारा जो संदेश प्राप्त हुए वे इस प्रकार हैं—

(1) यात्रा का उद्देश्य—1981–82 में लगभग 56.8 घरेलू पर्यटकों की यात्रा का उद्देश्य "सैर सपाटा" था जबकि 21.3 प्रतिशत का व्यापार। इसकी जानकारी निम्न तालिका में दी गई है—

तालिका 1.1 : यात्रा के उद्देश्य के आधार पर घरेलू पर्यटकों का वितरण

क्रमांक	यात्रा का उद्देश्य	प्रतिशत
1.	सैर सपाटा	56.8
2.	व्यापार	21.3
3.	तीर्थ यात्रा	13.5
4.	शिक्षा	2.6
5.	सामाजिक उत्सव	2.2
6.	स्वास्थ्य	2.0
7.	अन्य	1.8
	कुल	100.0

(2) पर्यटक कहाँ से आते हैं—देश के जिन स्थानों से सर्वाधिक पर्यटक आते हैं उनमें महाराष्ट्र और गुजरात जैसे औद्योगिक दृष्टि से विकसित राज्यों के अतिरिक्त पश्चिम बंगाल और दिल्ली भी हैं। दिलचस्प बात है कि ऐसे राज्यों की सूची में उत्तर प्रदेश का भी नाम है कुल घरेलू पर्यटकों के लगभग 50 प्रतिशत पर्यटक इन्हीं राज्यों से आए थे। चार महानगरों बंबई, कलकत्ता, दिल्ली और मद्रास से ही लगभग 25 प्रतिशत पर्यटक आये थे।

राज्य स्तर—विश्व पर्यटक आवागमन का बड़ा हिस्सा घरेलू पर्यटकों पर निर्भर करता है। भारत में कई राज्यों ने घरेलू पर्यटकों के लिए सुविधाओं की बेहतरी और विस्तार के लिए कदम उठाए हैं। किफायती बजट वाले पर्यटकों पर विशेष ध्यान दिया गया है।

क्षेत्र, व्यवसाय और आय वर्ग—निम्न तीन तालिकाओं में क्षेत्र, व्यवसाय और आय वर्ग के आधार पर घरेलू पर्यटकों (जिनका नमूने के तौर पर चयन किया गया था) की संख्या का प्रतिशत में विवरण दिया गया है।

तालिका 1.2 : क्षेत्र वार वितरण

क्षेत्र	प्रतिशत
पश्चिम	5.59
पूर्व	3.17
उत्तर	89.75
दक्षिण	1.23
अन्य	1.49
कुल	100.00

इससे संकेत मिलता है कि हिमाचल प्रदेश का भ्रमण करने वाले अधिकांश पर्यटक पंजाब, हरियाणा, दिल्ली और उत्तर प्रदेश जैसे पड़ोसी राज्यों के थे। वास्तव में अंतः क्षेत्रीय यात्राएँ अन्य क्षेत्रों के घरेलू पर्यटकों में भी खूब प्रचलित हैं।

व्यवसाय के आधार पर पर्यटकों का वितरण इस प्रकार था—

1.	उद्योग और व्यापार	52.35
2.	पेशेवर	7.17
3.	नौकरी	28.51
4.	कृषि	4.05
5.	छात्र	3.08
6.	गृहणियाँ	1.45
7.	अन्य	3.39
	कुल	100.00

वार्षिक आय के लिहाज से पर्यटकों का वितरण—

1.	25,000 रुपये तक	19.31
2.	25,000 से 50,000 रुपये	38.67
3.	50,000 से 1 लाख रुपये	33.52
4.	1 लाख और अधिक	6.69
5.	जिन्होंने आय नहीं बताई	3.50
	कुल	100.00

इन आँकड़ों से संकेत मिलता है कि 25,000 से 1 लाख रुपये के आय वर्ग वाले लोगों और व्यवसायों, नौकरीपेशा लोगों, व्यापारियों व उद्योगपतियों में पर्यटन का प्रचलन अधिक है।

ठहरने के स्थान—ठहरने के स्थानों के आधार पर आँकड़े इस प्रकार थे—

1.	निजी होटल	45.31
2.	हिमाचल प्रदेश पर्यटन विकास निगम के पर्यटक आवास	11.22
3.	निजी लॉज	5.50
4.	यूथ हॉस्टल	0.09
5.	सरकारी/अर्ध सरकारी गेस्ट हाउस	10.47
6.	धर्मशालाएँ	22.26
7.	मित्र और संबंधी	5.15
	कुल	100.00

पर्यटकों द्वारा इस्तेमाल कमरों की श्रेणियों का प्रतिशत वितरण—

1.	डार्मिटरी	21.65
2.	एक बिस्तर वाला कमरा	4.18
3.	दो बिस्तर वाला कमरा	61.37
4.	तीन बिस्तर वाला कमरा	4.71
5.	पारिवारिक कक्ष	8.09
6.	टेन्ट आवास	शून्य
	कुल	100.00

हिमाचल प्रदेश में घरेलू पर्यटकों के ठहरने की औसत अवधि 3.5 दिन थी। किराये पर लिए गए दो बिस्तर वाले कमरों की इतनी बड़ी संख्या स्पष्ट करती है कि इस क्षेत्र का भ्रमण करने वालों में दंपतियों की संख्या अधिक है। यहाँ इस बात का उल्लेख करना अप्रासंगिक नहीं होगा कि हिमाचल प्रदेश पड़ोसी क्षेत्रों के लोगों में केवल गर्मियों या हिमपात के दिनों में ही लोकप्रिय नहीं है बल्कि हनीमून पर जाने वाले दंपतियों में भी है।

आयु, उद्देश्य और बारंबारता—आयु की दृष्टि से, सर्वाधिक संख्या 21–35 के आयु वर्ग (54.84%) की है और उसके पश्चात् 36–50 (18.42%), 010 (15.48%), 11–20 (8.65%), और 51 से अधिक के आयु वर्ग (2.61) का स्थान है।

लगभग 60.1% पर्यटक मनोरंजन और दृश्यावलोकन के लिए भ्रमण पर निकले थे, 14.6% व्यापार या सम्मेलनों के लिए तथा 10.73 % तीर्थ यात्रा के लिए।

बारंबारता के लिहाज से, 43.33% पर्यटक पहली बार आए थे, 22.04% दूसरी बार, 9.33% तीसरी बार और 25.3% कई बार आ चुके थे।

इस तरह, इन आँकड़ों को मोटे तौर पर भावी नियोजन और विकास के संकेतों के रूप में लिया जा सकता है। अन्य राज्यों को भी इसी प्रकार की रूपरेखा–संबंधी सर्वेक्षण करवाने चाहिए। गोवा पर्यटन विभाग भावी अनुमानों के लिए इंस्टीटयूट ऑफ पब्लिक ओपीनियन, नई

दिल्ली द्वारा उपलब्ध कराए गए आँकड़ों का प्रयोग कर रहा है। गोवा आने वाले घरेलू पर्यटकों की संख्या में 1996 में 11.88% और सन् 2000 में 14.21% की वृद्धि का अनुमान किया गया है।

(3) आयु और लिंग—सर्वेक्षण के अनुसार घरेलू पर्यटकों में 30 से 55 वर्ष के आयु वर्ग के लोगों की संख्या सर्वाधिक होती है। उनके पश्चात 13 से 29 वर्ष के आयु समूह का स्थान है। घरेलू पर्यटकों का आयु वर्ग के अनुसार प्रतिशत वितरण निम्न तालिका में दिया गया है—

तालिका 1.3 : घरेलू पर्यटकों का उम्र वार विवरण

आयु वर्ग	पर्यटकों का प्रतिशत
12 वर्ष से कम	16.3
13 वर्ष से 29	38.1
30 वर्ष से 55	40.3
55 वर्ष से अधिक	5.3
कुल	100

पुरुष पर्यटकों की संख्या 67.2 प्रतिशत थी और महिला पर्यटकों की सिर्फ 32.8 प्रतिशत।

(4) व्यवसाय—सर्वेक्षण में व्यवसायिक समूहों का नहीं बल्कि व्यवसायिक स्तर का वर्गीकरण किया गया। सर्वेक्षण से इस बात का पता चला कि 42.9 प्रतिशत घरेलू पर्यटक व्यापारी थे जबकि 36.3 प्रतिशत नौकरीशुदा थे। इसकी तालिका में दी गई जानकारी निम्न है—

तालिका 1.4 : व्यवसायिक स्तर के आधार पर घरेलू पर्यटकों का वितरण

क्रमांक	व्यवसायिक	स्तरप्रतिशत
1.	व्यापारी	42.9
2.	पेशेवर	9.3
3.	नौकरी	36.3
4.	कृषि	5.6
5.	छात्र	4.0
6.	अन्य	1.9
	कुल	100.0

प्रश्न 6. पर्यटन में मेहमान–मेजबान संबंध पर एक लेख लिखिए।

उत्तर– मेहमान–मेजबान संबंध एक महत्त्वपूर्ण विषय है क्योंकि पर्यटन जीवनशैली को ऐसे स्वरूप में ढालता है कि व्यक्ति के पास काम और आमोद–प्रमोद दोनों के लिए समय उपलब्ध रहें। खाली समय और सक्रियता को जोड़ने पर इस आमोद–प्रमोद का स्वरूप बदल जाता है। इसलिए विभिन्न प्रकार के पर्यटन से मेहमान के बीच पारस्परिक संपर्क के विभिन्न स्वरूप विकसित होते हैं।

(1) जातीय पर्यटन–प्रायः इसे सांस्कृतिक पर्यटन कहा जाता है। लेकिन इसमें केवल स्मारक और पुरातत्व को ही केन्द्रित नहीं किया जाता बल्कि एस्किमों, अमेरिका इंडियनों, आदिवासी समुदायों जैसे अनजान लोगों, उनके रीति रिवाजों व समारोहों, आदिम कला, घरेलू जीवन और निजी व सार्वजनिक गतिविधियों आदि को भी शामिल किया जाता है। पर्यटकों के लिए आकर्षण का विषय साबित होने वाले ये लोग प्रायः पिछड़े लोग होते हैं, जिनकी खोज अपने समाजों के अभिजात्य वर्गों के पर्यटकों के लिए की जाती है। ये पर्यटक इसके लिए ऊँची रकम खर्च करते हैं। हालाँकि इस प्रकार के पर्यटन में लोगों की संख्या सीमित होती है लेकिन इसमें मेहमान और मेजबान के बीच करीबी संपर्क होता है। प्रारंभिक चरण में इस संपर्क पर ध्यान नहीं दिया जाता और इसे न्यूनतम मान लिया जाता है लेकिन इस तरह का पर्यटन बदलाव का माध्यम भी बन सकता है, क्योंकि लोगों पर पर्यटकों के धन का ही नहीं बल्कि उनके अंतर्राष्ट्रीय दृष्टिकोण का भी प्रभाव पड़ता है। उस स्थिति में इस प्रकार के पर्यटन को बढ़ावा देने वाली बुनियादी विशेषताएँ ही धीरे–धीरे कमजोर पड़ सकती है।

(2) सांस्कृतिक पर्यटन–इसमें पर्यटन पर "स्थानीय रंग" चढ़ा देने और "विलुप्त हो रही जीवन शैली" की पुनर्रचना जैसे पहलू शामिल है। पर्यटक स्थल पर होने वाली गतिविधियों में विरासत इन व होटलों (Heritage inns and hotels) में भोजन, लोकोत्सव व मेले, दस्तकारी, ऊँट व हाथी की सवारी, किसान संस्कृति और मध्यकालीन परंपराएँ शामिल हैं। यहाँ मेजबान–मेहमान प्रभाव बढ़ जाता है। क्योंकि पर्यटक आवास स्थल से ग्रामीण क्षेत्रों तक आसानी से पहुँचा जा सकता है और पर्यटकों की संख्या अधिक होती है। वे स्थानीय लोगों को वस्तुओं की तरह देखते है, उनके घरों, उनके काम काज के तरीके आदि के छाया चित्र खींचते हैं, उन्हें छूकर देखते हैं कि वे असली हैं या नहीं, उनके कपड़ों व गहनों को पहनने की कोशिश करते हैं, उनके संगीत को रिकार्ड करते हैं और उनकी संस्कृति को वीडियों कैमरा में कैद कर लेते हैं। इनके परिणामस्वरूप स्थानीय लोग पर्यटकों के प्रवेश को लेकर अलग–अलग राय में बँट जाते हैं। पर्यटन व्यवसाय द्वारा नियुक्त लोग उनके बेहद निजी जीवन के भीतर तक पर्यटन की घुसपैठ कराने की कोशिश करते हैं। लेकिन अन्य लोग अपनी संस्कृतियों में आ रहे परिवर्तनों को देखकर असंतोष से भर उठते हैं।

(3) ऐतिहासिक पर्यटन–अतीत से संबंध रखने वाले महल, किले या मंदिर संग्रहालय इस प्रकार के पर्यटन के लिए मुख्य स्थल हैं जिनमें किसी काल विशेष की जीवन शैली या

घटनाओं की पुनर्रचना की जाती है। ऐसे स्थल प्रायः सुविकसित शहरों या कस्बों में होते हैं जहाँ पर्यटन उद्योग संस्थागत रूप ले चुका है और जहाँ सभी श्रेणियों के पर्यटकों (जो प्रायः शिक्षित होते हैं) के लिए विशेष सुविधायें उपलब्ध हैं। ऐसी स्थितियों में मेहमान–मेजबान संबंध औपचारिक और अवैयक्तिक होते हैं। यहाँ सभी तरह की सुविकसित सुविधायें होती हैं ताकि मेहमान और मेजबान एक दूसरे से खिचें खिचें महसूस न करें। स्थानीय लोगों के लिए उन्मुख उत्पाद सुविकसित होते हैं और पर्यटकोन्मुख उत्पादों का दबाव स्थानीय नागरिकों को नहीं झेलना पड़ता। परंतु पर्यटक उपयोग के कारण उत्पन्न मुद्रास्फीति दैनिक उपयोग की वस्तुओं, तंबुओं, परिवहन और सामान्य उपयोग की चीजों पर भी प्रभाव डालती है।

(4) पर्यावरणीय पर्यटन–इसका जातीय पर्यटन के साथ पारस्परिक संबंध है। अभिजात्य पर्यटक दूर दराज के क्षेत्रों और ऊँचे पहाड़ों, उष्णकटिबंधीय वनों जैसे अपरिचित दृश्यों की ओर आकर्षित होते हैं। इस प्रकार के पर्यटन में भौगोलिक अद्वितीयता को एक संसाधन के रूप में प्रयुक्त किया जाता है और मानव–भूमि संबंधों का लाभ उठाया जाता है। उदाहरण के लिए चाय बगान, अंगूर के बगीचे, मसालों के बाग, ऊँचे स्थानों पर रहने वाले समुदायों व उनकी संस्कृतियाँ आदि। इन स्थितियों में मेहमान–मेजबान संबंध अलग–अलग हो सकते हैं और वे इस बात पर निर्भर करते हैं कि वहाँ का माहौल बाहरी लोगों के लिए कितना खुला है तथा ये क्षेत्र किस हद तक पर्यटक का प्रभाव सहन कर सकते हैं। इसलिए मेहमानों व मेजबानों का पारस्परिक संपर्क भिन्न–भिन्न परिस्थितियों में भिन्न–भिन्न होता है और इसका स्थानीय या तटस्थ लोगों द्वारा मूल्यांकन किए जाने की आवश्यकता होती है।

(5) मनोरंजनात्मक पर्यटन–इसमें जैतून के पेड़ों से घिरे समुद्र तट, बर्फ से ढ़की चोटियाँ, हरे भरे गोल्फ कोर्स या ऐसे प्राकृतिक स्थान जहाँ वन्य जीवों और प्रकृति का अछूता संगम हो, शामिल हैं। इनके अतिरिक्त ग्रामीण प्रकृति के अवकाश स्थल, खेलकूद, अच्छा खाना व निवास, जुआ और नृत्य सहित विभिन्न मनोरंजन का भी इंतजाम होता है तथा सभी लोग अपने परिचित परिवेश से दूर होने का एहसास करते हुए बंधन मुक्त होकर इन गतिविधियों में भाग ले सकते हैं। इसीलिए ऐसे पर्यटन को अंग्रेजी में **फोर एस टूरिज्म** सूर्य, रेत, समुद्र, सेक्स (sun, sand, sea, sex) कहा जाता है। मेहमान–मेजबान संबंधों के संदर्भ में इसका आशय हैं–

(क) मूल्य वृद्धि/भूमि का प्रयोग

(ख) आर्थिक गतिविधियों का पुनर्निर्धारण

(ग) अपराध, वेश्यावृत्ति, मादक द्रव्य और पर्यटन से संबंधित हिंसा

(घ) पर्यटक मौसम में बाहरी श्रमिकों की भीड़

(ङ) मेहमान और मेजबान में मालिक/नौकर जैसे संबंध।

यदि आज पर्यटन से पड़ने वाले प्रभावों के अनुसंधान का प्रचलन बढ़ता जा रहा है तो इसका कारण है पर्यटन उद्योग के परिमाण की बेहतर समझ, प्रेरणाओं व आकांक्षाओं की जटिलता और मेजबान की भिन्न–भिन्न सांस्कृतिक प्रतिक्रियाएँ।

प्रश्न 7. मेहमान–मेजबान संबंध की विभिन्न स्थितियाँ दर्शायें।

अथवा

अतिथि–आतियेय संबंध पर टिप्पणी कीजिए।

उत्तर– मेहमान–मेजबान संबंधों में विभिन्न अवसरों पर कुछ स्थितियाँ उत्पन्न हो सकती हैं या एक स्थिति दूसरी स्थिति में बदल सकती है। इन स्थितियों को मेहमान या मेजबान के दृष्टिकोण से देखा जा सकता है। इन विभिन्न स्थितियों का वर्णन इस प्रकार है–

(1) हार्दिक स्वागत

(2) ठंडा या उदासीन व्यवहार

(3) धन वसूलना, ठगना

(4) बहुत दोस्ताना व्यवहार

प्रायः एक स्थिति से दूसरी स्थिति उत्पन्न होती है और बात उल्टे क्रम में भी लागू हो सकती है–

स्वागत ⟶ ठंडापन ⟶ धन की ठगी ⟶ शत्रुता

या

शत्रुता ⇄ मित्रता आदि

वास्तव में ये सब स्थितियाँ कई कारकों पर निर्भर करती है जो इस प्रकार है–

(1) पर्यटन

(2) पर्यटन स्थल का विकास

(3) पारस्परिक संपर्क

(4) पर्यटक की रूपरेखा

(5) पर्यटन के प्रभाव

(6) मेजबान की रूपरेखा आदि

यहाँ ये पहलू भी ध्यान देने योग्य हैं–

(1) यात्री/मेजबान के बीच मिलनसारिता, सहिष्णुता या सह अस्तित्व।

(2) विशेष पर्यटक क्षेत्रों में यात्री/मेजबान के बीच अलगाव, सामाजिक दूरी या पृथकता।

(3) मेजबान द्वारा यात्री का विरोध या उनके प्रति अस्वीकृति और मेहमान द्वारा मेजबान के प्रति इसी प्रकार की अशालीनता।

(4) यात्री/मेजबान द्वारा एक दूसरे के सांस्कृतिक लक्षणों और विशेषताओं को अपनाया जाना या दायरे का विस्तार।

पर्यटकों और स्थानीय लोगों के संबंध में जटिलता उत्पन्न होने पर, अंतर्राष्ट्रीय स्तर पर पर्यटन में कृत्रिम सीमाएँ और तनाव उत्पन्न होते हैं। ये निम्न बिंदुओं पर निर्भर करते हैं—

(1) वहन क्षमता (carrying capacity) जो स्थानीय आबादी के परिणाम व पर्यटकों की संख्या के अनुपात से जुड़ी है।

(2) भौतिक वस्तुओं, लोगों और संस्कृति, प्राकृतिक दृश्यों, शहरी दृश्यों, जातीय समूहों, जीवन शैली, ऐतिहासिक कलाकृतियों, मनोरंजन केन्द्रों और प्राकृतिक संसाधनों को वस्तुओं के रूप में देखना। पर्यटकों की उपस्थिति में होने वाली निजी जीवन की गतिविधियों और समारोहों की तुलना में सार्वजनिक समारोहों में इस तरह के वस्तुकरण पर कमजोर होता है, जैसे शवदाह स्थल आदि की यात्राओं के दौरान।

(3) पर्यटकों के भ्रमण का दायरा और समय—मसलन, क्या इसमें भ्रमण की आवश्यकता है, एक रात या अधिक समय तक ठहरने की जरूरत है, स्थानीय लोगों के साथ तात्कालिक या दीर्घकालीन संपर्क, स्थानीय गतिविधियों में पर्यटकों की भागीदारी का स्तर आदि।

(4) पर्यटकों की भ्रमण संबंधी आवश्यकताएँ पूरी करने के लिए विभिन्न सेवाओं की व्यवस्था। यह निजी और सार्वजनिक क्षेत्र तक ही सीमित नहीं है बल्कि इसमें बहुराष्ट्रीय कंपनियों, बड़ी बनाम छोटी कंपनियों, स्थानीय बनाम बाहरी और स्थानीय जनता बनाम पर्यटक संस्थान तक की भूमिका शामिल है।

(5) पर्यटकों और स्थानीय लोगों के बीच आर्थिक और सामाजिक मतभेद। ये मतभेद आकर्षण और विकर्षण दोनों तरह से काम करते हैं।

(6) उत्पादन और उपभोग के पहले से चल रहे ढर्रे पर पर्यटन का प्रभाव।

(7) खास तरह की और खास स्तर की सेवाओं की माँग। जिन पर्यटन सेवाओं में पूरे भ्रमण की राशि एकमुश्त आधार पर ली जाती है, वहाँ आयोजक इन सेवाओं की माँग को अपने द्वारा उपलब्ध कराई जाने वाली सेवाओं के दायरे से बाहर समझ सकते हैं। इन सेवाओं में रेस्तराँ, बार, स्मारिकाओं की दुकानें, यात्रा व परिवहन एजेंसियों, होटल और हवाई अड्डे शामिल हैं।

(8) गंतव्य स्थल की प्राकृतिक विशेषताओं की एक घिसी—पिटी धारणा या छवि के रूप में रूपांतरण। उदाहरण के लिए, दक्षिण पूर्व एशिया की छवि एक वेश्याओं के लिए मशहूर क्षेत्र की बन गई है। एक पैकेज टूर कार्यक्रमों के संचालकों को सलाह दी जाती है कि वे अपनी यात्राओं के कार्यक्रम में वेश्यालयों को भी शामिल करें।

पर्यटकों के प्रति मेजबान का दृष्टिकोण इन बातों पर निर्भर होता हैं—

(1) प्रत्यक्ष अनुभव

(2) छवि या धारणाएँ या

(3) पारंपरिक मान्यताएँ

इनका आर्थिक लाभ और सामाजिक या सांस्कृतिक आदान—प्रदान से भी संबंध हो सकता है। इस संदर्भ में पर्यटकों के प्रकार, पर्यटन सेवाएँ और पर्यटक स्थल के विकास का

स्तर आदि का भी अपना महत्त्व है, उदाहरण के लिए मान लीजिए किसी क्षेत्र में पानी की कमी है। स्थानीय लोगों को अपने खेतों में सिंचाई के लिए पानी नहीं मिलता पर पर्यटन आवास को पर्याप्त पानी की आपूर्ति की जाती है। ऐसी स्थिति में स्थानीय लोगों के मन में शत्रुता का भाव जाग सकता है। आर्थिक, सामाजिक या सांस्कृतिक पहलुओं का विश्लेषण निम्नलिखित है–

(1) **आर्थिक**–जब पर्यटन का घरेलू अर्थव्यवस्था के साथ एकीकरण हो जाता है तो इससे स्थानीय और राष्ट्रीय अर्थव्यवस्थाओं को लाभ पहुँचता है।

लेकिन जहाँ यह विदेशी निवेशकों के हाथों में होता है तो इसका लाभ भी बाहरी लोगों को ही पहुँचता है। विदेशी मुद्रा के बाहर जाने या पर्यटकों द्वारा किए गए खर्च के प्रभाव अलग–अलग मामलों में भिन्न होता है। इसलिए मेहमान–मेजबान संबंध इस बात पर निर्भर करते हैं कि पर्यटन से स्थानीय लोगों को कितना ज्यादा लाभ होता है। जहाँ पर्यटन का एकाधिकार हो वहाँ पर्यटन मौसम का आर्थिक प्रभाव बहुत गंभीर होता है और यह मौसम समाप्त होने के बाद प्रायः वहाँ बेरोजगारी उत्पन्न हो जाती है। पर्यटन को प्रायः उत्सव या अकाल का उद्योग माना जा सकता है। इस पर कई बाह्य पहलुओं का प्रभाव पड़ता है, मसलन–आर्थिक मंदी, मुद्रास्फीति, राजनैतिक व कूटनीतिक संबंध और सांस्कृतिक मूल्य। पर्यटक कम से कम दर पर सुविधाएँ हासिल करना चाहता है जबकि स्थानीय लोग ज्यादा से ज्यादा मुनाफा कमाना चाहते हैं।

पर्यटन को शांति, सद्भाव, अंतर्राष्ट्रीय मेल मिलाप और राष्ट्रीय पहचान की स्थापना के माध्यम के रूप में प्रोत्साहित किया गया है। विकास के प्रारंभिक दौर में पर्यटन से होने वाली आय और इसके विस्तार पर स्थानीय नियंत्रण होता है। लेकिन ज्यों–ज्यों उसका दायरा बढ़ता है पर्यटन का नियंत्रण स्थानीय सरकार से केंद्र सरकार के हाथों में स्थानांतरित होने लगता है। केन्द्र सरकार ही पर्यटन के क्षेत्र में अंतर्राष्ट्रीय स्पर्द्धा का सामना करने में सक्षम है क्योंकि वह होटल श्रृंखलाओं, यात्रा एजेंटों व भ्रमण आयोजकों को विभिन्न वित्तीय लाभ व रियायतें देती है। केवल सरकार ही अंतर्राष्ट्रीय एजेंसियों से ऋण व अनुदान ले सकती है और अन्य अंतर सरकारी ऋणों का लाभ उठा सकती है। पर्यटन का विकास प्रायः स्थानीय लोगों की उपेक्षा करके तथा पारंपरिक आर्थिक गतिविधियों मसलन–कृषि, मत्स्य पालन, ताड़ी उत्पादन आदि की कीमत पर किया जाता है। कई मामलों में पर्यटन नव उपनिवेशवादी परिस्थितियाँ भी पैदा करता है क्योंकि विदेशी नियंत्रण के कारण, पर्यटन से प्राप्त धन देश से बाहर चला जाता है।

इसके अतिरिक्त स्मारिकाओं व कलाकृतियों के व्यापार में वृद्धि का लाभ इन वस्तुओं के उत्पादकों को नहीं मिल पाता क्योंकि तब वे सस्ती कर दी जाती हैं। उत्पादकों को उसकी दस्तकारी के पुराने कद्रदानों से भी दूर कर दिया जाता है और उनकी कृतियों का बड़े पैमाने पर उत्पादन होने लगता है। इससे दस्तकारों को होने वाला लाभ सिर्फ पर्यटन मौसम तक ही सीमित रहता है और यदि किसी कारण से पर्यटन में रूकावट आ जाए तो दस्तकारी उद्योग पूरी तरह तबाह हो जाता है। कश्मीर इसका उदाहरण है।

(2) सामाजिक और सांस्कृतिक—दुनिया भर के पिछड़े और गरीब क्षेत्रों पर आधुनिकीकरण का तीव्र प्रभाव पड़ रहा है। रेडियो, दूरदर्शन और केबल टी.वी. ने नई विश्व व्यवस्था का संदेश चारों तरफ फैला दिया है। फास्ट फूड केंद्रों, वीडियों पार्लरों, कॉफी हाउसों, यंत्रो व मरम्मत की दुकानों को देखकर एक सांस्कृतिक खुलेपन का एहसास होता है। क्या पर्यटक मेजबानों के नजरिए और धारणाओं को प्रभावित करते हैं और क्या समाचार माध्यमों का यह प्रस्फुटन इसी का परिणाम है ? मेहमान–मेजबान संबंधों से सांस्कृतिक बदलावों का प्रभाव मूलतः निम्न बिंदुओं पर निर्भर करता है–

(क) पर्यटक किस हद तक पर्यटन के दायरे में सीमित रहना चाहता है, इसका महत्त्व और विस्तार।

(ख) स्थानीय युवकों द्वारा सरलता से धनार्जन की संभावनाएँ।

(ग) पर्यटकों के शरीर, भाषा, पोशाक और लहजे संबंधी आपत्तिजनक व्यवहार को बर्दाश्त करने की स्थानीय लोगों की क्षमता। उदाहरण के लिए नग्नतावाद (nudism) फैशनेबल वस्त्र, अर्धनग्न महिलाएँ, सार्वजनिक स्थानों पर धूम्रपान व गलबहियाँ डाले घूमना जो पारंपरिक समाज में स्वीकार्य नहीं है।

(घ) समाचार माध्यमों और दिग्दर्शक पुस्तिकाओं की भूमिका जो सांस्कृतिक सापेक्षतावाद (cultural relativism) को अंतर्राष्ट्रीय मेल–मिलाप का माध्यम करार देते हैं, बिना यह जाने कि सापेक्षवाद दो दिशाओं में कार्य करता है : न सिर्फ मेहमान से मेजबान की दिशा में बल्कि मेजबान से मेहमान की दिशा में भी।

(ङ) राष्ट्रीय रूढ़ धारणाओं का उभार, जो मेहमान और मेजबान दोनों को एक दूसरे के लिए वस्तु के रूप में पेश करती है।

(च) पर्यटन की मुख्यधारा के विकल्प अब तक असमान शक्ति की समस्याओं का समाधान खोजने में विफल रहे हैं। वे मेहमान व मेजबान के बीच असमान शक्ति और आर्थिक संबंधों की समस्याएँ हल करने में भी सफल नहीं हुए विशेषकर एशिया, अफ्रीका और लैटीन अमेरिका के गरीब देशों में।

(छ) ज्यों–ज्यों पर्यटन अग्रिम क्षेत्रों (यूरोप के आनंद–क्षेत्र) से पिछड़े क्षेत्रों (गैर यूरोपीय क्षेत्रों में यूरोपीय पर्यटकों के लिये निर्मित आनंद–क्षेत्र) की और बढ़ रहा है, इस परिवर्तन के सांस्कृतिक परिणाम अस्थिरता उत्पन्न करते हैं।

प्रश्न 8. पर्यटन के समाजशास्त्र से क्या तात्पर्य है तथा इसकी पद्धतियों का विश्लेषण करे।

उत्तर– पर्यटन का समाजशास्त्र अपेक्षाकृत एक नया विषय है पर 1970 के प्रारंभ से पर्यटन को परिभाषित करते समय इसे भी ध्यान में रखा जाने लगा था। पर्यटन के समाजशास्त्र को अध्ययन की दृष्टि से पाँच प्रमुख भागों में बाँटा गया है। **एरिक कोहेन** के अनुसार ये हैं–

(1) आगंतुक के समाजशास्त्र में अल्पसंख्यकों, जातीय समूहों और विस्थापितों पर हुए अध्ययनों का प्रयोग कर अस्थायी आगंतुकों के रूप में पर्यटकों की भूमिका का विश्लेषण किया गया है।

(2) अवकाश के समाजशास्त्र में पर्यटन परिघटना और शहरीकरण, उद्योगीकरण, लिंग, उपभोक्तावाद, तकनीक आदि मुद्दों के अध्ययन के कई नए तरीके खोजे गए हैं।

(3) आतिथ्य के समाजशास्त्र में सामान्य और पारंपरिक समाजों पर ध्यान केंद्रित किया गया है। इसमें व्यावसायीकरण और सामाजिक आदान–प्रदान की प्रकिया के आंतरिक टकराव व विरोधाभास के मुद्दे पर ध्यान दिया गया है। इसका अध्ययन आतिथ्य उद्योग से भविष्य में होने वाले लाभ और हानि का पता लगाने के लिए भी किया गया है।

(4) भ्रमण का समाजशास्त्र पर्यटकों के दृष्टिकोण, व्यवहार और अभिप्रेरण का गहराई से अध्ययन करने के लिहाज से महत्त्वपूर्ण है पर यह अब तक पूरी तरह विकसित नहीं हुआ है। बहरहाल, पर्यटन–रत यात्री पर काफी अध्ययन हुआ है, खासकर पर्यटन स्थल के प्राकृतिक सौंदर्य व यात्रा मार्ग की भूमिका, गंतव्य स्थल की छवि और आवासीय सुविधाओं व यात्रा संस्कृति की भूमिका पर।

(5) धर्म के समाजशास्त्र विशेषकर तीर्थयात्राओं के समाजशास्त्र के प्रति काफी दिलचस्पी पैदा हुई है। खासकर यह देखने के लिए कि यह कैसे पता लगाया जाता है कि अमुक स्थल पवित्र है, ऐसे केंद्र की खोज कैसे की जाती है, व्यक्तित्व का रूपांतरण कैसे होता है, और ऐसे पर्यटकों के व्यवहार पर परंपराओं का क्या प्रभाव पड़ता है। इन सबके अध्ययन से कई प्रचलित रूख और दृष्टिकोण उभर कर सामने आते हैं जो इस प्रकार है–

(क) सामाजिकता में बाधा या नकारात्मक पहलू के रूप में पर्यटन की भूमिका। बूरस्टिन (1964) और टर्नर व ऐश (1975) के अध्ययनों में इस पहलू को उभारा गया है। यहाँ पर्यटक को किसी गंतव्य स्थल पर आधिपत्य जमाने के लिए झुंड के रूप में धावा बोलने वाले व्यक्ति के रूप में देखा गया है। यह छवि पर्यटकों की पुरानी छवि के विपरीत है। जिन्हें एक मनभावन अतिथि माना जाता है।

(ख) एक स्वाभाविक सामाजिक परिघटना के रूप में पर्यटन की भूमिका जहाँ लेखक का उद्देश्य पर्यटकों व पर्यटन की रुचि के क्षेत्र दर्शाने वाले भौगोलिक नक्शे (स्थान–विज्ञान) तैयार करना होता है इसके लिए, वह तटस्थ रहते हुए, संतुलित ढंग से इसकी अच्छाइयों व बुराईयों का अध्ययन करता है।

(ग) पर्यटन के प्रति दृष्टिकोण में परिवर्तन आया है। पहले इसे अन्य सामाजिक अवधारणाओं व श्रेणियों और व्यक्तिगत मनोवैज्ञानिक उद्देश्यों के नजरिए से देखा जाता था। पर अब पर्यटकों और स्थानीय लोगों के दृष्टिकोण से देखा जाता है। पर्यटक और मेजबान स्वयं भी कुछ खास अवधारणाओं और श्रेणियों का प्रतिनिधित्व करते हैं।

(घ) पर्यटकों व पर्यटन के स्थान विज्ञान (topology) के दृष्टिकोण से पर्यटकों और पर्यटन के विभिन्न प्रकारों को समझा जा सकता है। इस अध्ययन में देखा जाता है कि पर्यटन प्रारंभिक चरण में अच्छा और अन्य चरणों में बुरा क्यों हैं, इसका प्रभाव सामाजिक व आर्थिक रूपांतरण, सांस्कृतिक पुनर्जागरण या विपत्तियों को कैसे जन्म दे सकता है। कोहेन (1972) और स्मिथ (1977) ने इस तरह के भिन्न–भिन्न प्रभावों का अध्ययन किया है, जो पर्यटन को विकास के साधन के रूप में इस्तेमाल करने के इच्छुक, गंतव्य स्थलों के लिए विशेष उपयोगी हो सकता है।

इस प्रकार, पर्यटन के समाजशास्त्र ने पर्यटकों व पर्यटन के अध्ययन को समाजशास्त्र की एक शाखा मात्र के रूप में लेने की बजाय स्वतंत्र विषय में प्रतिष्ठापित करने में मदद की है।

पर्यटन के समाजशास्त्र की विभिन्न पद्धतियाँ इस प्रकार है–

(1) व्यक्तिगत–इस पद्धति से अध्ययन करते समय सारा ध्यान पर्यटक पर केंद्रित रखा जाता है। उसे एक विशिष्ट व्यक्तिगत इकाई के रूप में देखा जाता है। इस अध्ययन में प्रेरणा–स्रोत, अनुभव की विशेषता और प्रवृत्ति को यात्रा के संकेतक के रूप में देखा जाता है। हम व्यक्तियों के स्वभाव और आधुनिक समाज में निवास के फलस्वरूप उभरने वाले कुछ मुद्दों को भी ध्यान में रख सकते हैं।

गंतव्य स्थल और वहाँ के लोग आकर्षणकारी पहलू है शोधकर्त्ता का भी अपना एक नजरिया होता है (वह पर्यटन समर्थक, विरोधी या तटस्थ हो सकता है) और उसी के आधार पर वह आकर्षणकारी या विकर्षणकारी पहलुओं में से किसी एक को अधिक महत्त्व दे देता है। दूसरी ओर, समाजविज्ञानी किसी व्यक्ति–विशेष के अनुभवों को किसी ऐसे मेहमान के नजरिए से देख सकते हैं जो वास्तविकता की खोज में निकला है। ऐसे मामलों में व्यक्ति पर्यटन की प्रक्रिया में अपने जीवन की कृत्रिमता को स्वेच्छा से त्याग देता है। यहाँ पर्यटन प्रामाणिकता की तलाश में की जाने वाली उन क्षेत्रों की "पवित्र यात्रा" का रूप ले लेता है जहाँ वास्तविकता का नकली रूप पेश नहीं किया गया है। कई मामलों में जो "प्रामाणिकता" हम देखते हैं, वह वास्तव में पर्यटन उत्पाद डिजायनर्स द्वारा गढ़ी हुई प्रामाणिकता होती है। **मैक कैनेल** के अनुसार, इससे एक नकली पर्यटन क्षेत्र का निर्माण होता है। यह दृष्टिकोण केंद्र–परिधि (centreperiphery) माडल से संबंधित है, जिसके आधार पर प्रायः विश्व के औद्योगिक क्षेत्रों से कृषि क्षेत्रों या पिछड़े क्षेत्रों तक पर्यटन के प्रसार की व्याख्या की जाती है। पर्यटक अनोखे और अपरिचित पहलुओं का अवलोकन करना चाहता है। वह अमेरिका की ओर नहीं बल्कि एशिया की ओर उन्मुख हो रहा है, जहाँ किसी विलुप्त होती हुई जीवन शैली का अवलोकन करना संभव है। इस अन्वेषक प्रवृत्ति के आधार पर आधुनिक पर्यटक की परिभाषा एक ऐसे धर्मनिरपेक्ष तीर्थयात्री के रूप में दी जाती है जो सामान्य जीवन से अवकाश लेकर किसी पवित्र यात्रा पर निकला हो।

पर्यटन प्रतिष्ठान तथ्यों को प्रभावित करने की कोशिश करता है और पर्यटन–लेखक उन्हीं तथ्यों को आधार बनाकर लेखन करता है। इसकी वजह से यह तय कर पाना मुश्किल हो जाता है कि कौन–सा सैद्धांतिक दृष्टिकोण पर्यटन की जटिलता के अनुरूप है। पर्यटन के समाजशास्त्र के क्षेत्र में अधिप्रेरण, व्यवहार, यात्रा की शैली, आदतें, दृष्टिकोण आदि में बदलाव और गंतव्य–स्थलों व पर्यटन पर उनके प्रभाव जैसे विषयों पर और अध्ययन करने की जरूरत है।

(2) पारस्परिक संपर्क संबंधी—पर्यटन प्रतिष्ठान से जुड़े लोगों के अलावा, स्थानीय लोगों पर अधिक ध्यान नहीं दिया जाता। इसकी वजह संभवतः यह है कि पर्यटन से धन अर्जित करने में उनकी कोई भूमिका नहीं है। चूँकि विपणन की अवधारणा ही पर्यटन उद्योग को आगे बढ़ाती है इसलिए पर्यटन के समाजशास्त्र में इस उद्योग की जरूरतों और पर्यटन संबंधी आदान–प्रदान पर काफी जोर दिया जाता है। **ग्रीनवुड** (1972) और **कोहेन** (1988) ने लोक संस्कृति, उत्सव रीति–रिवाजों और वेश्यावृत्ति के संदर्भ में इस अवधारणा का अध्ययन किया है। इस अध्ययन में स्पष्ट किया गया है कि यह संक्षिप्त संपर्क "व्यावसायीकरण या वस्तुकरण" को प्रोत्साहित करता है। पर्यटकों की विभिन्न श्रेणियों का निम्न आधार पर निर्धारण किया जा सकता है—

(क) भागीदारी की प्रवृत्ति

(ख) उनकी जानकारियों का दायरा

(ग) पारस्परिक संपर्क को आगे बढ़ाने की इच्छा।

इन अध्ययनों में यह माना जाता है कि स्थानीय लोग प्रारंभ में यह सोचकर पर्यटकों की तरफ आकर्षित होते है कि निजी संबंध बनाने की इच्छा पर्यटकों के मैत्रीपूर्ण दृष्टिकोण की परिचायक है। परन्तु करीब से देखने पर पता चलता है कि इस इच्छा के पीछे वास्तव में भौतिक लाभ या अर्जित धन होता है और इसके लिए वे झूठे आश्वासनों का प्रयोग करने से भी नहीं चूकते। अपनी विशिष्टता, त्वचा व बालों का रंग, पोशाक व सामाजिक आचरण आदि के कारण, सामान्यतः विदेशी व स्थानीय व्यक्ति एक दूसरे के प्रति मैत्रीपूर्ण नहीं हो सकते, अगर दोनों का कोई साझा उद्देश्य न हो। टैक्सी ड्राइवर, दुकानदार, गाइड और दलाल इस तरह की भूमिका निभाते हैं कि पर्यटक समूहों और स्थानीय व्यक्तियों के बीच विभाजन की दीवार बनी रहे। पर्यटकों के समूह इन संपर्कों को अत्याधिक सतही स्तर पर भी लेते हैं क्योंकि पर्यटक के मन पर अपने काम के साथ–साथ पैसे की भी परत चढ़ी होती है।

(3) गंतव्य स्थल संबंधी—पर्यटन किसी गंतव्य स्थल का रूपांतरण कर देता है। पर्यटन स्थलों की स्थानीय अर्थव्यस्था प्रायः अधिक विकसित नहीं होती। द्वीपीय और पर्वतीय क्षेत्र बाहरी संसाधनों पर निर्भर होते है। लेकिन फिर भी सेवा क्षेत्र के लिए एक स्तर तक उनका विकास जरूरी होता है। जहाँ कम बजट वाला पर्यटक, जो कि किल्लत और असुविधाओं का अनुभवी होता है, असमान विकास को बर्दाश्त कर सकता है वहीं अधिक धन खर्च करने वाला पर्यटक इसे स्वीकार नहीं करता।

बटलर (1980) और ग्रीनवुड (1972) ने रूपांतरण के इस पहलू को चरणों या स्तरों (इनमें पूँजीनिवेश, सुविधाओं का निर्माण, व्यक्तिगत व सामूहिक पर्यटन शामिल है) और चक्रों (इनमें खोज, विकास, लोकप्रियता और गिरावट शामिल हैं) की दृष्टि से देखा है। इन सब दृष्टिकोणों का महत्त्वपूर्ण पहलू यह है कि ये यह बताते हैं कि पर्यटन उद्योग के प्रभाव में आने के बाद किसी गंतव्य–स्थल की स्वायत्ता धीरे–धीरे समाप्त हो जाती है और वह बाहरी नियंत्रण में आ जाता है। तब गंतव्य स्थल प्रचलित रूख और फैशन, राजनीतिक व आर्थिक ताकतों और नकारात्मक छवि निर्माण जैसी शक्तियों के प्रभाव में आ जाता है।

(4) ऐतिहासिक–पर्यटन से दुनिया एक छोटी जगह बनती जा रही है। कुछ प्रामाणिक स्थल विश्व के विरासत स्थल या जीवित संग्रहालय बन गए हैं। जब उत्तर आधुनिक युग संरक्षित प्राकृतिक व सांस्कृतिक विन्यासों के छोटे–छोटे द्वीप निर्मित कर रहा है, पर्यटन की विस्तारवादी भूमिका पर एक बहस चल रही है। संग्रहालय की प्रवृत्ति, प्रकृति और संस्कृति को उनके नियंत्रण से बाहर कर देती है जो जीव–मंडल एवं परिस्थिति–प्रणाली का हिस्सा थे और यह मूल निवासियों को बाहरी लोगों में बदल देती है। तब पर्यटक संरक्षणवादी बन जाते हैं जो जीवित संस्कृति की विकास के क्रूर पहियों से रक्षा करते हैं।

ये पार्क और मनोरंजन पार्क उस इच्छा पूर्ति तथा स्वप्न चित्रों को प्रतिबिंबित करते हैं जिनका इन दिनों कई पर्यटक आनंद उठाना चाहते हैं। इससे साधारण जीवन अधिक सहनीय बनता है और कार्यालय सचिव या फैक्टरी कर्मचारी के दायरे के भीतर ही सपने देखने का अवसर मिलता है। एक उत्तर आधुनिक पर्यटक ऐसे आकर्षण से उत्प्रेरित होता है जो संभावना और यथार्थ की सीमाओं को पार कर सकें। **एरिक कोहेन** के मुताबिक "इस व्यापक ऐतिहासिक प्रवृत्ति की बढ़ती शक्ति आधुनिक पर्यटन व्यवस्था में महत्त्वपूर्ण परिवर्तन ला देगी"। यह रूपांतरण शायद एक पर्यटक स्थल नियोजक और अनुसंधानकर्त्ता के लिए सबसे बड़ी चुनौती होगा जिसे इस नए युग में पर्यटन की रूपांतरकारी भूमिका का मूल्यांकन करना होगा। एशियाई देशों ने इन शर्तों को इन रूपों में पूरा किया हैं–

(क) अपने राजमहलों को फिर से सजा कर और

(ख) भव्य दृश्यों का प्रदर्शन कर जो शायद उनकी गरीबी के प्रतिकूल हैं।

प्रश्न 9. पर्यटन के मानवशास्त्र का क्या अर्थ है? तथा पर्यटन के मानवीय शास्त्रीय अध्ययनों में क्षेत्रकार्य का क्या महत्त्व है।

उत्तर– एक विद्या के रूप में मानवशास्त्र ने पिछली एक सदी से विभिन्न प्रकार के मानवीय अनुभवों का विश्लेषण करने में हमारी मदद की है। दूसरे समाज विज्ञान की तुलना में इसका विशिष्ट पहलू क्षेत्र में कार्य पर जोर देना है।

मसलन, पर्यटन के आर्थिक प्रभाव का अध्ययन हम द्वितीयक आँकड़ों के आधार पर करते हैं, लेकिन पर्यटन के मानवशास्त्र में मनुष्यों का उनके प्राकृतिक विन्यास में सीधा

अनुभव प्राप्त करने की जरूरत पड़ती है। ऐसी पद्धति में किसी विषय को व्यापक क्षेत्रीय या अंतर्राष्ट्रीय संदर्भ या जिसे संपूर्ण परिप्रेक्ष्य कहा जाता है, उसमें रखने की जरूरत पड़ती हैं इसे फिलहाल समाज विज्ञान पद्धति में अधिक समर्थन मिला है। ऐसे परिप्रेक्ष्य सांस्कृतिक ग्रहणशीलता पर आधारित लोकप्रिय अध्ययनों को वैधता प्रदान करते हैं जहाँ देसी या स्थानीय या निवासी की धारणाएँ बाहरी लोगों के विरोध में होती है। मानवशास्त्र में एक विभिन्न संस्कृति परिप्रेक्ष्य विकसित करने में स्थिति अध्ययन (केस स्टडी) तरीके का इस्तेमाल होता है। इस विधि में एक विशिष्ट समुदाय को दुनिया भर में जिन समुदायों से हमारा सामना होता है उनकी विभिन्नताओं में सामान्यीकरण के लिए आधार बनाया जाता है। मसलन, द्वीपों के समुदायों पर हुए अध्ययनों से यह संकेत मिल सकता है कि विरोध कैसे मिटाया और द्वीपवासियों को मुख्यधारा में लाया जा सकता है। द्वीपवासियों के भय को समझने में विफल रहते हैं। अगर परिवर्तन का विरोध करने से एक "मूल निवासी" के अधिकार का ऐसा सम्मान होता तो भविष्य की परियोजनाएँ तुलनात्मक विधि पर इतना निर्भर नहीं करती, लेकिन वे अनूठेपन को व्यक्ति के प्राकृतिक वास तथा संस्कृति पर नियंत्रण के सर्वव्यापी पहलू के रूप में स्वीकार कर लेती। रॉबर्ट वी केंपर के अनुसार, पर्यटन का मानवशास्त्र मानव अनुभव के भौतिक, पुरातात्विक, भाषा मूलक, सामाजिक एवं सांस्कृतिक आयामों, समेत मानवशास्त्र के पूरे क्षेत्र का अनुपालन करता है। सामाजिक और सांस्कृतिक मानवशास्त्र अनुकूलन और परिवर्तन पर जोर देने के कारण अनुसंधानकर्त्ताओं को आकर्षित करता है।

भौतिक मानवशास्त्र—मानव व्यवहार की पशुओं से तुलना करने वाले कुछ अध्ययनों या व्यक्ति की जीवनशैली से आने वाले रोगात्मक एवं शारीरिक परिवर्तनों का अध्ययन करने के अतिरिक्त मानवशास्त्र की इस शाखा का पर्यटन उद्योग में कहीं अधिक योगदान रहा है जैसे कारों व विमानों में सीटों की डिजाइन या दुर्घटनाओं के परिणाम जिनका प्राथमिक चिकित्सा एवं बीमा सेवाओं के लिए खास अर्थ है। शायद सबसे महत्त्वूपर्ण क्षेत्र पर्यटन के दौरान लगने वाले एड्स जैसे रोगों की निगरानी का है। यहाँ भी विभिन्न संस्कृति परिप्रेक्ष्य "श्रेष्ठ जाति" संस्कृति का प्रदर्शन करती है क्योंकि मूल निवासी के बजाय पर्यटक को पीड़ित (victim) माना जाता है। फिर इस पितृसत्तात्मक समाज में गरीब यौन सेविकाओं की उन समृद्ध पुरुषों से रक्षा करने के बजाय वेश्याओं जैसे ज्यादा जोखिम वाले समूहों को शिक्षित करने की विधाएँ विकसित की गई है।

पुरातात्विक—ऐतिहासिक स्थलों का पुनर्निर्माण तथा पर्यटन में निकट संबंध रहा है। लेकिन दुनिया भर में सरकारों द्वारा ऐसे संसाधनों का पर्यटन परियोजनाओं के लिए दोहन करने के कारण ऐसे स्थलों के आसपास रहने वाले समुदायों में भय पैदा हो गया है। जहाँ पर्यावरण बहुत कमजोर है वहाँ पुरातात्विक उत्खनन एवं पारिस्थितिकी पर्यटन (ecotourism) का एकीकरण कर दिए जाने की संभावना है। इजराइल और फिलस्तीनी मुक्ति संगठन के बीच लाल सागर वर्ति–लेख (scroll) या मेक्सिको और मध्य अमेरिका में माया सभ्यता के

स्थलों को लेकर हाल में हुए विवाद उल्लेखनीय है। पर्यटन का मानवशास्त्र प्राचीन स्थलों के संरक्षण के लिए "सांस्कृतिक रूप से" उचित तरीके अपनाने की जरूरत बताता है, पर अंततः मध्य प्रदेश में खजुराहो, और्छा या मांडू जैसी प्राचीन संस्कृतियों या तमिलनाडु के मंदिरों की यात्रा "पैकेजिंग" का रूप ही ग्रहण कर लेती हैं। विदेशों में हुए भारत महोत्सवों में कमजोर तथा दुर्लभ कला कृतियों का पर्यटन को अत्यधिक बढ़ावा देने के उद्देश्य से आधुनिक भारत की धरोहर के रूप में प्रदर्शन किया गया। आलोचकों ने इसे स्मारिकाओं के व्यापार के माध्यम से पुरातात्विक सामग्रियों की बिक्री कहा है। ऐसी प्रक्रिया में किसी कलाकृति या ऐतिहासिक परिसर को उसके इतिहास और ढाँचे से अलग कर दिया जाता है और उसे प्रदर्शन की वस्तु बना दिया जाता है। अक्सर यह ध्वनि प्रकाश प्रदर्शनी होता है जिससें कोई सांस्कृतिक या कलात्मक गुणवत्ता नहीं होती। हाल में हौज खास स्मारक (जहाँ डिजाइनर शॉपिंग कांपलेक्स के जरिए पहुँचा जा सकता है) को लोकप्रिय किये जाने से वह स्थानीय जनता के दायरे से बाहर होकर अभिजात्य वर्ग की संपत्ति बना गया है जो प्रवेश शुल्क अदा कर सकते हैं।

भाषा–मूलक–कुछ बोलियाँ और प्रमुख मुहावरे हमेशा से पर्यटन के सामाजिक–सांस्कृतिक प्रभाव के प्रतीक रहे हैं। जैसे–जैसे सी.एन.एन. और स्टार टी.वी. नई विश्व व्यवस्था के सांस्कृतिक प्रसारक बने, एक खास तरह की भाषायी अभिव्यक्ति ने पर्यटन का स्वरूप बदला है। मसलन खरीददारी करने वाले पर्यटकों के बारे में कोई स्थानीय व्यक्ति नाराजगी के साथ कहता है–"ये लोग मोलभाव करने के बजाय मेरा मांगा हुआ मूल्य क्यों नहीं देते?" या खिलौने बेचने वाली कोई महिला शिकायत करती है कि इन लोगों के पास इतना धन क्यों है, जबकि मुझे पैसे की जरूरत है।" उनकी ये अपेक्षाएँ भी भ्रमण संचालकों, यात्रा एजेंटों, विमान सेवाओं और यहाँ तक कि सरकारों की अपेक्षाओं से अलग नहीं है। छोट–छोटे लड़के पर्यटकों का मधुर भाषा में अभिवादन करते हैं, यह सोचकर कि शायद उनमें से कोई उन्हें कुछ दे देगा।

परस्पर भिन्न संस्कृतियों के परिप्रेक्ष्य में देखा जाए तो आपसी संपर्कों पर संभवतः शारीरिक अभिव्यक्तियों का सर्वाधिक प्रभाव पड़ता है। एक निगाह, एक मुस्कान, एक फैला हुआ हाथ, एक विनयपूर्ण दृष्टिकोण आदि पर्यटक और स्थानीय लोगों के संबंधों को निर्धारित करते हैं।

सामाजिक और सांस्कृतिक–अमेरिकी मानवशास्त्रियों के नेतृत्व में इस विषय का सुनियोजित अध्ययन किया गया है। इस अध्ययन का एक प्रमुख क्षेत्र है – सांस्कृतिक संक्रमण और आधुनिकता। यहाँ पर्यटन को "दाता" और "प्राप्तकर्त्ता" की संस्कृति के संदर्भ में देखा जाता है। अंतर्राष्ट्रीय पर्यटक "दाता वर्ग" का प्रतिनिधि है और स्थानीय लोग "प्राप्तकर्त्ता वर्ग" के। उनका यह दर्जा किसी व्यक्ति विशेष को पर्यटन से होने वाले लाभ के आधार पर तय नही होता। यह व्यापक समाज पर पड़ने वाले प्रभावों के आधार पर तय होता है। व्यक्ति इस समाज की एक इकाई है। ये सांस्कृतिक पहलू इतने प्रभावशाली है कि इनके संपर्क में आकर पर्यटन सत्ता–तंत्र, भूमि के प्रयोग, मूल्यों और अर्थव्यवस्था के अभिविन्यास को रुपांतरित कर देता है। इस तरह के अध्ययनों में खजुराहो और लद्दाख के उदाहरण दिए जा सकते हैं।

आज जब पर्यटन का परिणाम बढ़ता जा रहा है और दुनिया भर में इसका सुनियोजित विकास हो रहा है, सांस्कृतिक परिवर्तन में पर्यटन की भूमिका का अध्ययन जरूरी और उचित हो गया है।

राजनीतिक अर्थव्यवस्था और निर्भरता—सत्तर के दशक के मध्य तक छोटे समुदायों पर पर्यटन के नकारात्मक प्रभावों को अच्छी तरह जाना जा चुका था। पर्यटन के "सांस्कृतिक–संक्रमण/आधुनिकीकरण माडल" का स्थान 'राजनीतिक, आर्थिक निर्भरता वाले माडल' ने ले लिया था। यहाँ नए–नए स्थानों पर आधिपत्य जमाने की पर्यटन की प्रकृति को सकारात्मक रूप में नहीं लिया गया। 1977 में नैश ने एक निबंध में पर्यटन को साम्राज्यवाद का एक रूप करार दिया। उनका दृष्टिकोण पर्यटन के सामाजिक मानवशास्त्र के क्षेत्र में तीसरी दुनिया के देशों के नजरिए को प्रतिबिंबित करता है। पर्यटन विकास के क्षेत्र में भारत के अनुभवों ने इस दृष्टिकोण को सही करार दिया। देश में अंतर्राष्ट्रीय पर्यटकों पर निर्भरता इतनी बढ़ चुकी है कि कई बार वह भारत के आर्थिक तंत्र के वैश्वीकरण की दिशा को लेकर हमें भ्रमित कर देती है।

अभिव्यंजक संस्कृति—पर्यटन के विश्वव्यापी परिमाण ले लेने के बाद मानवशास्त्रियों में पर्यटन और इसकी प्रतीकात्मक उत्कृष्ट विशेषताओं के प्रति दिलचस्पी जागी है। पर्यटन को रोजमर्रा के सामान्य कामकाज से भिन्न रूप देने में गंतव्य स्थल की भूमिका भी उतनी ही महत्त्वपूर्ण है। आज जबकि दुनिया प्रौद्योगिकी पर निर्भर होती जा रही है, इस आपाधापी से बचने के लिए इंसान प्रति–संस्कृति (counter culture) की ओर उन्मुख होता है। कला, दस्तकारी, खेल–कूद और रीति–रिवाज इस प्रति–संस्कृति के महत्त्वपूर्ण अंग है।

पहले पर्यटक स्थान विशेष के पारंपरिक खेलों के दर्शक की भूमिका तक सीमित रहते थे। लेकिन फिर उनकी भूमिका में परिवर्तन आया उन्होंने खुद भी इन खेलों में हिस्सा लेना शुरू कर दिया। यह बदलाव पारंपरिक खेलों के अंतर–संस्कृति अध्ययन के कारण हुआ। सप्ताहांत की छुट्टियों में घूमने की प्रथा, राजमार्गीय–संस्कृति, गोल्फ और नए साहसिक खेलों पर भी अध्ययन किया जा रहा है। खेलकूद से वृद्धों, एकाकी व्यक्तियों और विकलांगों में नए उत्साह का संचार होता है और अब इस दिशा में भी अध्ययनों के प्रति दिलचस्पी बढ़ रही है। पर्यटन ने धार्मिक और कर्मकांडीय गतिविधियों के अध्ययन का भी अवसर प्रदान किया है। संस्कृति के पहलुओं ने बाहरी व्यक्तियों को हमेशा ही आकर्षित किया है। स्थान विशेष के पर्यटन की प्रतीकात्मक विशेषताओं में नागरिक उत्सवों, धार्मिक प्रथाओं और सार्वजनिक कार्यक्रमों को भी गिना जाने लगा है। पर्यटन की शुरूआत भ्रमण की योजना बनाने, समान बाँधने, यात्रा शुरू करने और गंतव्य स्थल तक पहुँचने से होती है। मध्यवर्ती चरण की गतिविधियों में किसी गंतव्य स्थल पर अस्थायी प्रवास और अंतिम चरण की गतिविधियों में घर सुरक्षित लौटना शामिल होता है। 90 के दशक में पर्यटन के मानवशास्त्र का दायरा काफी बढ़ रहा है। लेकिन लगता है कि अब उसने प्रतीकात्मक और भौतिकतावादी विचारधाराओं के बीच कोई स्थान

बना लिया है। गंतव्य स्थलों और वहाँ के लोगों के लिए पर्यटन के क्षेत्र-कार्य का भौगोलिक दायरा दूसरे क्षेत्रों की तुलना में ज्यादा महत्त्वपूर्ण हो सकता है। स्थानीय लोगों और किसान समुदायों ने इस संदर्भ में हमेशा ध्यान आकर्षित किया है और इसके फलस्वरूप एशिया, अफ्रीका तथा लातीन अमेरिका हमेशा अनुसंधान के केंद्र में रहे हैं। जब से पर्यटन मुख्यधारा के मुद्दों में शामिल हुआ है, मेहमान-मेजबान संबंध शोध का नया विषय बन गया है। दूसरी ओर पारंपरिक पर्यटन हमेशा से चौथी दुनिया में रूपांतरकारी भूमिका निभाता रहा है।

लातीन अमेरिका में तटीय पर्यटन अध्ययन विशेष तौर से किए जाते हैं, खासकर उनकी तरफ से जो क्षेत्रीय विकास में दिलचस्पी रखते हैं। हवाई का पॉलीनेशियन सांस्कृतिक केंद्र, "दिखावटी प्रामाणिकता" और "सतही जातीय संपर्क" जैसी गतिविधियों में लगा हुआ है। इसके परिणामस्वरूप प्रशांत द्वीपों में कुछ लोग पर्यटन को "नए ढंग की चीनी" भी कहते हैं। इसलिए शायद यहीं पर मेजबान की बजाय पर्यटक अध्ययन का विषय बन जाता है।

चीन में पर्यटकों की यात्राओं से मानवशास्त्रीय मूल्यों- वैकल्पिक मानवीय संभावनाओं और प्रतिमानों के संदर्भ में, उद्योग व पर्यटक का संबंध स्पष्ट होता है। भारत के संदर्भ में एक तरह का द्वैत दिखाई देता है क्योंकि यहाँ आने वाले कुछ अंतर्राष्ट्रीय पर्यटक (18 लाख) धनाढ्य वर्ग के होते हैं जबकि अधिकांश अध्ययनों में बड़ी संख्या में आने वाले घरेलू पर्यटकों का जिक्र ही नहीं होता। पर्यटन के मानवशास्त्र की समस्या है- एक ही दौरे में किए जाने वाले अध्ययनों की कमियों से उबरने की समस्या। क्योंकि किसी क्षेत्र की बार-बार यात्रा करना या अध्ययन के मापदंडों का स्थिर बने रहना संभव नहीं है। दूसरे, ऐसे अध्ययनों के बारे में एक नैतिक प्रश्न हमेशा से उठता रहा है कि इनका लाभ किसे होता है- पर्यटक को, उद्योग को या स्थानीय लोगों को। इन अध्ययनों ने मानवीय स्थितियों को समझने में मदद की है। इन प्रश्नों की मौजूदगी इस बात की ओर संकेत करती है कि पर्यटन का मानवशास्त्र पर्यटन के भविष्य में महत्त्वपूर्ण भूमिका निभाता रहेगा।

Gullybaba.com

Simply Scan QR Codes to Jump at Our Latest Products

HELP BOOKS

TYPED ASSIGNMENTS

HAND WRITTEN ASSIGNMENTS

READYMADE PROJECTS

CUSTOMIZED PROJECTS

COMBOS OF BOOKS/ ASSIGNMENTS

Note: The above QR Codes can be scanned and open through QR Code Scanner Application/App of your smart mobile Phone.

गाइड और यात्रा मार्ग – निर्देशक

अध्याय 2

प्रश्न 1. स्थानीय सूचना के मुख्य स्रोत कौन–कौन से हैं? विस्तारपूर्वक वर्णन करो।

उत्तर— स्थानीय सूचना के लिए अपने और आसपास के इलाकों की जरूरी जानकारी होना आवश्यक होता है। अपने शहर और आस–पास के स्थानों की पर्यटन संभावना का पता लगाने के लिए सबसे पहले आपको सूचना इकट्ठी करनी होगी। लेकिन एक पेशेवर के तौर पर इसका वर्णन करने के समय बेहतर कौशल की जरूरत होती है इसके लिए पहले से तैयारी भी करनी पड़ती है।

स्थानीय सूचना के मुख्य स्रोतों का वर्णन इस प्रकार है—

(1) **पुस्तकें**—अपने इलाके के बारे में जानकारी प्राप्त करने का सबसे उत्तम साधन पुस्तकें हैं। अपने इलाके के इतिहास, संस्कृति और आर्थिक स्रोतों की जानकारी आप गाइड बुक से प्राप्त कर सकते हैं। आप इस प्रकार के गाइडों को प्राप्त करें या इन्हें स्थानीय पुस्तकालय में पढ़ें। हाँ, इन "गाइड बुक" का इस्तेमाल करते वक्त आवश्यक सावधानियाँ बरतें।

आपके जिले के "गजेटियर" में भी आपके शहर/इलाके की जानकारी शामिल होती है। आप अपने जिला पुस्तकालय या जिलाधिकारी के कार्यालय से यह "गजेटियर" प्राप्त कर सकते हैं। "गजेटियर" में आप अपने शहर से संबद्ध निम्नलिखित सूचनाएँ प्राप्त कर सकते हैं—

(क) इतिहास;
(ख) भूगोल और भौगोलिक बनावट;
(ग) महत्त्वपूर्ण स्थल, जैसे स्मारक, सांस्कृतिक विरासत, कला रूप आदि।
(घ) मेला, त्योहार और रीति–रिवाज;

- (ङ) आर्थिक संसाधन;
- (च) पशु-पक्षी और पेड़-पौधें, और
- (छ) डाक घर, टेलीग्राफ दफ्तर, अस्पताल आदि की उपलब्धता।

पहले से स्थापित पर्यटन स्थलों की जानकारी राज्य या केन्द्र पर्यटन विभागों से प्रकाशित साहित्य से प्राप्त की जा सकती है। इसे आप पर्यटन विभाग से संबद्ध कार्यालयों से प्राप्त कर सकते हैं।

(2) नक्शे—नक्शे के जरिए एक शहर से जुड़ी कई प्रकार की जानकारियाँ प्राप्त की जा सकती है। आपके शहर के नक्शे में आमतौर पर निम्नलिखित सूचनाएँ शामिल होती है—

- (क) इसकी सीमा
- (ख) मुख्य बाजार
- (ग) सड़क की सूचना
- (घ) सार्वजनिक सेवाओं की अवस्थिति
- (ङ) औद्योगिक/सांस्कृतिक केंद्र, अगर कोई है तो।

अपने शहर के नक्शे की सहायता से आप इसकी पर्यटन संभावना को अच्छी तरह समझ सकेंगे और तदनुसार योजना बना सकेंगे।

शहरों के नक्शे आमतौर पर जिलाधिकारी के दफ्तर, नगर निगम और प्रधानाधिकारी या इसके समकक्ष किसी अधिकारी से प्राप्त किया जा सकता है।

(3) चित्रात्मक रिकॉर्ड—चित्रात्मक रिकॉर्ड कई प्रकार के होते हैं और इनके विविध उपयोग हैं। इस प्रकार के ब्यौरे को मुख्य रूप से चार कोटियों में वर्गीकृत किया जाता है—

- (क) चित्रकला (पेंटिंग) और उत्कीर्णन
- (ख) चित्रकारी (ड्राइंग) और नक्काशी
- (ग) फोटोग्राफ
- (घ) हवाई चित्र

ये चित्रात्मक रिकॉर्ड अपने आप में पर्यटकों के लिए एक प्रमुख आकर्षण होते हैं। हालाँकि इनकी सहायता से आप अपने दिन भर की कमेंट्री को असरदार और आकर्षण बना सकते हैं।

प्रश्न 2. नगर भ्रमण की तैयारी करते समय किन-किन बातों पर विशेष ध्यान देना चाहिये।

उत्तर— भ्रमण की तैयारी में दो पक्ष महत्त्वपूर्ण होते हैं, मसलन कमेंट्री और उपयोगी सामग्री और पर्यटकों को यात्रा संबंधी सलाह देना।

कमेंट्री—कमेंट्री भ्रमण या टूर का एक अहम् हिस्सा है। यह यात्रा को सूचनाप्रद और मनोरंजक बनाता है। टूर शुरू होने से पहले कमेंट्री की पूरी सामग्री तैयार कर लेनी चाहिए। इस प्रकार की सामग्री को सदा अपने पास रखिए। आप अपने साथ तीन नोट बुक रख सकते

हैं। नोट बुक ऐसे होने चाहिए कि इनमें से कम से कम दो आपके हैंड बैग में आ जाएँ। एक नोट बुक में आप यात्रा कार्यक्रम, पते, राष्ट्रीय और शहरों के नक्शे, मुद्रा विनिमय दर सूची, रेस्तरां के नाम, वैकल्पिक भ्रमण की सूची, मनोरंजन के साधनों और ट्रिप से संबद्ध सभी प्रकार की सूचनाएँ सिलसिलेवार ढंग से लिखकर रख सकते हैं। दूसरे (और तीसरे) नोट बुक में ऐतिहासिक और सांस्कृतिक तथ्यों, हँसी–मजाक के किस्से, चुटकुले, दंतकथाएँ, गाने, कविताएँ और साहित्यिक उक्तियाँ और इसी प्रकार की अन्य सामग्री लिखकर रख सकते हैं। पहले नोटबुक की सहायता से आप पर्यटकों को आवश्यक जानकारियों दे सकेंगे और दूसरे और तीसरे नोटबुक से आप पर्यटकों को रास्ते की ऊब से बचाते रहेंगे।

आपको यह भी पता होना चाहिए कि कितना बोलना है। हर पल, हर समय, हर बात पर टिप्पणी करना जरूरी नहीं है। लगातार एकतरफा बोलना छोड़कर, संवाद कायम कीजिए, लोगों को भी मौका दीजिए। कभी–कभी अपने वक्तव्य को संक्षिप्त रखिए। लगातार बीस मिनट बोलना और पर्यटकों के लिए सुनना एक यातना हो सकती है। अतः बीच–बीच में अनौपचारिक रूप से कुछ सूचनाएँ दीजिए, गीत, कहानी का उपयोग कीजिए और अगर कहने को कुछ न हो तो चुप रहना बेहतर है और अपना मनगढ़ंत और प्रिय ऐतिहासिक सिद्धांत तो यात्रियों पर भूल कर भी न थोपिए, वे इसे किसी स्थिति में स्वीकार नहीं करेंगे।

एकरसता भंग करने के लिए आप श्रोताओं को भी वक्ता बना सकते हैं। हो सकता है उनमें से कोई अच्छा गायक या कथा वाचक निकल आए। उन्हें भी शामिल होने का मौका दीजिए। परंतु इस प्रकार की गतिविधियों पर नियंत्रण रखना जरूरी है। ऐसा करने पर अनर्गल बातें होगी, अभद्र चुटकुले सुनाए जाने लगेंगे, उबाऊ आपबीती से यात्री परेशान होने लगेंगे। दूसरों के हाथ में लगाम देते वक्त नियंत्रण अपने पास रखिए।

सहायक सामग्री और यात्रा संबंधी सलाह—टूर आपरेटर और ट्रैवेल एजेंसियां यात्रियों को कुछ सहायता सामग्री उपलब्ध कराती हैं। अलग–अलग स्थानों पर इन उपहारों के प्रकार और मात्रा में फर्क हो सकता है परंतु इन सबका उद्देश्य यात्रियों को यात्रा के दौरान अधिक सुविधा और संतोष प्रदान करना है।

आमतौर पर निम्नलिखित सामग्रियाँ उपलब्ध कराई जाती हैं—

डाक सूचना—विश्व के विभिन्न भागों में डाक पहुँचने की अवधि, मूल्य हवाई डाक लिफाफों पर पता लिखने का तरीका और अन्य जानकारियाँ उपलब्ध की जाती हैं। ट्रैवेल एजेंसियों के नाम भी नीचे दिए गए होते हैं ताकि दोस्त और संबंधी सलाह ले सकें।

यात्रियों की सूची—प्रत्येक यात्री के पास एक सूची होनी चाहिए। इससे पूरे दल में एक सद्भाव बना रहता है और कमजोर याददाश्त वाले लोगों को इससे मदद मिलती है।

नक्शे—नक्शा सुंदर उपहार होता है। कभी–कभी इन नक्शों में मार्ग दिखाया गया होता है या यात्रा की समाप्ति पर यात्री की अनुमति से एस्कॉर्ट या ड्राइवर इस पर मार्ग चिन्हित कर देता है।

इसके अलावा पैंकिंग और फोटोग्राफी से लेकर खरीददारी और रीतिरिवाजों से संबद्ध अनेक सलाहें भी आप अपने यात्रियों को लिखित रूप में दे सकते हैं।

प्रश्न 3. भ्रमण की और जाते हुए जिन महत्त्वपूर्ण मुद्दों का जिक्र किया जाता है उन पर प्रकाश डालिये।

उत्तर– भ्रमण संबंधी सभी प्रकार की तैयारियों के बाद यात्रा शुरू होती है। बस या कोच में यात्रा शुरू होने से पहले आप यात्रियों का स्वागत करें। बस चालक भी यात्रियों को कार्यक्रम ब्योरा दे सकता है। कुछ यात्री नक्शे को ध्यान से देखते हैं और रास्ते को नक्शे में ढूँढते हैं। इन यात्रियों को ध्यान में रखकर संक्षेप में मार्ग का ब्योरा दे देना चाहिए।

कुछ महत्त्वपूर्ण मुद्दों का संक्षिप्त वर्णन इस प्रकार है जिन्हें आपको अवश्य याद रखना चाहिए–

(1) प्रतिदिन की यात्रा अवधि–यात्रा आयोजकों को यात्रियों की सहनशक्ति का अवश्य ख्याल रखना चाहिए। यात्रा कार्यक्रम तैयार करते समय यात्रियों की उम्र का अवश्य ख्याल रखना चाहिए। इसके अलावा इस बात का भी ध्यान रखना चाहिए कि इसके पहले दिन वे कितना घूमे हैं। इसके साथ–साथ मौसम, शाम की गतिविधियों, भोजन और स्वास्थ्य और यात्रियों के उत्साह को भी नजरअंदाज नहीं करना चाहिए। उन्हें दौड़ाइए मत, यात्रा का आनंद उठाने दीजिए।

अगर संभव हो तो पूरे–पूरे दिन का कार्यक्रम न बनाइए। लगातार यात्रा करने और घूमने से उत्साही, इच्छुक और रोमांच से भरपूर यात्री भी थक जाते है। दिन का कार्यक्रम छोटा बनाइए, उन्हें खाली समय दीजिए।

आपको यह भी मालूम होना चाहिए कि सरकारी या कंपनी नियम के अनुसार एक बस चालक ज्यादा से ज्यादा कितने घंटे गाड़ी चला सकता है। भ्रमण योजना बनाते समय इसका ध्यान रखना पड़ता है। यह भी ध्यान रहे कि चालक यातायात के नियमों का पालन करे। इससे पर्यटकों का विश्वास अर्जित करने में सहायता मिलती है।

(2) भ्रमण के दौरान ठहराव–यात्रा के दौरान आराम और भोजन का विशेष महत्त्व होता है। पहला ठहराव आमतौर पर प्रस्थान के दो–तीन घंटे बाद आता है और दूसरा ठहराव भोजन के कुछ बाद दिया जा सकता है। ऐसे ठहरावों पर पर्याप्त समय दिया जाना चाहिए ताकि अगर जरूरत हो तो लोग शौचादि से निवृत्त हो लें। इसके लिए कम से कम पच्चीस तीस मिनट का ठहराव आवश्यक है और प्रस्थान समय की घोषणा पहले कर देनी चाहिए। स्नानगृह, शौचालय आदि के इस्तेमाल और स्थान संबंधी जानकारी यात्रियों को दे देनी चाहिए। ऐसा न करने से पर्यटक को परेशानी हो सकती है। इसके अलावा कॉफी चाय की दुकानों और आस–पास के दर्शनीय स्थलों की भी जानकारी दे देनी चाहिए। किसी रमणीय स्थल पर पहुँचते ही बस रोक देनी चाहिए और यात्रियों को तस्वीर खींचने का मौका देना चाहिए। उन्हें बार–बार सड़क पार करने पर सावधानी बरतने की चेतावनी दें। चित्र खींचने के लिए पर्याप्त समय देकर यात्रियों से बस पर चढ़ने का आग्रह कीजिए। यहाँ पहाड़ी पर चढ़ने या मैदान में घूमने का मौका नहीं होता। जो फोटो नहीं खींचना चाहते वे एक हद तक ही इस प्रकार के ठहराव को बर्दाश्त कर सकते हैं।

छोटे यात्री दल के साथ भोजन की समस्या कम होती है। एक दर्जन यात्रियों के साथ आप उस जगह पर आसानी से रुक सकते हैं जहाँ कई होटल और रेस्तरां हों। यात्रियों को अलग-अलग होटलों, रेस्तरां या कॉफी हाउस में भेजा जा सकता है। यात्रा आयोजक को इस बात का ख्याल रखना चाहिए कि ये साफ सुथरे, आरामदायक, सस्ते हों और यहाँ बढ़िया भोजन उपलब्ध है।

आपको पहले से ही अपने पास बना बनाया भोजन रख लेना चाहिए या किसी सुविधाजनक स्थल पर भोजन की व्यवस्था करनी चाहिए। अगर आप किसी छोटे स्थान पर, जहाँ केवल एक ही होटल है, बिना अग्रिम सूचना दिए हुए चालीस व्यक्तियों के साथ पहुँचते हैं तो इससे काफी गड़बड़ी पैदा हो सकती है।

छोटे यात्री दल के साथ भोजन की समस्या कम होती है। एक दर्जन यात्रियों के साथ आप उस जगह पर आसानी से रुक सकते हैं जहाँ कई होटल और रेस्तरां हो। यात्रियों को अलग-अलग होटलों, रेस्तरां या कॉफी हाउस में भेजा जा सकता है। यात्रा आयोजक को इस बात का ख्याल रखना चाहिए कि ये स्थल साफ सुथरे, आरामदायक, सस्ते हों और यहाँ बढ़िया भोजन उपलब्ध है।

अगर भोजन यात्रा का एक हिस्सा है तो वाउचर या ट्रैवेल सर्विस आर्डर का इस्तेमाल कीजिए। ऐसा न हो कि आप वाउचर के बगैर ही यात्रियों को भोजन कराने चल पड़ें। हालाँकि आप अपना परिचय देते हुए रेस्तरां या होटल मालिक से बात कर सकते हैं और बाद में भुगतान का वादा कर सकते हैं। परंतु सभी इस पर राजी नहीं होंगे।

पर्यटकों को अन्य कार्यों के लिए भी समय दीजिए, मसलन, खरीददारी, क्राफ्ट शॉप पर थोड़े समय के लिए रुकना, ट्रैवेलर चेक को भुनाना आदि।

इसके अलावा केवल यात्री और यात्रा आयोजक को ही कोच में चढ़ने की इजाजत दें।

खरीददारी—अवध की खूबसूरत शाम का आनंद उठाते हुए कुछ पर्यटक खरीददारी भी करना चाहेंगे तथा वह यह भी जानना चाहेंगे कि दुकान कब खुलती है और कब बंद होती है। कुछ पर्यटक यात्रा के दौरान खरीददारी को ही प्राथमिकता देते हैं। वे भीड़ भरे और स्थानीय बाजारों में खरीददारी करना चाहते हैं। अतः आपको इसके लिए भी पर्याप्त समय देना होगा। परंतु कभी-कभी आपको खरीददारी के समय पर नियंत्रण भी लगाना चाहिए। कुछ सदस्य ज्यादा समय दिए जाने के कारण नाराज भी हो सकते हैं। अतः दोनों के बीच का रास्ता निकाला जाना चाहिए। जहाँ एक और खरीददारी के लिए पर्याप्त समय न देना परेशानी का कारण बन सकता है वहीं जरूरत से ज्यादा समय देना यात्रा को उबाऊ बना सकता है। यात्रियों को सलाह दें परन्तु किसी खास दुकान के दलाल के रूप में कार्य न करें।

यात्रियों को स्थल विशेष से संबद्ध हिदायतें और रात में न जाने वाली जगहों के बारे में चेतावनी अवश्य दे दें। आपकी चेतावनी के बावजूद भी कुछ यात्री सीधे स्थानीय मुद्रा नहीं प्राप्त करेंगे। सिक्कों और बिलों के चार्ट से कम ही सहायता मिल पाती है, परंतु इसके बावजूद कुछ पर्यटक यह जोखिम उठाते हैं। वे हाथ में कुछ खुदरा निकाल लेंगे और कहेंगे, लो जितना

लेना चाहते हो। जो लोग मुद्रा व्यवस्था को ठीक से समझते हैं वे होशियारी से खरीददारी कर पाते हैं और उनके अहं को भी संतुष्टि मिलती है।

अनजानी समस्याएँ—यात्रा के दौरान आने वाली समस्याएँ कभी–कभी एक सचेत टूर एस्कॉर्ट के नियंत्रण से भी बाहर हो जाती है। हालाँकि इनमें से अधिकांश समस्याओं का पूर्वानुमान कर उनके निराकरण का उपाय किया जा सकता है। इसके लिए एक जाँच सूची तैयार करनी चाहिए और विस्तार से नियम और कायदों से संबद्ध सामग्री उपलब्ध होनी चाहिए। विभिन्न प्रकार की समस्याओं का अनुमान लगाकर उन्हें दूर करने के तरीके पर विचार कर लीजिए। प्रत्येक क्षेत्र के स्थानीय पते अपने पास रखें जहाँ से मुसीबत के वक्त सहायता ली जा सकती हैं।

अनुभव और सावधानीपूर्वक योजना बनाने के अलावा अनहोनी घटने पर अपनी समझदारी का बड़ा महत्त्व होता है। सबसे बड़ी बात कि आप किसी भी स्थिति में घबराइए नहीं क्योंकि सब कुछ आप पर ही निर्भर करता है।

कुछ ऐसी समस्याओं का संक्षिप्त वर्णन निम्नलिखित है जिनका सामना आपको करना पड़ सकता है—

(1) सामान—यात्रा के दौरान सामान की समस्या सर्वोपरि होती है और उसे आप बार–बार गिन भी नहीं सकते हैं। लोग कभी अपना सामान छोड़ जाते हैं या कभी दूसरों का सामान उठा ले जाते हैं। यात्रियों को बार–बार चेतावनी दी जाती है कि वे अपना सामान अच्छी तरह जाँच लें। इसके बावजूद वे गलती करते हैं और दूसरे व्यक्ति को परेशानी उठानी पड़ती है। कभी उसको स्नान–शौच के बिना रहना पड़ता है कभी वस्त्र के बिना। उन्हें या तो ये चीजें पुनः खरीदनी होती है या दूसरे यात्रियों के सहारे रहना पड़ता है। यात्रा के दौरान होटल से लाए और वहाँ ले गए सामान को ठीक से जाँच अवश्य कर लें। सामान सही स्थान और व्यक्ति तक ही पहुँचना चाहिए।

आभूषण जैसी महँगी वस्तुएँ घर पर ही छोड़कर आइए। पर्यटकों को अपने जरूरत के सामान लेकर ही चलना चाहिए। उन्हें अपने बैग पर निशान लगा लेना चाहिए। ताकि वह दूर से ही पहचान में आ सके और कोई इसे गलती से न उठा सके।

(2) गुमशुदा यात्री—मान लीजिए कि आप प्रस्थान कर रहे हों और गिनती करने पर आपको मालूम हो कि एक दो यात्री तो पहुँचने ही नहीं है। याद रखिए, समग्र रूप से पूरा यात्री दल आपकी जिम्मेदारी है। इसके अनुसार आपको गुमशुदा व्यक्ति/व्यक्तियों को छोड़कर चल देना चाहिए। यदि आपके पास उस व्यक्ति का पासपोर्ट हो और वह इसके बिना देश के बाहर नहीं जा सकता है या उसका टिकट आपके पास या होटल काउंटर पर रखा है, या कोई बुजुर्ग व्यक्ति हो, तो आप उन्हें छोड़कर नहीं जा सकते। इस स्थिति में यात्री दल का जिम्मा किसी जिम्मेदार यात्री को दिया जा सकता है और आप अपने दल में जल्द से जल्द शामिल हो सकते हैं।

(3) पासपोर्ट खोना—यह एक महत्त्वपूर्ण दस्तावेज है और इसे प्रत्येक व्यक्ति को हमेशा अपने पास रखना चाहिए। इसकी समय–समय पर जाँच होती रहती है, या खरीददारी के समय या विदेशी बैंक से नगद राशि निकालते समय पहचान के लिए इसकी जरूरत पड़ती है।

पासपोर्ट का खोना हमेशा एक गंभीर मामला होता है, अलग–अलग देशों में इसकी गंभीरता में फर्क हो सकता है। कांसुलेट और दूतावास आमतौर पर सप्ताहांत और रात में बंद होते हैं अतः अपना पासपोर्ट गुम होने की सूचना लिखित में वहाँ छोड़ दीजिए और अपना फोन नंबर भी दे दीजिए। सचेत यात्री अपना पासपोर्ट नंबर कई जगह लिखकर रखते हैं या उसकी एक फोटोकॉपी रखते हैं।

(4) नगद राशि और टिकट का गुम होना—इनके खोने की जिम्मेदारी यात्री पर होती है परंतु इस स्थिति में टूर एस्कॉर्ट उन्हें सलाह दे सकता है। गुम नगद राशि का मिलना लगभग असंभव होता है। हाँ, अगर यह किसी ईमानदार व्यक्ति को मिले और वह अपना समय खर्च कर आपका पैसा आपके पास लौटा दे तो अलग बात है। सबसे अच्छा उपाय यह है कि यात्री कम से कम नगद लेकर चले। अगर टिकट यात्री से या आपसे भूला है तो आप तुरंत संबद्ध एजेंसी और अपनी एजेंसी से संपर्क करें। वैकल्पिक टिकट की व्यवस्था कर बाकी पैसा बाद में लिया जा सकता है।

(5) बीमारी—यात्री को अपनी बीमारी और दवा का खुद ख्याल रखना होता है। अतः उन्हें अपनी दवा, प्रेसक्रप्शन और स्वास्थ्य संबंधी अन्य जरूरी वस्तुएँ अपने साथ रखनी चाहिए। उन्हें अपनी स्वास्थ्य जाँच या अस्पताल में भर्ती होने का इंतजाम खुद करना चाहिए।

इसके बावजूद टूर एस्कॉर्ट को एस्प्रिन, कफ ड्राप, नोज ड्राप, बैंड एड और पेट की गड़बड़ी की दवा अपने साथ रख लेनी चाहिए। परंतु इनका उपयोग सावधानी से करना चाहिए। प्राथमिक चिकित्सा और कृत्रिम श्वास देने का ज्ञान होना लाभदायक होता है। आपको इनकी जरूरत नहीं भी पड़ सकती है पर आपातकाल में यात्री आपसे मदद की अपेक्षा कर सकते हैं।

यात्रा के दौरान ठंड लगना, सर में दर्द होना, उल्टी होना, कै–दस्त होना आदि बीमारियाँ हो सकती हैं। ठंड और श्वास संबंधी इन्फेक्शन जल्दी फैलता है। बीमार व्यक्ति को जल्द से जल्द डॉक्टर के पास ले जाना चाहिए। यह उस व्यक्ति और पूरे दल के स्वास्थ्य के लिए जरूरी होता है।

प्रश्न 4. ताजमहल संबंधी यूरोपी यात्रियों के विवरणों का उल्लेख कीजिए। ताजमहल के बनने में 22 वर्ष लगे यह तथ्य कैसे सामने आया।

उत्तर— इतिहास में ताजमहल का वर्णन रोजा–ए–मुनव्वर (चमकती समाधि) के रूप में हुआ है। शाहजहाँ के दरबारी इतिहासकारों ने भी ताजमहल का विवरण प्रस्तुत किया है। अब्दुल हमीद लाहौरी ने पादशाहनामा में और यूरोपीय यात्रियों ने यंत्र–तंत्र इसका वर्णन किया है।

समकालीन विवरण—लाहौरी के अनुसार ताजमहल, एक चमकती समाधि (Taj Mahal, The Illuminated Tomb) से उद्धत किया है। यह सत्रहवीं शताब्दी के दस्तावेज स्रोतों का संग्रह है जिसे डब्ल्यू.ई. बेगले और जेड ए देसाई ने संग्रहीत और अनुदित किया है। (इसका प्रकाशन यूनिवर्सिटी ऑफ वाशिंगटन प्रेस, लंदन से 1989 में हुआ)।

बुनियाद और नींव—गौरवशाली राज्यारोहण के पाँचवें वर्ष आरंभ (जनवरी, 1632) में बुनियाद डालने के लिए यमुना के किनारे खुदाई का काम आरंभ हुआ। यमुना उत्तर की ओर बह रही थी। बुनियाद खोदने वालों ने अपने मजबूत हाथों से पानी के तल तक जमीन खोद दी, कुशल राज मिस्त्रियों (बन्नयान) और वास्तुकारों (मिमरान) ने अपनी बुद्धिमानी और योग्यता से मजबूत बुनियाद (असास) डाली और पत्थर तथा चूने की मदद से उसे जमीन (साथे जमीन) तक ले आए। इसके ऊपर ईट और चूने की मदद से ऊँचा चबूतरा (चबूतरा असा) एक खंड (यक लख्त) में बनाया गया, जो 374 हाथ (जिरां) लंबा, 140 हाथ चौड़ा और 16 फुट ऊँचा था। यह चबूतरा इस विशाल समाधि का प्लिंथ (कुर्सी) बना।

पूरे साम्राज्य के कोने-कोने से पत्थर काटने वाले (संगतराश), मणिकार (मुनब्बतकार) और पच्चीकारी करने वाले (पर्चीगार) बेहतरीन कारीगरों को इकट्ठा किया गया जिन्होंने मिलकर काम किया। प्लिंथ के सामने वाला हिस्सा लाल पत्थरों के चिकने स्लैब (संग ए सुर्ख ए तराशिदा) से इस तरह पाटा गया है कि गौर से देखने पर भी कहीं फाँक नजर नहीं आता। प्लिंथ का फर्श भी इसी लाल पत्थर से बनाया गया है।

इस प्लेटफार्म प्लिंथ के बीच में एक और मजबूत (यक लख्त) चबूतरा (कुर्सी) बना हुआ है। इसका वर्ग क्षेत्र 120 हाथ और ऊँचाई 7 हाथ है। यह पूरी तरह से संगमरमर से ढका है। सुंदरता में इसकी तुलना ईश्वर के सिंहासन (अर्शमेरंताबाद) से की गई है। इस दूसरे प्लेटफार्म के मध्य में विशाल और भव्य समाधि की इमारत बनाई गई है। यह बगदादी शिल्प (तराह-ए-मुसम्मां-ए-बगदादी) के आधार पर बनाया गया है। इसका वृत्त 70 हाथ है और प्लिंथ की ऊँचाई एक हाथ है।

इमारत के ठीक बीच में कब्र (मरगद) के ऊपर संगमरमर का गुंबदनुमा हॉल बना हुआ है। सतह (साथ) से गोलार्ध (जिह) तक गुंबद के नीचे बना हॉल अष्टकोणीय है और इसका क्षेत्रफल 22 हाथ है। गोलाई वाले हिस्से पर मुकरन प्रतीक उकेरे गए हैं और गुंबद सतह से 32 गज ऊँचा है। इन्हें ज्यामितीय पद्धति (गालिब–कारी) से संगमरमर के पत्थरों से पाटा गया है।

इस अंदरूनी गुंबद के ऊपर अमरूद के आकार का (अमरूदी–शक्ल) का एक और विशाल गुंबद बनाया गया है। इसमें गणितीय गोण (दाराजार–ए–दागेग) और ज्यामितीय पद्धति (मुंहदिस–ए–फल्क) का उपयोग किया गया है। इस विशाल गुंबद का बाहरी वृत्त (मितंग) 110 गज (35 गज क्षेत्रफल) है और इस पर 11 गज ऊँचा स्वर्ण कलश लगा है जो सोने की तरह चमकता है जमीन से इसकी ऊँचाई 107 गज है।

इस गुंबद के बीच में उस महान महिला की कब्र (मजिआ) है। इनका स्थान स्वर्ग में भी सर्वोपरि है। इस कब्र पर अल्लाह का करम है और महानमलिका का ईश्वरीय शक्ति से मिलन हो चुका है।

स्वर्ग के इस निवासी की वास्तविक कब्र (तुरबत) के ऊपर संगमरमर का चबूतरा बना है जिस पर एक छतरी (सूरत–ए–गब) बनाई गई है। इसके चारों ओर अष्टकोणीय जाली (महजर–ए–मुशब्बक) लगी हुई है। यह भी संगमरमर से बनाई गई है और इस पर तुर्की शैली (तरह–बंद–ए–रूमी) में अलंकरण किया गया है। इसे बनाने में 10,000 रुपए खर्च हुए है।

इस भाग के अंदरूनी हिस्से में सोने का काम (तलास मीनाकार) किया गया था और उसे खूबसूरती से जड़ा (कउकाबा) गया था। ऊपर से लटकता लैंप (गंदील) था और स्वर्ग के समान दिखने वाले इस मजार में चार कमान (ताग) थे जिनमें एलेप्पो शीशा लगा था। इसमें आने–जाने का एक रास्ता था।

जमीन से 23 गज ऊपर उठे संगमरमर के चबूतरे (कुर्सी) के चारों कोने पर संगमरमर की बनी चार मीनारें खड़ी हैं। जिनमें अंदर की ओर सीढ़ियाँ बनी हैं और ऊपरी छतरी (चारताग) सी बनी है। इसका वृत्त 7 हाथ (आधार) है और चबूतरे के कलश तक इसकी ऊँचाई 52 हाथ है। ऐसा लगता है मानों स्वर्ग की ओर जाने के लिए सीढ़ियाँ लगाई गई है।

स्वर्ग के समान प्रतीत होने वाली इस समाधि के चबूतरे का रास्ता भी संगमरमर निर्मित है, काले पत्थरों और सफेद संगमरमर का सुंदर समन्वय इसका आकर्षण और भी बढ़ा देता है और यह दिन हो या रात चमकता रहता है।

इस समाधि के बाहर और अंदर का नजारा तारीफ से परे हैं। इसमें कलाकारों ने आश्चर्य और चमत्कार से भरी कारीगरी रंगों और बहुमूल्य जेवरातों का प्रयोग किया जिनका वर्णन नहीं किया जा सकता है और इसमें जड़ें मोती का उल्लेख जबान नहीं कर सकती, उसकी चमक के सामने सूरज की चमक भी फीकी पड़ जाती है और दुनिया को प्रकाशमान करने वाला भी संकोच महसूस करने लगता है। इसकी चमक पर आँखें टिक नहीं पाती। यह इमारत मनुष्य की कल्पना और इसके चमत्कार को समझना मानव–बुद्धि की सीमा से परे है।

इस इमारत के अंदर और बाहर कारीगरों ने अपनी जिस कला का प्रदर्शन किया है जिसकी चमक से सूरज को लज्जा आती है और जिसका फर्श सोते की तरह बहता नजर आता है – इसकी नक्काशी और रत्न जड़ने की कला में एक जादू है, इसका वर्णन न कभी पूरा हो सकता है, न समाप्त हो सकता है। यहाँ तक कि अगर समुद्र की स्याही और पेड़ों की कलम बना लिए जाएँ तब भी इसका बखान खत्म नहीं होगा।

यूरोपीय नजरिया—यूरोपीय यात्रियों ने भी ताजमहल का रोचक उल्लेख किया है। हालाँकि इससे ताजमहल के बारे में हमारे ज्ञान में किसी प्रकार की वृद्धि नहीं होती पर इससे विदेशी संस्कृति के लोगों के नजरिया का पता चलता है।

इंग्लिश ईस्ट इंडिया कंपनी के एक एजेंट पीअर मूंडी ने सबसे पहले ताजमहल का उल्लेख किया है। वह 1632 के आरंभ तक आगरा में या और उसने ताजमहल के निर्माण की शुरुआत देखी थी।

जीन बैपटाइस टेवेरनियर और फैक्वायस बर्नियर ने भी इसका उल्लेख किया है। दोनों फ्रांसीसी यात्री थे और वे उस समय भारत पहुँचे थे जब ताजमहल का काम अपने जोरों पर था। दोनों ताजमहल की सुंदरता को देखकर आश्चर्यचकित रह गए थे।

बर्नियर का मानना था कि ताजमहल को दुनिया के महान आश्चर्यों में शामिल किया जाना चाहिए।

प्रश्न 5. हिमालय क्षेत्र में गाइड की भूमिका पर प्रकाश डालिए।

उत्तर— एक गाइड प्रत्येक गतिविधि या क्षेत्र में निर्देशन और नेतृत्व का काम करता है। हिमालय क्षेत्र में गाइड अक्सर स्थानीय लोग ही हुआ करते हैं जो उस इलाके और रास्ते से परिचित होते हैं और पर्यटकों को कुशलतापूर्वक जाने पहचाने रास्ते से ले जाते हैं। वह स्थानीय स्तर पर संपर्क का माध्यम भी बनता है और वह कुली, खाद्य सामग्री, आवास आदि की भी व्यवस्था करता है। इस प्रकार वह गाइड के साथ–साथ एस्कॉर्ट की भूमिका भी निभाता है।

"पथ प्रदर्शक" संज्ञा का प्रयोग सबसे पहले अमेरिका के आरंभिक वाशिंदों ने किया।

उन दिनों जो व्यक्ति जंगलों के बीच होता हुआ उनके लिए हरे–भरे मैदान की खोज करने में निपुण होता था उसे पथ प्रदर्शक कहा जाता है। हिमालय क्षेत्र में यह संज्ञा उस व्यक्ति के लिए प्रयुक्त की जाती है जो पर्वतारोहियों या पहाड़ पर पैदल चढ़ने वालों के लिए इस प्रकार रास्ता बनाता चलता है कि वे सुरक्षित अपने गंतव्य स्थल तक पहुँच जाएँ।

गाइड और पथ प्रदर्शक की योग्यताएँ अलग–अलग होती हैं। परंपरागत रूप से एक पथ प्रदर्शक अपनी रोमांचकारी प्रवृत्ति के कारण यह भूमिका अदा करता था और इसके बदले में वित्तीय सहायता भी स्वीकार करता था। दूसरी तरफ, एक गाइड मुख्य तौर पर अपनी जीविका के लिए यह काम करता है और अपनी जानकारी और प्रकृति प्रदत्त योग्यता का उपयोग करता है। हालाँकि हिमालय क्षेत्र के संदर्भ में आज पथ प्रदर्शक की रोमानी तस्वीर में कोई सच्चाई नहीं रह गई है।

प्रश्न 6. पहाड़ी इलाके में काम करने वाले हर व्यक्ति को 'शेरपा' क्यों कहा जाता है तथा इनका विकास कैसे होगा।

उत्तर— हिमालय क्षेत्र की ओर जाने वाले पर्वताराही "शेरपाओं" की मदद अवश्य लेते हैं। उन सभी पहाड़ी गाइडों और ऊँचे स्थान पर जाने की क्षमता रखने वाले कुलियों के लिए "शेरपा" शब्द का इस्तेमाल होता है। यह "शेरपा" नेपाली, गढ़वाली या बाल्टी किसी भी कबीलाई जाति का हो सकता है। पहाड़ पर रहने और चढ़ने की योग्यता रखने वाला हर पहाड़ी व्यक्ति "शेरपा" के नाम से जाना जाता है। वास्तविकता यह है कि शेरपा हिमालय की एक अलग कबीलाई जाति है। हालाँकि यह नाम काम से जुड़ गया है और यह उन लोगों के लिए प्रयुक्त होने लगा है जो—

(1) टेंट लगा सकते हों,

(2) बोझ ढो सकते हों,

(3) खाद्य सामग्री आदि की आपूर्ति कर सकते हों,

(4) और पहाड़ी पर चढ़ने के दौरान भोजन आदि भी बना सकते हैं।

शेरपा तिब्बती मूल के लोग हैं जिनका मूल निवास स्थान नेपाल—तिब्बत सीमा क्षेत्र के सोलू और खुंबु जिले हैं। उनके गाँव ऊँचे पर्वत क्षेत्रों में स्थित है और जमीन के लगातार कटने और धंसने के कारण वे कठिन जीवन के आदि हो गए हैं। अपने जीवन स्तर में सुधार लाने के लिए ये मजबूत और कर्मठ लोग अन्य स्थानों में बसते चले गए। दो विश्व युद्धों के बीच इनमें से काफी लोग दार्जिलिंग आकर बस गए। उस समय अंग्रेज पर्वतारोही सिक्किम होकर एवरेस्ट पर चढ़ने का उपक्रम करते थे।

अप्पा शेरपा

पश्चिमी देशवासियों के साथ शेरपाओं ने भी पर्वतारोहण में खूब नाम कमाया। उनकी ताकत और कर्मठता तथा मुसीबत में भी हँसते रहने की उनकी योग्यता ने उन्हें न केवल एक कुशल कुली के रूप में प्रतिष्ठित किया बल्कि अभियान के खुशदिल साथी के रूप में भी

उन्होंने प्रसिद्धि पाई। इस शताब्दी के उत्तरार्द्ध में उन्होंने प्रसिद्ध व्यक्तियों के साथ पर्वतारोहण किया। उनकी इस योग्यता ने उन्हें इतना प्रसिद्ध कर दिया कि पहाड़ पर चढ़ने में सहायता करने वाला हर पहाड़ी शेरपा के नाम से जाना जाने लगा। इस प्रकार पहाड़ पर जाने वाला गाइड और कुली शेरपा के पर्याय बन गए।

प्रश्न 7. पहाड़ी गाइड की योग्यता का उल्लेख कीजिए।

उत्तर– एक गाइड में निम्नलिखित योग्यताएँ होनी चाहिए–

(1) पर्यटकों और स्थानीय लोगों द्वारा बोली जाने वाली भाषा में निपुणता,

(2) स्थानीय लोगों, क्षेत्रों, रास्ते के साथ–साथ वहाँ के रीति–रिवाजों और प्रथाओं की जानकारी,

(3) उस क्षेत्र के पर्यटन संबंधी कानून,

(4) पर्यावरण और स्थानीय परिस्थितिकी के प्रति जागरूक,

(5) शारीरिक रूप से स्वास्थ्य और तकनीकी योग्यता,

(6) तनाव की स्थिति का सामना करने और आपात स्थिति में भी शांति से काम करना,

(7) शांत प्रकृति और सभी प्रकार के लोगों से निपटने का तरीका,

(8) खोज, बचाव, फँसे हुए व्यक्तियों को बाहर निकालने और प्राथमिक चिकित्सा का ज्ञान।

प्रश्न 8. पुरातत्व प्रभाग तथा कला प्रभाग से आप क्या समझते हो। विस्तारपूर्वक समीक्षा कीजिए।

उत्तर– कुडप्पा और वेलारी जिले से पुरापाषाण युग के नमूने प्राप्त हुए हैं। अन्य औजार दक्खन कॉलेज पोस्ट ग्रेजुएट रिसर्च इंस्टीट्यूट, पुणे द्वारा उपलब्ध कराए गए हैं। दक्खन कॉलेज ने मध्य पाषाण युग के औजार और जमीन के अंदर दबी वस्तुएँ भी उपलब्ध कराई हैं। अमरावती और परूमबेयर से प्राप्त नव षाषाण युग की कुल्हाड़ी और हथौड़ा भी यहाँ रखा है। बांदा से प्राप्त इस युग की वस्तुएँ भी यहाँ प्रदर्शनी के लिए रखी हुई हैं। वह उत्तर प्रदेश राज्य संग्रहालय, लखनऊ की भेंट है।

यहाँ रंगपुर, नानपुजोदड़ो, कोट बिज और हिसबानी से प्राप्त सिंधु घाटी सभ्यता की दुर्लभ वस्तुएँ भी संग्रहीत हैं। इनमें सादा और चित्रित मिट्टी के बर्तन, मनके और चूड़ियाँ, मुहरें, औजार और खिलौने, माँ देवी, मछली फँसाने की बंसी, सीपी का चम्मच, चपटी चक्की और लोढ़ा, अनाज, तौल, ईंट, संग्रह करने का बर्तन और पत्थर के अन्य सामान शामिल हैं। पवित्र स्नानागार और मोहनजोदड़ों की नगर योजना का नमूना भी प्रदर्शित किया गया है।

महाराष्ट्र का ताम्र प्रस्तर युग बर्तनों, पकाने का भट्ठी और शव के साथ गड़े बर्तनों के माध्यम से प्रदर्शित किया गया है। ये वस्तुएँ जनार्वे, नासिक, नेवासा और इनामगाँव से लाई

गई हैं। आदि चन्नातुर और पेरूमबेयर से प्राप्त लौह युग की दुर्लभ वस्तुएँ यहाँ संग्रहीत हैं। इनमें लौहे के सामान, कटोरे और गाड़े गए अवशेष (हड्डियाँ) शामिल है।

गैलरी के अंत में निमरूद से लाया गया असीरियाई महल का नमूना, पर्सेपोलिस से लाई गई एक पट्टी और मिस्र से लाए गए भग्नावशेष रखे हुए हैं।

पत्थर की मूर्तियाँ—पीतलखोरा एकलफेंटा और ऐहोल से प्राप्त मूर्तियाँ प्रमुख है। संग्रहालय में गांधार कला की अनेक मूर्तियाँ और अलंकृत डिजाइन है जिसमें जातक कथाएँ चित्रित की गई हैं। बुद्ध का सिर और आकृति, बोद्धिसत्व, दानी और संगीतज्ञ प्रमुख मूर्तियाँ हैं। खोह से प्राप्त शिव गण और मध्यप्रदेश से प्राप्त सिंह मुख गण गुप्तकालीन प्रतीकों को प्रदर्शित करते हैं। मीरपुर खास से प्राप्त बुद्ध की आकृति में गांधार से गुप्त कला की ओर प्रयाण के संकेत मिल जाते हैं जबकि दानी और कुबेर पूर्णतः गुप्त कला का प्रतिनिधित्व करते हैं। संग्रहालय में रखी अधिकांश मूर्तियाँ मध्यकालीन हैं और भारत के हर हिस्से से लाई गई हैं। ऐहोल से प्राप्त 8वीं शताब्दी की कमल पर बैठे ब्रह्मा की मूर्ति आरंभिक चालुक्य कला से आगे बढ़ा हुआ कदम है। एलिफेंटा से भी इसी प्रकार की एक ब्रह्मा की मूर्ति मिली है। बाद की मूर्तियाँ दक्खन के अन्य हिस्सों से लाई गई हैं। मध्यप्रदेश, गुजरात और कर्नाटक को भी कलात्मक रूप में पेश किया गया है।

कांस्य मूर्तियाँ—काँसे की बनी सबसे पहली मूर्ति पार्श्वनाथ की है जो पूर्वी भारत से प्राप्त हुई थी और जिसका निर्माण काल दूसरी शताब्दी है। 1967 में श्री महेन्द्र कुमार गुप्त ने स्वर्गीय श्रीमती अमरावती गुप्त के संग्रह से 29 काँसे की बनी मूर्तियाँ संग्रहालय को भेंट की जिनमें प्रमुख हैं: पूर्वी भारत में बनी काँसे की मूर्तियाँ, कश्मीर से पदमपाणी, नागापट्टनम से बुद्ध और नेपाल से मैत्रेये की मूर्तियाँ। पल्लव काल में बनी विष्णु की दो मूर्तियाँ, राष्ट्रकूट काल में बनी और चहार्दी से प्राप्त ऋणभनाथ और गंगाकाल की और श्रावणबेलगोला से प्राप्त बाहुबलि की मूर्तियाँ विशेष रूप से उल्लेखनीय हैं। यहाँ चोल काल की मूर्तियाँ भी संग्रहीत हैं।

मिट्टी से बनी कलाकृतियाँ (टेराकोटा)—संग्रहालय में रखी मिट्टी की अधिकांश कलाकृतियाँ मीरपुर खास से लाई गई है, कुछ नमूने राजघाट और मथुरा क्षेत्र के भी रखे गए हैं। ये कृतियाँ चार कालों से संबद्ध हैं: मौर्य, शुंग, कुषाण और गुप्त। मीरपुर खास से प्राप्त अतिरिक्त संग्रह सुरक्षित रखा हुआ है।

अभिलेख और सिक्के—पत्थर और ताम्र पत्र पर लिखे सभी अभिलेख सुरक्षागार में रख दिए गए हैं। पत्थर अभिलेखों में सोपारा से प्राप्त आठ और नौ संख्या के अभिलेख, थाणे से प्राप्त सुकेतुवर्मन अभिलेख और सुंदर ढंग से उत्त्कीर्ण धार अभिलेखों का विशेष महत्त्व है। इसके अलावा सिलाहर और कन्नड़ शिलालेख भी महत्त्वपूर्ण हैं। पुरालिपिक दृष्टि से दक्षिण अरब से प्राप्त तीन कुफिक अभिलेखों का विशेष महत्व है। अन्य इस्लामी अभिलेखों में नस्की और नास्तलिक अभिलेख प्रमुख हैं। नास्तलिक लिपि में लिखे आयतों (कैलिग्राफी) का एक सुंदर नमूना मिला है। यह सूरत से प्राप्त हुआ है। इसमें शाहजहाँ के एक प्रमुख अधिकारी इशाक बेग अरब से प्राप्त अभिलेख भी महत्त्वपूर्ण है।

लगभग 3700 सिक्के सुरक्षागार में रखे हुए हैं। इसमें छठी शताब्दी ई.पू. के Punch Marked Coin से लेकर ईस्ट इंडिया कंपनी द्वारा ढाले गए सिक्के तक शामिल हैं। गुजरात के सुल्तानों, मुगल और पड़ोसी राज्यों के सिक्के भी पर्याप्त मात्रा में संग्रहीत हैं। यहाँ 1153 सोने के सिक्के हैं, जिनमें कुषाण और गुप्तकाल और जहाँगीर के राशि सिक्के उल्लेखनीय हैं।

प्रश्न 9. संग्रहालय में चित्रकला प्रभाग की चर्चा कीजिए।

उत्तर– भारतीय लघु चित्रकला–संग्रहालय में 14वीं शताब्दी के अंत में तैयार की गई पुस्तकों की चित्रित पांडुलिपियाँ संग्रहीत हैं। इनमें **कल्पसूत्र** और **कालकाचार्यकथा** उल्लेखनीय हैं। इसके अलावा लौर चंदा के चित्रों में सल्तनत (14वीं–15वीं सदी) काल को सुंदरता से चित्रित किया है। गीतगोविंद के चित्र भी विकसित चित्रकला की सूचना देते हैं।

इस संग्रहालय में अकबर कालीन चित्रकला के भी सुंदर नमूने रखे हुए हैं। इसमें रज्म नामा और रामायण तथा अनवर सुहैली की चित्रित पांडुलिपि उल्लेखनीय है। यहाँ जहाँगीर काल के चित्र भी संग्रहीत हैं। एक चित्र में जहाँगीर को अजमेर स्थित शेख सलीम चिश्ती के मजार पर जाते हुए दिखाया गया है। उसके साथ उसके सरदार भी है। इसके अलावा इसमें पशु और पक्षियों के भी चित्र बनाए गए है जिसके लिए हुमायूँ काल प्रसिद्ध रहा है। शाहजहाँ काल की चित्रकला में सम्राट, उसके पूर्वजों और उसके पुत्र द्वारा शिकोह और सूफी संतों का चित्र मिलता है। औरंगजेब काल के चित्रों में रूप चित्र, आपसी मिलन के चित्र, और जीवन तथा काल को चित्रित करने वाली तस्वीरें शामिल हैं। इस संग्रहालय में बीजापुर चित्रकला के कुछ उत्कृष्ट नमूने प्रदर्शित हैं जिनमें सार्वजनिक मिलन और मोहम्मद आदिल शाह के चित्र विशेष रूप से उल्लेख हैं।

17वीं शताब्दी के मध्य की गोलकुंडा चित्रकला का महत्त्व कपड़े पर की गई चित्रकला में निहित है। इनमें अब्दुल्ला कुतुबशाह का जुलूस, सिंहासन पर बैठे अब्दुल्ला कुतुबशाह और चांद बीवी और उसकी दासियों के बनाए चित्र प्रमुख हैं। गोलकुंडा चित्रकला के बाद के चरण में रागमाला समूह, चित्र और शराब पीने के दृश्यों की प्रमुखता है। इस संग्रह में राजस्थानी चित्रकला के उत्कृष्ट और विविध नमूने संग्रहीत हैं। गैलरी में रखे मेवाड़ और मारवाड़ चित्रकला के रंग जहाँ आँखों को चकाचौंध करते हैं वही बूंदी का प्राकृतिक दृश्य और किशनगढ़ चित्रकला का संगीत सबको मोहित कर लेता है। इस संग्रहालय में बसोहली के राजाओं के चित्र भी संग्रहीत हैं। राजा बलवंत सिहं की विभिन्न मुद्राएँ जम्मू चित्रकला का सुंदर नमूना है।

आधुनिक चित्रकलाएँ–इस संग्रहालय में 1923 के बाद भारतीय चित्रकारों द्वारा बनाए गए चित्र संग्रहीत है। इसमें बंगाल, बंबई और अन्य क्षेत्रों के चित्रकारों के चित्र शामिल हैं। श्री एफ.वी.एवन्स द्वारा चित्रित पुरानी मुंबई के अनेक चित्र इस संग्रहालय में चित्रित हैं।

पश्चिमी चित्रकलाएँ—इस संग्रहालय की दूसरी मंजिल की दो बड़ी कक्षाओं में पश्चिमी चित्रकला प्रदर्शित की गई है। ये सब टाटा घराने से प्राप्त हुई हैं। कुछ जाने माने चित्रकारों के कुछ चित्रों का उल्लेख नीचे किया जा रहा है।

(1) THE MUSES ON MOUNT HELICON—निकोलस पाउसां 1594–1665। फ्रांसीसी स्कूल। क्लासिकल फ्रांसीसी स्कूल का महानतम कलाकार।

(2) THE SWORD OF DEMOCLES— बड़े आकार का प्रभावी चित्र।

(3) PORTRAIT OF OLD WOMAN—रेम्ब्रां के बाद का दौर। फ्रांसीसी स्कूल।

(4) VENUS AND ADONIS—कार्लो मलत्ती 1625–1713। रोमन स्कूल। वह लूइस IV का दरबारी चित्रकार था।

(5) SHEPHERDESS AND SHEEP—सी ट्रायन 1810–1865। फ्रेंच स्कूल।

(6) THE GLEANGER—जॉन फिलिप 1817–1867। ब्रिटिश स्कूल। एक लड़की का नाजुक और सहृदय अध्ययन।

(7) PORTRAIT OF A LADY—जी. रॉनी। 1734–1802 ब्रिटिश स्कूल।

प्रश्न 10. संग्रहालय में प्राकृतिक इतिहास प्रभाग तथा शैक्षिक गतिविधियों की संक्षिप्त व्याख्या प्रस्तुत कीजिए।

उत्तर— प्रिंस ऑफ वेल्स म्यूजियम के न्यासियों (ट्रस्टी) और मुंबई नेचुरल हिस्ट्री सोसायटी के बीच हुए समझौते के तहत इस भाग की स्थापना हुई। इस संग्रहालय के संग्रहपाल 1922 और 1926 में इंग्लैंड, अमेरिका और महाद्वीप में अस्थाई रूप से काम करने गए। उन्होंने अपने इस अनुभव का सदुपयोग किया और शैक्षणिक सेवाओं और गैलरियों में प्रदर्शन के लिए डायोरामा पद्धति का प्रयोग किया। विश्वख्याति प्राप्त संग्रहकर्त्ता श्री सलीम अली भी कुछ समय के लिए इस संग्रहालय के संग्रहपाल रहे। इस भाग में मुंबई नेचुरल हिस्ट्री सोसायटी के रोचक संग्रह संकलित हैं, मसलन पक्षी, स्तनपायी, सरिसृप, उभयचर, मछली और अकशेरूकी।

पक्षी गैलरी—इस गैलरी में संपूर्ण भारतवर्ष में पाए जाने वाले पक्षियों के विविध प्रकार दिखाए गए हैं। भारतीय पक्षियों द्वारा घोसला बनाए जाने की प्रवृत्ति प्रदर्शित करने के लिए भी आवश्यक प्रयास किए जा रहे हैं।

इसमें फुदकी या दर्जी चिड़ियाँ, बया या बुनकर चिड़ियाँ, वाक–बगुला और सबसे बढ़कर महान् भारतीय पक्षी घनेरा शामिल है। गैलरी के तीन डायोरामा में गिद्ध, हंसावर और हिमालयी जटायु गिद्ध संग्रहीत है।

स्तनपायी गैलरी—इस गैलरी में सर्वाधिक प्रभावी डायोरामा वह है जिसमें पहाड़ी भैंसा, काला हिरण और बारहसिंघा, मृग, बंगाल बाघ और चमत्कृत करने वाला कश्मीरी हिरण शामिल है। मुंबई के चिड़ियाघर में मरे कुछ जानवर जैसे गैंडा और सफेद बाघ को भी इस गैलरी में प्रदर्शित किया गया है।

सरिसृप, उभयचर और मछलियाँ—इस गैलरी में घड़ियाल, तरह–तरह की छिपकलियाँ, पानी में रहने वाले जीव, साँप, अपने बच्चों के साथ नाग, अपनी बॉबी में बैठा गेहुँअन, पानी के अंदर रहने वाले साँप और उनका जीवन, विभिन्न रंगों के पानी के साँप, हरा चेतक साँप और हरा अजगर आदि विभिन्न प्रकार के साँप रखे हुए है। इसके अलावा मेंढ़क, मछलियाँ भी यहाँ प्रदर्शित की गई हैं। इस गैलरी में अजगर, शार्क और कछुओं को अंडा देते हुए दिखाया गया है।

अकशेरूकी—इस गैलरी में मक्खियों, मच्छरों, खटमलों और जूं का प्रदर्शन इस प्रकार किया गया है कि कोई विद्यार्थी इसे देखकर अपना ज्ञान बढ़ा सकता है। इनके द्वारा फैलाई जाने वाली बीमारी और उसकी रोकथाम का उपाय भी यहाँ दिखाया–बताया गया है। भारतीय कीटों का वर्गीकरण और विभाजन भी प्रदर्शित किया गया है। भारतीय समुद्री जहाजों और कछुओं का कवच भी प्रदर्शित किया गया है। आजकल यह गैलरी आम जनता के लिए बंद है।

शैक्षिक गतिविधियाँ—स्वाभाविक रूप से यह स्थल शैक्षिक गतिविधियों के लिए सर्वथा उपर्युक्त है। बच्चों के मनोरंजन और खेलकूद के लिए संग्रहालय परिसर में बाल सृजनात्मक केंद्र स्थापित है। संग्रहालय का शिक्षा अधिकारी स्कूल के बच्चों और शिक्षकों को संग्रहालय आने का निमंत्रण देते हैं और उन्हें स्लाइड दिखाया जाता है, विभिन्न प्रकार की जानकारी दी जाती है और इसके बाद उन्हें संग्रहालय की अलग–अलग गैलरी में ले जाया जाता है। गर्मी और सर्दी की छुट्टियों में बच्चों को मिट्टी से आकृतियाँ बनाने, चित्र बनाने और कागज शिल्प आदि का प्रशिक्षण दिया जाता है।

प्रदर्शनियाँ—समय–समय पर संग्रहालय में विभिन्न विषयों पर प्रदर्शनी लगाई जाती है। संग्रहालय ने भारत महोत्सव में भी हिस्सा लिया है और स्वीडेन, जापान और मारिशस में प्रदर्शनियाँ लगाई गई है। स्वीडेन और जापान की प्रदर्शनी के सूचनात्मक विवरण (कैटेलॉग) भी छपे हैं। जनता के लाभ के लिए समय–समय पर संग्रहालय द्वारा प्रसिद्ध विद्वानों के व्याख्यान का आयोजन किया जाता है। प्रत्येक वर्ष कुमारस्वामी स्मृति व्याख्यान का आयोजन किया जाता है। प्रदर्शनियों और व्याख्यानों का आयोजन कुमारस्वामी हॉल में होता है। बिक्री प्रदर्शनी लगाने के लिए कोई भी इसे किराए पर ले सकता है।

लगभग 25 साल पूर्व मुंबई की कुछ उत्साही महिलाओं ने संग्रहालय की दोस्त बनकर एक समिति कायम की थी। भारत में यह समिति अपने आप में अकेली है। इसकी अपनी सदस्यता है और अपने सदस्यों के लाभ के लिए यह संग्रहालय की मदद से समय–समय पर व्याख्यान का आयोजन करती है।

शोध—भारतीय कला पर शोध कर रहे विद्यार्थी के लिए यह संग्रहालय स्नातकोत्तर शोध संस्थान के रूप में मान्य है। यह संग्रहालय स्थाई रूप से मुंबई विश्वविद्यालय से संबद्ध है।

भारतीय कला और स्थापत्य पर अध्ययन के लिए यहाँ एक बहुत बढ़िया शोध पुस्तकालय है। यहाँ प्राकृतिक इतिहास की पुस्तकें है। यहाँ नई से नई पुस्तकें और पत्र–पत्रिकाएँ उपलब्ध

हैं। इस संग्रहालय के निदेशक के आदेश से कोई भी इस पुस्तकालय का उपयोग कर सकता है। यहाँ से पुस्तकें निर्गत नहीं की जाती हैं।

रेप्रोग्राफी और रख–रखाव—इस संग्रहालय में सभी उपकरणों से युक्त एक फोटोग्राफी स्टूडियो है। इसमें "डार्क रूम" भी है। यहाँ फोटो डेवलपमेंट और फोटो इन्लार्जमेंट के उपकरण भी हैं। अनुसंधानकर्त्ताओं को यहाँ से वाजिब मूल्य पर ब्लैक एंड व्हाइट प्रिंट प्राप्त हो जाता है। इस संग्रहालय में एक अच्छा फोटो अभिलेखागार भी है और रंगीन स्लाइड का संग्रह भी है। इनका उपयोग व्याख्यानों और प्रकाशनों के लिए किया जाता है। संग्रहालय के संरक्षण स्टूडियो में ऑयल पेंटिंग आदि की व्यवस्था है। प्राचीन कलाकृतियों की रक्षा के लिए इस संग्रहालय में एक रसायन प्रयोगशाला भी हैं।

प्रश्न 11. एक वन्यजीव पर्यटक की विशेषताओं का वर्णन कीजिए।

उत्तर— एक अतिथि पर्यटक व्यापार के लिए नहीं बल्कि छुट्टी और मौज–मस्ती मनाने के लिए आता है। उसकी निम्नलिखित अपेक्षाएँ हो सकती हैं—

(1) क्षेत्र को जानना, समझना और अनुभव प्राप्त करना,

(2) रोजमर्रा की जिंदगी से कुछ हटकर करना,

(3) अपने इस अनुभव और जानकारी को अपने मित्रों तक पहुँचाना।

अगर आप अपने पर्यटक की पूरी मदद करना चाहते हैं तो आपको उसकी जरूरतों को पूरी तरह से पहचानना होगा।

यात्रा का उद्देश्य—आजकल पूरे विश्व में हरित पर्यटन या पारिस्थितिकी पर्यटन का जोर है और अधिक से अधिक लोग राष्ट्रीय उद्यानों की सैर करने जाते हैं। मनुष्य अपने बनाए इस कंक्रीट के जंगल से ऊबकर प्रकृति की गोद में बसे जंगल का सुख लेना चाहता है। शांति, समरसता और आनंद, कुछ नया, कुछ अनोखा, कुछ रोमांचक, मनुष्य इन्हीं सबकी खोज में प्रकृति की गोद में समा जाना चाहता है। वे प्राकृतिक सौंदर्य में खो जाना चाहते हैं, पूरे माहौल से एकमएक हो जाना चाहते हैं। सारे दृश्य अपनी स्मृतियों में समेट लेना चाहते हैं।

हमारी संस्कृति में प्रकृति को देवी का दर्जा दिया गया है। हम आरंभ से ही इसका सम्मान करते आए हैं। अतः पर्यटक हमारी इस सांस्कृतिक धरोहर के बीच बेहद आनंद का अनुभव कर सकते हैं।

व्यवहारात्मक विशेषताएँ—इन उद्देश्यों को ध्यान में रखकर कोई भी व्यक्ति वन पर्यटक के लिए प्रेरित हो सकता है। वह व्यापारी, उद्योगपति, प्रोफेसर, डॉक्टर, इंजीनियर, नौकरशाह, वकील, पत्रकार, राजनीतिज्ञ और अपने कार्य क्षेत्र के बाहर आप भी हो सकते हैं। क्या इनमें से किसी को भी नजरअंदाज किया जा सकता है? अतः हमें अपने सभी ग्राहकों की व्यवहारात्मक विशेषताओं से परिचित होना चाहिए। निश्चित रूप से यह मुश्किल कार्य है। सौभाग्यवश, इन पर्यटकों की कुछ सामान्य विशेषताएँ होती हैं और इस प्रकार हमें उनकी प्रवृत्तियों की पहचान में सुविधा होती है।

वन्यजीव उद्यान की सैर करने वाला पर्यटक सरल होता है और उसे जो कहेंगे वह वही करेगा। अक्सर वह इस क्षेत्र से बिल्कुल अनजान होता है और उसे उस क्षेत्र की परंपराओं और रीति-रिवाजों की जानकारी नहीं होती है। वह जिज्ञासु भी होता है। कभी-कभी कुछ पर्यटक, खासकर नव धनाढ्य वर्ग जंगल को अपना ड्राइंग रूम ही मान बैठते हैं। इन पर्यटकों को स्पष्ट रूप से बता देना चाहिए कि राष्ट्रीय उद्यान या अभयारण्य के अपने समय कानून और कायदे होते हैं। वन्य जीवन और प्राकृतिक सौंदर्य का लुत्फ उठाते समय उन्हें इन कानूनों और कायदों का पालन करना होता है। पर्यटक के व्यवहार को सुधार जा सकता है। यह भी संभव है कि उसे जो कुछ कहा जाए, वह उसे आसानी से स्वीकार करे, अपने अंदर तेजी से बदलाव ले आये।

एक पर्यटक हर मामले में सहयोग करता है और वह सहिष्णु होता है। अगर उसे कुछ असुविधा भी झेलनी पड़े तो वह उसे बर्दाश्त कर लेता है। वह प्रवेश पाने के लिए पंक्ति में खड़ा रह सकता है, वह घंटों तक धूम्रपान नहीं करेगा, अगर जरूरत पड़ी तो वह खाएगा भी नहीं, वह साधारण ढंग से रह लेगा, साधारण खाना खाएगा, कोई टी.वी. नहीं माँगेगा आदि। हालाँकि वह अपने घर में एक गिलास पानी खुद न उठाता हो, उसके घर में नौकरों की फौज हो, वह वातानुकूलित कमरों में रहने का आदी हो, और रोज अच्छा खाना खाता हो और अपना मनपसंद टी.वी. कार्यक्रम देखता हो।

यही पर्यटक यहाँ—

(1) शांति और शांत माहौल चाहता है।
(2) कुछ नयेपन की अपेक्षा रखता है।
(3) रोमांच चाहता है।
(4) सुरक्षा का आश्वासन और कोई परेशानी न हो इसकी गारंटी चाहता है।
(5) क्षेत्र के बारे में सूचना-घूमने लायक जगहें, वनस्पति और जीव-जंतु, पारिस्थितिकी और इस पर मँडराते खतरों की जानकारी चाहता है (इससे वह अपने ढंग से मदद करने के लिए तत्पर हो सकता है)। और
(6) अपने हिसाब से रहना चाहता है। देर से उठना और आराम से नाश्ता वगैरह करना या सुबह उठना, इधर-उधर घूमना, दोपहर में सोना, टहलने जाना या किसी सरोवर के पास बैठकर पशु-पक्षियों को निहारना।

प्रश्न 12. वन्यजीव उद्यानों में समय निर्धारण या पाबंदी से संबंधित समस्याओं का वर्णन कीजिए।

अथवा

वन्यजीव पर्यटन के महत्त्व की विवेचना कीजिए। इसे विकसित करने के मार्ग में क्या प्रमुख बाधाएँ है?

उत्तर— वन्यजीव उद्यानों के विषय में केवल भारत में ही सुबह और शाम जैसे समय की पाबंदी लगाई जाती है मानों वन्यजीव पर्यटन एक मनोरंजन प्रदर्शन हो। प्रकृति हर वक्त जीवंत रहती है, फिर इस प्रकार की पाबंदी क्यों। कुछ लोग पशु-पक्षियों को देखकर वापस लौट जाना चाहेंगे और कुछ लोग थोड़ी देर और ठहरकर फोटोग्राफी करना चाहेंगे। वनों में फोटोग्राफी करने में संयम और समय की जरूरत होती है और इस पक्ष को जानने वाले लोग ही यह समझ सकते हैं। कुछ लोग इधर-उधर घूम कर प्रकृति के विविध रंगों का आनंद उठाना चाहते हैं, कुछ लोग सरोवर के निकट बैठकर जंगल को निहारना चाहते हैं। कुछ लोग कीट-पतंगों और उनके घोसलों या सरोवर का अध्ययन करना चाहते हैं। अभी जो समय निर्धारण की संकल्पना है उसमें यह सब संभव नहीं है।

परिवहन—पर्यटक क्षेत्र विशेष के अनुसार सुविधाजनक परिवहन में सफर करना चाहता है। वह माहौल को महसूस करना चाहता है, जंगल को पूरी तरह देखना चाहता है, पशु को विचरण करते और पक्षियों को उन्मुक्त गगन में उड़ता देखना चाहता है। वह इनकी तस्वीरें भी खींचना चाहता है। इस हिसाब से खुली जिप्सी या जीप सबसे अनुकूल सवारी है। यहाँ दिक्कत यह है कि राष्ट्रीय उद्यानों में उपर्युक्त सवारी का इंतजाम नहीं है। रणथंभोर में कैंटर ट्रक उपलब्ध है और मधुमलई में चारों ओर से बंद साधारण बसें है ये कुछ उदाहरण हैं। मध्य प्रदेश पर्यटन विभाग ने राष्ट्रीय उद्यानों की सैर के लिए जीप उपलब्ध किए हैं।

राष्ट्रीय उद्यान की सैर करने वाला हर पर्यटक हाथी की सवारी जरूर करना चाहता है। यह भारतीय पर्यटकों के लिए तो सही है परंतु विदेशी पर्यटक इसके लिए लालायित होते हैं क्योंकि उन्हें फिर यह अनुभव नहीं मिलने वाला। हाथी पर सवार होकर जंगल में घूमने का अपना एक अलग आनंद है। जंगल के बीच धीरे-धीरे सरकते हुए जंगल की आवाज सुनी जा सकती है, पौधों का नजदीक से निरीक्षण किया जा सकता है और कीट-पतंगों तथा अन्य जीवों को नजदीक से देखा जा सकता है। इस दौरान पर्यटक शनैः शनैः प्रकृति को आत्मसात् करता चलता है। इसके अलावा जंगल में बहुत से स्थान ऐसे हैं जहाँ आप दूसरी किसी सवारी से पहुँच नहीं सकते हैं। सबसे बड़ी बात कि प्रकृति पर इसका कोई प्रभाव नहीं पड़ता। प्रत्येक सवार इस अनुभव को कभी नहीं भूलता और वह आपका पक्का समर्थक बन जाता है। आजकल राष्ट्रीय उद्यानों में इस प्रकार की हाथी सवारी प्रायः लुप्त होती जा रही है।

आवास के मामले में पर्यटकों की निम्ननिखित अपेक्षाएँ होती हैं—

(1) जिस उद्देश्य से वे आए हैं उसके अनुकूल माहौल

(2) रहने का साफ-सुथरा स्थान

(3) कुशल प्रबंध, और

(4) दोस्ताना कर्मचारी

अतः आप अपने पर्यटकों के लिए आरामदायक और साफ-सुथरे आवास की व्यवस्था अवश्य कीजिए। कुछ अभयारण्यों में रहने की व्यवस्था का अभाव है। ऐसी स्थिति में उद्यान से

निकट किसी स्थान पर रहने की व्यवस्था कीजिए। याद रखिए, सही ढंग की आवासीय व्यवस्था से आपकी प्रतिष्ठा और साख बढ़ती है।

फोटोग्राफी–आजकल यात्रा पर निकलने वाला हर व्यक्ति अपनी स्मृति और अनुभव को कैमरे में कैद कर लेना चाहता है। यात्रा से लौटने के बाद अक्सर लोग अपने यहाँ पार्टी का आयोजन करते हैं, अपने मित्रों को अपना अनुभव सुनाते हैं और फोटो, स्लाइड या वीडियो दिखाते हैं। पर्यटकों की इस प्रवृत्ति के कई फायदे हैं। किसी स्थान की फिल्म या डोक्यूमेंट्री बनाने से उस स्थान का खूब प्रचार होता है और लोग उसकी और आकृष्ट होते हैं। अतः हमें पहले से ही इसकी व्यवस्था रखनी चाहिए और जरूरत हो तो उसके लिए शुल्क का निर्धारण भी किया जा सकता है। अगर आप अपने साथ फिल्म की रील भी रख सकें तो अति उत्तम है। जरूरत पड़ने पर जब अपने पर्यटक की मदद करेंगे तो वह आपका प्रशंसक हो जाएगा, जगह–जगह आपकी तारीफ करेगा और अंततः इससे आपका प्रचार होगा और साख बढ़ेगी।

प्रश्न 13. शेरपा के पथ प्रदर्शक बनने की प्रक्रिया का सविस्तार वर्णन कीजिए।

उत्तर– भारत में पर्यटन की दृष्टि से पर्वतारोहण का बहुत महत्त्व है और हिमालय क्षेत्र में बढ़ती पर्वतारोहण गतिविधियों के कारण शेरपा पथ प्रदर्शक के रूप में उभरे। इससे न केवल शेरपाओं की आर्थिक स्थिति सुधरी बल्कि पर्वतारोहियों को एक ऐसा पथ प्रदर्शक मिला जो पहाड़ की ऊँचाइयों पर हर समय हँसता हुआ उनकी मदद करने को तैयार रहता। हिमालय क्षेत्र में पर्वतारोहण के इतिहास में ही शेरपाओं के पथप्रदर्शक बनने की कहानी छिपी है। 1880 और 90 के दशक में हिमालय क्षेत्र में कुछ संगठित दलों का आना शुरू हुआ। अभी तक उन आरंभिक खोजियों के लिए कोई खास क्षेत्र जाना पहचाना नहीं था और वे पूरे हिमालय क्षेत्र की यात्रा करते थे। अपने आराम और सुविधा के लिए वे स्थानीय लोगों को कुली और सहायक के रूप में साथ ले जाने लगे। शनैः शनैः इन पर्वतारोहियों को पता चला कि शेरपा सबसे ज्यादा जरूरतमंद हैं और वे आराम से ऊँचे स्थानों तक बोझ ढो सकते हैं।1907 में सर फ्रांसिस यंगहस्बैंड ने एक अभियान दल का नेतृत्व किया और सिक्किम देश से एक संधि करके उस क्षेत्र से एवरेस्ट क्षेत्र की ओर जाने के मार्ग का अधिकार सुरक्षित कर लिया। इस यंगहस्बैंड संधि से हिमालय क्षेत्र में पर्वतारोहण गतिविधि काफी प्रभावित हुई। जल्द ही ब्रिटेन से दल के दल एवरेस्ट क्षेत्र में पर्वतारोहण के लिए जाने लगे। जर्मन पर्वतारोहियों को सामान वगैरह ढोने के लिए स्थानीय लोगों की जरूरत पड़ी और इस प्रकार हिमालय क्षेत्र के स्थानीय लोगों को काफी काम मिला। उस समय ब्रिटिश पर्वतारोही दार्जिलिंग से पहाड़ की ओर जाया करते थे और वहीं से कुली वगैरह अपने साथ ले जाया करते थे। इस प्रकार बहुत से शेरपा इस क्षेत्र में आकार बस गए।

शेरपा पहाड़ की ऊँचाइयों पर रहने के आदी थे क्योंकि उनका जन्म भरण–पोषण वहीं हुआ था। इसलिए वे हिमालय के ऊपरी क्षेत्र में कम ऑक्सीजन वाले इलाके में भी ज्यादा

आराम से रह सकते थे। उन्हें पहाड़ पर सामान ढोने और कठिन परिस्थितियों में जीने की आदत थी। परिणामस्वरूप वे कुली के रूप में काम करने में सक्षम थे और उनके चेहरे पर हमेशा मुस्कान रहती थी। शेरपाओं की सफलताओं ने अन्य स्थानीय लोगों को अपने जन्मजात मिले गुणों के उपयोग के लिए प्रोत्साहित किया।

अपनी योग्यता से शेरपाओं ने पश्चिम के पर्वतारोहियों को प्रभावित किया। शेरपा उनके साथ लंबी–लंबी यात्राओं पर गए और उन्होंने उनसे बातचीत करने का तरीका और अन्य तकनीकी गुण भी सीखें। जल्द ही उनमें से कुछ कुली सरदार बन गए जो कुलियों की बेहतर मजदूरी की देखरेख करने लगे। इसी प्रकार हिमालय के अन्य क्षेत्रों में भी आरोहण गतिविधि बढ़ी और स्थानीय पहाड़ी लोगों ने उसमें हिस्सा लेना शुरू किया।

उदाहरण के लिए 1930 के दशक में कुमाऊँ/गढ़वाल क्षेत्र में आरोहण गतिविधि में वृद्धि हुई और स्थानीय लोगों को इसमें शमिल होने का मौका मिला। वे भी शेरपाओं की तरह काम करते हुए इस क्षेत्र में प्रशिक्षित होने लगे, परंतु देर से शुरूआत होने के कारण उनका विकास अपेक्षाकृत धीरे हुआ।

हिमालय क्षेत्र की ओर जाने वाले लोगों/दलों की संख्या में वृद्धि होने से बड़ी संख्या में गाइडों की जरूरत पढ़ने लगी। शेरपाओं ने जो अब तक काफी प्रशिक्षण पा चुके थे, अब गाइड की भूमिका अदा करनी शुरू की। शेरपा तेनजिंग, सोनम ग्यात्सो और नवांग गोम्बु की सफलता और प्रसिद्धि ने स्थानीय शेरपाओं को और योग्यता प्राप्त करने और अपना दायरा बढ़ाने के लिए प्रोत्साहित किया।

1950 के दशक तक हिमालय की लगभग सभी चोटियाँ विजित कर ली गई। इस सफलता से हिमालय क्षेत्र पर काफी कुछ लिखा गया और इस क्षेत्र का खूब प्रचार हुआ। इस प्रचार और सरलता से प्राप्त सूचनाओं के कारण ज्यादा से ज्यादा लोग हिमालय क्षेत्र की ओर आकर्षित हुए। इनमें से ज्यादातर लोग शहरी थे और पर्वत क्षेत्र के लिए बिल्कुल नए और अनजान थे। इस प्रकार के लोगों की संख्या में अभूतपूर्व वृद्धि होने से प्रशिक्षित व्यक्तियों की जरूरत पड़ने लगी। स्थानीय शेरपाओं ने यह भूमिका भी स्वीकार की। अभी तक वे केवल गाइड के रूप में काम कर रहे थे। अब उन्होंने पथ प्रदर्शक की भूमिका अपना ली। अब तक पश्चिमवासी ही यह भूमिका निभाते रहे थे। पथ प्रदर्शक की भूमिका बेहतर और सम्मानजनक भूमिका थी और आर्थिक दृष्टि से भी इसमें ज्यादा संभावना थी। इन कारणों से शेरपा, नेपाली, गढ़वाली, बाल्टी या कुमाऊँनी सभी गाइडों ने उत्साहपूर्वक यह काम भी अपने जिम्मे ले लिया। हिमालय क्षेत्र के शेरपा एक साधारण कुली से प्रतिष्ठित पथ प्रदर्शक बन गए। गाइड द्वारा पथ प्रदर्शक की भूमिका अपनाने का यह अनुपम उदाहरण है। आने वाले लोगों की संख्या में वृद्धि और आर्थिक लाभ के कारण ही शेरपाओं में यह बदलाव आ सका। खासकार पिछले दो दशकों में हिमालय क्षेत्र की ओर जाने की प्रवृत्ति का तेजी से विकास हुआ है। इसी कारण इतनी तेजी से स्थानीय शेरपा एक कुली मात्र से पथ प्रदर्शक के रूप में परिवर्तित हो गए। आज हिमालय क्षेत्र के पर्वतारोहण में शेरपा केन्द्रीय भूमिका निभाते हैं। वह गाइड, परामर्शदाता, साथी और

पथ प्रदर्शक की भूमिका निभाता है। आज से कुछ साल पहले यह सोचना भी नामुमकिन था। वे अपने मालिकों के दास मात्र थे और उनकी दया पर पलते थे।

प्रश्न 14. पर्यटन के प्रकृति से साहचर्य पर प्रकाश डालिए

उत्तर– वर्तमान में पर्यटन और प्रकृति के बीच सामंजस्य बिठाना आवश्यक हो गया है। शहरी जीवन के कोलाहल और शोर शराबे से दूर प्रकृति के बीच पर्यटकों को सैर कराना एक अद्भूत अनुभव है। एक गाइड के रूप में यहाँ आपको पर्यटक और प्रकृति का सह संबंध या साहचर्य स्थापित करना होता है। अगर आप ऐसा कर पाते हैं तो आपको जिम्मेदार और पर्यावरण के प्रति सचेत नागरिक माना जाएगा।

पारिस्थितिकीय जागरूकता–वन्यजीव यात्रा का आयोजन इस प्रकार करना चाहिए कि इससे इस क्षेत्र का पारिस्थितिकीय तंत्र न प्रभावित हो। यात्रा के आरंभ में आप क्षेत्र विशेष की पारिस्थितिकीय संबंधी विशेषताओं पर टिप्पणी कर सकते हैं। वनस्पति संबंधी ज्ञान आपकी कुशलता बढ़ाएगा और यात्रा को आनंददायक बनाएगा। आप इस प्रकार की जानकारियाँ अपने साथ लिखित रूप में भी रख सकते हैं।

आप अपने साथ वन्य क्षेत्र का नक्शा भी रखिए जिसमें रास्ते, जल प्रपात, दृश्य स्थल और अन्य जानकारियाँ इंगित होनी चाहिए। आप नक्शें को ध्यान से पढ़िए और संभव हो तो पहले उस स्थान का एक चक्कर लगा लीजिए। नक्शें की एक–एक प्रति सभी पर्यटकों को दीजिए।

वन्य क्षेत्र में कुछ करणीय और आकरणीय भी होते हैं और इनका ध्यान अवश्य रखा जाना चाहिए। आप पर्यटक को बताएँ कि वे प्रकृति का आनंद उठाएँ परंतु उसे नुकसान न पहुँचाएँ। मसलन, जानवरों को चुपचाप निहारिए, उन्हें छेड़िए मत।

इसी प्रकार वन में फैले वनस्पति को भी नष्ट नहीं करना चाहिए। अगर आप पर्यटक को पहले से इन सबके प्रति सावधानी रखने के लिए कहेंगे तो वह वन में घूमते वक्त इसका ख्याल रखेगा।

सैर सपाटा–वनों में भटककर ही इसका सुख लूटा जा सकता है। वन्य जीवन को जानने और अनुभव करने का यह सबसे बढ़िया तरीका है। इससे आप वनों के उपयोग और महत्त्व को समझ पाते हैं। दुर्भाग्यवश भारत में ऐसी व्यवस्था नहीं है। नेपाल में इसकी व्यवस्था है। वहाँ इस सैर सपाटे के दौरान पर्यटकों को विभिन्न प्रकार के पेड़ पौधों, झाड़ियों आदि के आर्थिक और पर्यावरणीय महत्त्व के बारे में बताया जाता है। यह एक प्रकार की अल्पकालिक वनस्पति यात्रा होती है। यह यात्रा बड़ी ही आकर्षक और सुखद होती है। इस यात्रा के दौरान मकड़ी को अपना शिकार पकड़ते, छिपकली को कीट खाते, पक्षियों को घोंसला बनाते और बच्चों को खिलाते हुए देखा जा सकता है। इस दौरान विभिन्न प्रकार के जानवरों की पहचान भी की जाती है। एक हिरण को नजदीक से देखने का भी मौका मिलता है। यह वस्तुतः साक्षात अनुभव से सीखने का एक प्रयास है।

अफ्रीका के राष्ट्रीय उद्यानों में पैदल सफर का इंतजाम है और अलग-अलग स्थानों पर कैंप लगाने की व्यवस्था है। इस यात्रा में पेशेवर साथ रहते हैं और आप बारहसिंगा, जेबरा, जिराफ, शेर और हाथी के दर्शन कर सकते हैं।

हमारे राष्ट्रीय उद्यानो में इस प्रकार की कोई व्यवस्था नहीं है। इससे लोग एक स्थान पर इकट्ठे होकर भीड़ नहीं बढ़ाते हैं बल्कि अलग-अलग रास्तों पर प्रकृति के साहचर्य में आगे बढ़ते जाते है। वे ज्यादा से ज्यादा देर तक प्रकृति के बीच रह पाते हैं और उसका आनंद ले पाते हैं।

NEWSLETTER SIGNUP

Join 2,00,000 + Successful IGNOU Students!

Visit: gullybaba.com/newsletter

| Enter Your Email Address | |

☐ I agree to subscribe to the important IGNOU News, Offers, & FREEbies from Gullybaba.

Join Now

पर्यटक स्थल : उत्पाद और संचालन–1

प्रश्न 1. पर्यटक उत्पाद के रूप में नृत्य और संगीत के महत्त्व का वर्णन करो।

उत्तर— भारत कला और संस्कृति की दृष्टि से विश्वविख्यात है। कला तथा संस्कृति के संरक्षण, विकास और प्रसार में पर्यटन एवं संस्कृति मंत्रालय का संस्कृति विभाग अहम् भूमिका निभाता है। इस विभाग का उद्देश्य ऐसी पद्धति का विकास करना है, जिससे कला और संस्कृति संबंधी बुनियादी सांस्कृतिक और सौंदर्यपरक मूल्यों तथा अवधारणाओं को लोगों के मन–मस्तिष्क में जीवंत बनाए रखा जा सके। यह समकालीन सृजनात्मक कार्यकलापों की विभिन्न विधाओं के संरक्षण, प्रोत्साहन और प्रसार से संबंधित कार्यक्रम भी संचालित करता है।

विश्व पर्यटन एवं अंतर्राष्ट्रीय सांस्कृतिक सद्भावना—व्यापार, सांस्कृतिक संबंधों और शांति के प्रयत्नों को बढ़ावा देने के लिए तथा आर्थिक उदारीकरण के लिए अनेक कदम उठाए गये हैं। शांति, स्थायित्व, अंतर्राष्ट्रीय सद्भाव, सुरक्षा और संतुलन बनाए रखने के प्रयत्नों में निरंतर सहयोग देते रहने के कारण न केवल एशिया में अपितु संसार भर में भारत की प्रतिष्ठा बढ़ी। अपने पड़ोसी देशों और संसार के शक्तिशाली देशों के साथ हार्दिक संबंध बनाए रखने के लिए भी भारत प्रयत्नशील रहा। संयुक्त राष्ट्र के शांति स्थापना के प्रयत्नों और लोकतंत्र तथा सभ्य व्यवहार को बढ़ावा देने में भी अपना योगदान दिया है।

भारतीय सांस्कृतिक संबंध परिषद्—भारतीय सांस्कृतिक संबंध परिषद् देश के सांस्कृतिक दूत की भूमिका निभा रही है। इस परिषद् की मुख्य गतिविधियाँ इस प्रकार हैं—

(1) विदेशी छात्रों के लिए छात्रवृत्ति कार्यक्रमों पर अमल करना,

(2) प्रदर्शनियों का आदान–प्रदान,

(3) विचार गोष्ठियों का आयोजन,

(4) कलाकारों का आदान–प्रदान,

(5) विदेशों में भारतीय अध्ययन से सम्बद्ध विषयों के लिए अध्ययन पीठों की स्थापना और प्राध्यापकों की नियुक्ति,

(6) पुस्तकें उपहार में प्रदान करना,

(7) अंतर्राष्ट्रीय सद्भाव के लिए जवाहरलाल नेहरू पुरस्कार के लिए कार्यालय से संबद्ध सहायता देना, इत्यादि।

मंचन–कलाएँ इस प्रकार है–

नृत्य–भारत के विभिन्न क्षेत्र में दो हजार वर्षों से भी ज्यादा समय से नृत्य की अविछिन्न परंपरा रही है। नृत्य की विषय वस्तु धर्मग्रंथों, लोक कथाओं और प्राचीन साहित्य पर निर्भर रही है। शास्त्रीय शैली और लोक शैली। शास्त्रीय नृत्य, प्राचीन नृत्य परंपराओं, पर आधारित है, इनके प्रस्तुति संबंधी नियम बहुत सख्त हैं। इनमें प्रमुख हैं 'भरतनाट्यम', 'कथकलि', 'मणिपुरी', 'कुचिपुड़ी' और 'ओडिसी'। भरतनाट्यम मुख्यतः तमिलनाडु का नृत्य है, जिसने वर्तमान में अखिल भारतीय आकार ग्रहण कर लिया है। कथकलि केरल की नृत्य शैली है। कत्थक भारतीय संस्कृति पर मुगल प्रभाव से विकसित नृत्य का एक अहम् शास्त्रीय रूप है। मणिपुरी नृत्य–शैली में नमनीयता और गीतात्मक प्रभाव है। कुचिपूड़ि की जड़ें आंध्र प्रदेश में हैं। प्राचीनकाल में उड़ीसा के मंदिरों में ओडिसी नृत्य प्रचलित था जिसका अब समूचे भारत में प्रसार हो चुका है। हमारे यहाँ लोक नृत्य और आदिवासी नृत्य भी अनेक शैलियों में प्रचलित हैं। भारतीय लोक और शास्त्रीय नृत्य को लोकप्रिय बनाने का श्रेय संगीत नाटक अकादमी, प्रशिक्षण संस्थाओं और सांस्कृतिक संगठनों को जाता है। अकादमी सांस्कृतिक संस्थानों को आर्थिक सहायता देती है और नृत्य से जुड़े अध्येताओं कलाकारों और शिक्षकों को संगीत और नृत्य की विभिन्न शैलियों में उच्च शिक्षा और प्रशिक्षण के लिए फैलोशिप प्रदान करती है। दुर्लभ या विलुप्त हो रही शैलियों पर विशेष ध्यान दिया जा रहा हैं।

संगीत–शास्त्रीय संगीत की दो प्रमुख मुख्य विधाएँ रही हैं–हिंदुस्तानी और कर्नाटक/मौखिक परंपरा के जरिए गुरु से शिष्ट तक संगीत अनवरत सजीव रहा है। इसके तहत घराना और संप्रदाय जैसी परंपराएँ अस्तित्व में आई।

भारतीय संगीत नाटक अकादमी संगीत, नृत्य और नाटकों का राष्ट्रीय संस्थान है। इसकी स्थापना 1953 में की गई थी। इसका लक्ष्य राज्यों और स्वैच्छिक संगठनों के सहयोग से प्रदर्शन के जरिए आम जनता में संगीत, नृत्य और नाटकों के प्रति रुझान बढ़ाने के अलावा भारतीय प्रदर्शन कलाओं के उन्नयन के लिए विचारों और तौर-तरीकों के विनिमय संबंधी कार्यक्रमों का आयोजन करती है।

दिल्ली में कत्थक केंद्र और इंफाल में जवाहरलाल नेहरू मणिपुरी नृत्य अकादमी है, जिसमें कत्थक नृत्य और संगीत का प्रशिक्षण दिया जाता है। मणिपुरी नृत्य अकादमी में मणिपुरी नृत्य और उसकी कलाओं संबंधी प्रशिक्षण दिया जाता है। अकादमी, नई दिल्ली में रवींद्र रंगशाला के प्रबंधन की देखभाल भी करती है। अकादमी का प्रबंधन सामान्य परिषद् करती है, जिसको कार्यकारिणी बोर्ड का समर्थन प्राप्त है और अकादमी की गतिविधियों पर बोर्ड नियंत्रण रखता है। अकादमी अपने लक्ष्यों को पूरा करने के लिए मयूरगंज की छः नृत्य शैली और केरल की सेराइकेल्ली और कूडियाहम शैली में प्रशिक्षण कार्यक्रम में सहयोग देती है। इसके अलावा अकादमी निम्नलिखित योजनाओं को भी चलाती है – नाटककारों और रंगमंच निर्देशकों की मदद, पारम्परिक प्रदर्शन कलाओं का उन्नयन और संरक्षण, विलुप्त हो रही कलाओं को उभारना, अंतर्राज्यीय सांस्कृतिक आदान-प्रदान कार्यक्रम, अंतर्राष्ट्रीय सांस्कृतिक आदान-प्रदान अभिलेखन और प्रचार-प्रसार कार्यक्रम आदि। अकादमी प्रति वर्ष प्रदर्शन कलाओं के क्षेत्र में कलाकारों को सम्मानित करती है साथ ही उत्सवों, संगोष्ठियों और कार्यशालाओं का आयोजन करती है।

राष्ट्रीय नाट्य विद्यालय रंगमंच का प्रशिक्षण देने वाले दुनिया के श्रेष्ठ संस्थानों में से एक है और भारत में यह अपनी तरह का एकमात्र संस्थान है। संगीत नाटक अकादमी ने 1959 में इसकी स्थापना की थी। 1975 में इसे स्वायत्त संस्था का दर्जा मिला, इसका पूरा खर्च संस्कृति विभाग वहन करता है। राष्ट्रीय नाट्य विद्यालय का उद्देश्य रंगमंच के इतिहास उत्पादन, दृश्य डिजाइन, वस्त्र डिजाइन, प्रकाश व्यवस्था और रूप-सज्जा सहित रंगमंच के समस्त पहलुओं के संबंध में विद्यार्थियों को प्रशिक्षित करना है।

विद्यालय ने अभिनेताओं, निर्देशकों, पटकथा लेखकों, डिजाइनरों, टेक्नीशियनों और शिक्षा-शास्त्रियों के रूप में देश को प्रतिभाशाली व्यक्तित्व प्रदान किए हैं, जो न सिर्फ रंगमंच के क्षेत्र में बल्कि फिल्मों और टेलीविजन पर भी सक्रिय हैं। इन्होंने कई राष्ट्रीय और अंतर्राष्ट्रीय पुरस्कार भी जीते हैं। विद्यालय में एक व्यापक और सुविचारित पाठ्यक्रम के तहत संपूर्ण प्रशिक्षण दिया जाता है। विद्यार्थियों को संस्कृत नाटक, आधुनिक भारतीय नाटक, पारंपरिक भारतीय रंगमंच के बहुविधि रूपों और एशियाई नाटकों तथा पाश्चात्य नाटकों का क्रमबद्ध अध्ययन और व्यावहारिक अनुभव कराया जाता है। यह विद्यालय भारत की पारंपरिक रंगमंच शैलियों और आधुनिक नाट्य विधाओं के बीच संबंध जानने और विद्यार्थियों को नाटक के विभिन्न रूपों का प्रशिक्षण देने के लिए विशेषज्ञों को आमंत्रित करता है और परंपरागत रंगमंच

में प्रशिक्षण के लिए उन्हें क्षेत्रीय केंद्रों में भी भेजता है। विद्यालय ने अपने प्रशिक्षण संकाय में देश और विदेश के कई लब्धप्रतिष्ठ रचनाशील नाट्यकर्मियों को आकर्षित किया है। नाट्य मंडली और शिक्षा के साथ उन्हें रंगमंच से जोड़ने के लिए 'संस्कार रंग टोली' नामक रंग मंडली है। 'संस्कार रंग टोली' बच्चों के लिए नाट्य आयोजन और बच्चों तथा शिक्षकों के लिए कार्यशालाएँ आयोजित करती है। विद्यालय नाट्य कला पाठ्यक्रम में तीन साल का डिप्लोमा भी प्रदान करता है। राष्ट्रीय नाट्य विद्यालय का बंगलौर में अपना क्षेत्रीय संसाधन केंद्र है।

प्रश्न 2. खजुराहो उत्सव के आयोजन के कारण क्या है तथा इस उत्सव के प्रति स्थानीय लोगों का रवैया नकारात्मक क्यों है।

उत्तर— मंदिर में खजुराहो उत्सव मनाने का मुख्य उद्देश्य पर्यटकों को ज्यादा से ज्यादा आकृष्ट करना है। यह उत्सव प्रत्येक वर्ष मार्च के महीने में आयोजित किया जाता है और यहाँ नृत्य और संगीत का समाँ बँध जाता है। देश के प्रमुख कलाकार यहाँ अपनी कला का प्रदर्शन करते हैं। 1975 ई. में मध्यप्रदेश पर्यटन विभाग के पहल से इसकी शुरूआत हुई। संयोगवश इसी वर्ष भारत पर्यटन वर्ष भी मनाया गया। इस प्रकार एक पर्यटक स्थल के रूप में खजुराहो के सुनियोजित और समन्वित विकास की दिशा में एक प्रयोग का आरंभ हुआ।

खजुराहो उत्सव एक कृत्रिम पर्यटन उत्पाद है। इसका आयोजन खजुराहो की दो सीमाओं को दूर करने के लिए किया गया। कम पर्यटक यहाँ ठहरते हैं और उनके आने की अवधि भी काफी सीमित है। पर्यटकों के आने का सिलसिला मार्च के मध्य से कम होना शुरू हो जाता है। मार्च के प्रथम सप्ताह से ही पर्यटकों को आकर्षित करने के लिए एक सांस्कृतिक उत्सव मनाने की योजना बनाई गई ताकि कम भीड़ वाले मौसम में भी पर्यटक आ सकें और आकर यहाँ ठहर सकें। दूसरे, खजुराहो के मंदिरों से जुड़ी कोई प्रचलित प्रदर्शनात्मक कला भी यहाँ मौजूद नहीं थी जिसका उपयोग कर इस स्थान को और भी आकर्षक बनाया जा सके। अतः मंदिरों को पर्यटकों के लिए और भी आकर्षक बनाने के लिए यहाँ नृत्य और संगीत के उत्सव का आयोजन किया गया।

नृत्य और संगीत की प्रासंगिकता—मंदिरों की पृष्ठभूमि में नृत्य और संगीत उत्सव का आयोजन एक सुविचारित कदम था। ध्यान देने की बात है कि समस्त भारतीय शास्त्रीय नृत्यों और संगीत का उद्गम मंदिरों से ही हुआ है। मंदिरों में ही नृत्य शैली का जन्म और विकास हुआ। यह परंपरा लंबे समय से चली आ रही है। खजुराहो के मंदिरों का स्थापत्य और वहाँ की मूर्तियाँ कलाकारों को उद्वेलित और प्रेरित करती हैं। मंदिरों की दीवारों में बनी कारीगरी से मूर्तियाँ उकेरी गई हैं। इनमें देवी–देवताओं की आकृतियाँ, कामोत्तेजक नारियों, पौराणिक राक्षसों, और पुरुष–स्त्री की श्रृंगारिक मुद्राएँ शामिल है। जो मूर्तियाँ नृत्य की मुद्रा में नहीं हैं उन्हें संगीत वाद्य बजाते दिखाता गया है जिससे वे नृत्यांगनाओं के पैरों को गति और जीवंतता प्रदान कर रही है।

आयोजन की विधि—आरंभ में यह योजना बनाई गई थी कि खजुराहो उत्सव में बुंदेलखंडी नृत्य और संगीत का आयोजन प्रति वर्ष दिसम्बर में किया जाएगा। इसके लिए पश्चिमी परिसर में बना विशाल कंदरिया महादेव मंदिर को चुना गया। कोई भी इस समारोह को देख सकता था और इसके लिए कोई टिकट नहीं खरीदना पड़ता था। इसकी जिम्मेदारी संस्कृति विभाग को सौंपी गई। आरंभ में यह उत्सव सफल नहीं हुआ। पर्यटन विभाग से सही तालमेल स्थापित न कर पाने के कारण इस आयोजन का कोई खास प्रचार न हो सका और अधिक पर्यटकों का ध्यान इस ओर आकृष्ट न किया जा सका। 1979-80 में इस उत्सव की समीक्षा की गई और इसमें कई सुधार किए गए। अभी भी यह नृत्य और संगीत का एक वार्षिक समारोह है। परंतु पर्यटन विभाग की योजनाओं के अनुरूप इसका समय दिसम्बर की जगह मार्च कर दिया गया। अभी पश्चिमी परिसर के मंदिर के मैदान में यह आयोजन होता है। इस समारोह में जाने माने कलाकार हिस्सा लेते है। मंदिरों को मंच बनाकर प्राकृतिक वातावरण में अपनी कला का प्रदर्शन करना सभी कलाकारों को प्रिय लगता है। उन्हें लगता है मानों उनकी कला यहीं अपने सर्वोत्कृष्ट रूप में निखर सकेगी। हालाँकि अभी तक स्थानीय कलाकारों को शामिल करने पर विचार नहीं किया गया है। इसका आयोजन पर्यटन विभाग करता है। 1979 से प्रवेश शुल्क भी लगने लगा है जिसके कारण स्थानीय जनता इन आयोजनों में शामिल नहीं हो पाती है। स्थानीय और राष्ट्रीय समाचार पत्रों में इस उत्सव का विज्ञापन प्रकाशित किया जाता है और टेलीविजन पर डोक्यूमेंट्री भी दिखाई जाती है। इसके अलावा पर्यटन विभाग द्वारा प्रकाशित हर पर्यटक सूचना पत्र में खजुराहो उत्सव का उल्लेख अवश्य रहता है।

स्थानीय जनता का नजरिया—अधिकांश स्थानीय जनता के लिए जिस प्रकार मंदिरों में उत्कीर्ण शिल्प एक अनबूझ पहेली है उसी प्रकार यहाँ होने वाला संगीत और नृत्य का अयोजन भी उनकी संस्कृति से अलग-थलग मालूम पड़ता है। यहाँ आने वाले कलाकार भी उनके लिए अजनबी हैं। खजुराहो उत्सव में प्रदर्शित शास्त्रीय संस्कृति का लोक परंपरा से कोई ताल-मेल नहीं है। इस अंतर के कारण लोग न केवल इस उत्सव के प्रति उदासीन बने रहते हैं बल्कि उनके मन में एक विरोध का भाव भी जन्म लेता है। उनके विचार में यह उत्सव पर्यटन विभाग और अन्य सरकारी विभागों द्वारा आयोजित सरकारी तमाशा है जिसका उपयोग ये एक दूसरे को उपकृत करने के लिये करते हैं।

जान-बूझकर स्थानीय लोगों को अलग-थलग रखने के लिए टिकट का दाम ज्यादा रखा गया है। इस आयोजन में आदान-प्रदान की नीति के कारण टिकटों की बिक्री से सरकार को कोई आमदनी भी नहीं हो पाती है।

पर्यटकों का नजरिया—राष्ट्रीयता के अनुसार पर्यटकों का खजुराहो उत्सव के प्रति नजरिया अलग-अलग है। विदेशी पर्यटकों के लिए यह मेजबान संस्कृति को जानने का एक सुखद और सुलभ अवसर है। उनके लिए शास्त्रीय और लोक परंपरा में कोई अंतर नहीं है।

अत: स्थानीय संस्कृति (बुंदेलखंडी) को न शामिल किए जाने से उन्हें कोई परेशानी नहीं होती है। दूसरी तरफ, अधिकांश घरेलू पर्यटकों के लिए खजुराहो उत्सव कोई ऐसा अवसर नहीं है जिसके अनुसार ही यात्रा-कार्यक्रम बनाया जाए। हालाँकि इस उत्सव में सरकारी अधिकारियों का जमघट लग जाता है और होटलों में तिल रखने की जगह नहीं होती है।

प्रश्न 3. वायु, रेल, समुद्र और सड़क मार्ग द्वारा मुंबई किस प्रकार पहुँचा जा सकता है?

उत्तर— वायु, रेल, समुद्र और सड़क मार्ग द्वारा मुंबई निम्न प्रकार से पहुँचा जा सकता है—

(1) **वायु**—मुंबई का अंतर्राष्ट्रीय हवाई अड्डा सहार में है जहाँ से विश्व के प्रमुख स्थानों के लिए कई अंतर्राष्ट्रीय हवाई सेवाओं के जहाज उड़ान भरते हैं। यहाँ सुदूर पूर्व और दक्षिण पूर्व एशिया, आस्ट्रेलिया, मध्य पूर्व एशिया, अफ्रीका, यूरोप और उत्तर अमेरिकी शहरों के लिए हवाई सेवाएँ उपलब्ध हैं। यहाँ के हवाई अड्डे पर विविध प्रकार की सुविधाएँ उपलब्ध हैं और पर्यटकों के लिए कई प्रकार के स्थानीय परिवहन साधनों का इंतजाम है।

(2) **रेल**—मुंबई में स्थानीय यात्रा के लिए पश्चिमी और मध्य-दो रेलमार्ग प्रमुख हैं। पश्चिमी रेलवे का मुख्यालय मुंबई के चर्च गेट में स्थित है। विक्टोरिया टार्मिनस (V. T.) या बोरिबंदर मध्य रेलवे का और मुंबई सेंट्रल पश्चिमी रेलवे का प्रमुख स्टेशन है। भारत के लगभग सभी हिस्सों से कई ट्रेनें यहाँ पहुँचती हैं। इनमें सीट आरक्षित कराने के लिए V. T., मुंबई सेंट्रल, कुर्ला, चर्च गेट और थाणे रेलवे स्टेशनों पर कंप्यूटरीकृत टिकट बुकिंग की व्यवस्था है।

(3) **समुद्र**—विदेशों से कुछ लोग समुद्र मार्ग से भी मुंबई आते हैं। तटीय क्षेत्रों के लिए भी घरेलू परिवहन सेवाएँ उपलब्ध हैं। हालाँकि यह बहुत लोकप्रिय साधन नहीं है।

(4) **सड़क**—बहुत से लोग सड़क परिवहन से भी यहाँ आते हैं। इस द्वीप शहर में उत्तर पूर्व और उत्तर पश्चिम की ओर से दो सड़कें आती हैं। यहाँ लोग बसों और निजी गाड़ियों से आते हैं। मुंबई से बाहर जाने और आने के लिए निजी और राज्य बस सेवाएँ रोज उपलब्ध हैं। इनसे आप दूसरे राज्यों तक भी जा सकते हैं। दक्षिण भारत और मध्य प्रदेश तक जाने के लिए कुछ विशेष बस सेवाएँ भी हैं।

(5) **स्थानीय परिवहन**—मुंबई के स्थानीय परिवहन में लोकल ट्रेन की महत्त्वपूर्ण भूमिका है। बराबर चलते रहने के बावजूद इसमें खचाखच भीड़ होती है। बस सेवाएँ, टैक्सी और ऑटोरिक्शा भी उपलब्ध हैं और इससे आप ग्रेटर बांबे उपनगरों तक भी जा सकते हैं।

मुंबई में आपको 24 घंटे परिवहन मिलेगा। यहाँ तक कि सार्वजनिक परिवहन व्यवस्था भी रात में कुछ घंटों के लिए ही बंद होती है। परंतु निजी ऑपरेटर्स उस समय भी अपनी सेवाएँ जारी रखते हैं।

प्रश्न 4. एक पर्यटन स्थल के रूप में मुंबई का वर्णन कीजिए।

उत्तर– मुंबई–सात द्वीपों पर बसा अनूठा शहर। मुंबई संसार के दस बड़े शहरों में से एक है। मन मोहने वाली सदाबहार खूबसूरती और तीन ओर समुद्र से घिरा रंग–रंगीला मुंबई "छोटा भारत" है। हर धर्म और जाति के लोग, चौड़ी और स्वस्थ सड़कें, आकाश छूते भवन, मीलों लम्बा समुद्र तट, इन्द्रधनुषी होटल और बाजार सभी ओर दिन–रात जिंदगी की मधुर झंकार आप यहाँ पाएँगे।

कोलाबा के मछेरों के मधुर गीत, मंदिर–मस्जिद और गुरुद्वारों के भक्ति संगीत, फिल्म स्टूडियों के सबरस स्वर मुंबई की धड़कनें हैं। समुद्र तट पर चहल–कदमी का अनोखा आनंद मिलेगा मरीन ड्राइव पर, चौपाटी या गेटवे ऑफ इण्डिया पर। गेटवे ऑफ इण्डिया के समीप है ताजमहल होटल जो मुंबई के फिल्मी सितारों का मनपसंद होटल है। समुद्र में नहाने या लहरों पर झूला झूलने की इच्छा हो, तो जुहू यहाँ का विश्व प्रसिद्ध समुद्र तट है। यहाँ कच्चे नारियल का पानी पीजिए। भेलपूरी के स्वाद का आनंद लीजिए और रंग–बिरंगी सीपियाँ इकट्ठी कीजिए।

हुतात्मा चौक (फ्लोरा फाउन्टेन) मुंबई के तीन आलीशान बाजारों का संगम है। मुंबई में सिक्के ढालने वाली टकसाल भी है और निराला मछलीघर भी। चिड़ियाघर में जीव–जंतुओं का आनंद उठाइए। चौपाटी स्थित तारापोरवाला मत्स्यालय में सैंकड़ों तरह की मछलियाँ देखिए। अद्भुत संग्रहालय "प्रिंस आफ वेल्ज म्यूजियम" जाइए। समीप ही है 85 मीटर ऊँची राजाभाई टावर।

सैनिक छावनी में अफगान चर्च के पास कोलाबा की वेधशाला है। यहीं अरब सागर में प्रकाश स्तम्भ है। मंझगाव गोदी में आप पानी के जहाजों को देखेंगे। दादर, चैम्बूर और अंधेरी में बड़े–बड़े फिल्म स्टूडियो है। वहाँ फिल्में बनती हैं और अपने प्रिय कलाकारों को उनमें काम करते देखिए।

हैंगिंग गार्डन और विक्टोरिया पार्क घूमिए। कन्हेरी और ऐलीफेन्टा की विश्व प्रसिद्ध गुफाओं का आनंद लीजिए। मालाबार हिल्स पर बाबुलनाथ मंदिर है। मुम्बादेवी मंदिर है, जिनके नाम पर इस खूबसूरत शहर का नाम मुंबई पड़ा। महालक्ष्मी मंदिर, महालक्ष्मी उपनगर में है। वहीं रेसकोर्स है। बांदरा में माउन्ट मेरी चर्च है। समुद्र से घिरी हाजी अली मस्जिद है। वर्ली में बौद्ध मंदिर है। मुंबई अमीर–गरीब सबका है। सैलानी सात समुद्र पार कर इसका सुख लूटने आते है।

मुंबई सभी का – सभी के लिए–मुंबई रेल द्वारा सारे भारत से जुड़ा है। विक्टोरिया टर्मिनस, चर्च गेट, दादर, परेल, माहिम, कुर्ला आदि सौ से अधिक इसमें उपनगर हैं। स्थानीय रेल द्वारा इन सभी में आया–जाया जा सकता है। दो मंजिली बसों द्वारा भी पूरे मुंबई की सैर की जा सकती है। अधिक समय ठहरना हो तो रेल का सीजन टिकट सस्ता रहता है। मुंबई की बस सेवा भी सस्ती और अच्छी है। तांगा, स्कूटर और रिक्शा आदि सवारियाँ भी सरलता से मिल जाती है।

सस्ते और अच्छे भोजनालयों की मुंबई में कमी नहीं। उनमें हर प्रकार का भोजन मिलता है। अनेक धर्मशालाएँ भी हैं। गेस्ट हाउस भी हैं, जहाँ प्रति बिस्तर प्रति दिन ठहरने की सस्ती सुविधा मिलती है। सर्दी और गर्मी का मौसम सैर–सपाटे के लिए सबसे अच्छा है। न अधिक सर्दी, न अधिक गर्मी। हाँ, बरसात बड़ी कष्टदायक होती है।

मुंबई में हर प्रदेश के लोग विभिन्न व्यवसायों में लगे हैं। अतः देश की हर भाषा और बोली यहाँ भली प्रकार सुनी और समझी जाती है। प्राचीन ग्रन्थों के अनुसार अज की पत्नी इंदुमति, श्रीकृष्ण की पत्नी रूक्मणि और नल की पत्नी दमयंती महाराष्ट्र में जन्मी थी। परशुराम, शिवाजी, संत ज्ञानेश्वर, नागार्जुन, भवभूति, तिलक, गोखले, वीर सावरकर जैसे महापुरुष इसी प्रदेश की देन है। शिवाजी ने महाराष्ट्र को एक सूत्र में बाँधा। उनके किलों में सबसे अनोखा है सिंधु दुर्ग। मालवंण के समुद्री तट पर बने इस किले में शिवाजी की भव्य मूर्ति है। एक शिला पर उनके हाथ और पैर की छाप है। समाधि है रायगढ़ के किले में। उनका राज्याभिषेक भी इसी किले में हुआ था। यहाँ से लगभग 3 किलोमीटर पहले शिवाजी की माँ जीजाबाई का महल है।

प्रतापगढ़ का किला महाबलेश्वर से 13 किलोमीटर आगे है। यहीं शिवाजी ने मुगल सेनापति अफजल खॉ को मारा था। इस किले में शिवाजी की आराध्य देवी "माँ–भवानी" का मंदिर है। पूणे से 24 किलोमीटर दूर है—सिंहगढ़ का किला। इसी को जीतने के लिए शिवाजी के सेनापति तानाजी ने अपने प्राणों की आहुति दी थी। इस किले की दीवारें इतनी ढलवा हैं कि देखने भर से डर लगता है।

शिवाजी का जन्म–स्थल शिवनेरी दुर्ग पूणे से 90 किलोमीटर आगे है। किले की पहाड़ी में अनेक बौद्धकालीन गुफाएँ हैं। किले में शिवा बाई का सुंदर मंदिर है। उन्हीं के नाम पर शिवाजी का नाम रखा गया था। किले में वह कमरा भी है जिसमें उनका जन्म हुआ था।

पूणे महाराष्ट्र के प्रसिद्ध शहरों में है। हरियाली से भरपूर इस नगर के संभाजी पार्क में छोटा–सा मछलीघर है। सैर–सपाटे के लिए शनिवार पाड़ा पर्वत का जवाब नहीं। 18 किलोमीटर दूर खड़गवासला में राष्ट्रीय रक्षा आकादमी है। 10 किलोमीटर दूर पासान और कतरज झीलें हैं। वहाँ तैरिए या नौका विहार कीजिये। पूणे–मुंबई रेल मार्ग से एक छोटी रेल मनोरम पर्वतीय स्थल माथेरान को जाती है। यहाँ कारलेट झील है। अनेक सुरम्य स्थान हैं। महाराष्ट्र का दूसरा मनभावन पर्वतीय स्थल हैं—महाबलेश्वर। पूणे से 120 किलोमीटर दूर। झरनों और प्राकृतिक सुषमा से भरपूर निराली शोभा के लिए यह विख्यात है।

लोनावला और खंडाला पर्वतीय स्थल भी मुंबई–पूणे मार्ग पर हैं। लोनावला की "टाइगर्स लीप" और खंडाला का "ड्यूक्स प्वाइंट" अविस्मरणीय है।

कोल्हापुर में लगभग 1300 वर्ष पुराना अंबाबाई का विशाल मंदिर हैं। जैन मंदिर और शंकराचार्य मठ भी हैं। पहाड़ी पर तेम्बालई मंदिर दर्शनीय है। रणकला झील यहाँ का प्रमुख आकर्षण है। नागपुर में भोंसले राजाओं द्वारा निर्मित अम्बाझरी, उमा तालाब और तेलनखेड़ी दर्शनीय स्थल हैं। रामटेक बस द्वारा नागपुर से जुड़ा है। यहाँ पहाड़ी पर अनेक प्राचीन मंदिर व

27 पवित्र तालाब हैं। वर्धा नागपुर से कुछ ही दूर है। बापू का प्रिय सेवाग्राम वर्धा से 8 किलोमीटर आगे है। इस आश्रम में बापू के दैनिक उपयोग की वस्तुएँ रखी है। नासिक मुंबई से 184 किलोमीटर दूर है। यहीं पंचवटी है, जहाँ लक्ष्मण ने रावण की बहन शूर्पणखा की नाक काटी थी। प्रत्येक बारह वर्ष बाद यहाँ कुम्भ मेला लगता है। दो सौ वर्ष पुराना सुंदर नारायण मंदिर, छह सौ वर्ष पुराना कपिलेश्वर मंदिर, त्रयम्बकेश्वर मंदिर, राम मंदिर, सीता गुफा दर्शनीय तीर्थस्थल हैं। नासिक में नोट छापने का सरकारी प्रेस भी है।

गोदावरी के तट पर बसे नान्देड़ में गुरु गोविन्द सिंह की समाधि है। गुरुद्वारा भी है, जहाँ प्रतिवर्ष हजारों सिख यात्री आते हैं। लोणार एक पौराणिक नगर है। कहा जाता है, भगवान विष्णु ने लवणासुर दैत्य का संहार यहीं किया था। दैत्य सूदन मंदिर इसी घटना की याद दिलाता है। यहाँ पर नमकीन पानी की झील है। किनारे-किनारे अनेक मंदिर बने हैं। पंढरपुर का विढोवा मंदिर, साईं बाबा की शिरडी, ब्रजेश्वरी के गर्म पानी के रोगनाशक स्रोत सैलानियों को बरबस खींचते हैं।

भीमाशंकर पर्वतीय स्थल होने के साथ-साथ तीर्थस्थल भी है। यहाँ देश के बाहर ज्योतिर्लिंगों में से एक स्थापित है।

मुंबई में कन्हेरी और ऐलीफेन्टा गुफाएँ हैं। हजारों वर्ष पुरानी अजन्ता-एलोरा की प्रसिद्ध गुफाएँ औरंगाबाद के समीप हैं - 17 हिन्दू, 12 बौद्ध और 5 जैन धर्म की। औरंगाबाद से 3 घंटे का रास्ता है। राज्य पर्यटक निगम की बसें आती-जाती हैं।

औरंगाबाद में ताजमहल की शैली पर बना बीबी का मकबरा औरंगजेब ने अपनी पत्नी रबिया दुर्रानी की स्मृति में बनवाया था। सत्रहवीं शताब्दी में बनी पनचक्की है जो ठीक हालत में हैं। यहीं औरंगजेब के पूज्य बाबा शाह मुजफर की मज़ार है। यहाँ से लगभग 15 किलोमीटर, एलोरा जाने वाले मार्ग पर, 12 वीं शताब्दी में बना दौलताबाद का किला है। सनकी बादशाह मुहम्मद तुगलक ने दिल्ली की बज़ाय यहीं अपनी राजधानी बनाई थी। इसकी 64 मीटर ऊँची अदभुत मीनार एक अजूबा है।

प्रश्न 5. पर्यटन के विकास में खाद्य पदार्थों और पाक कला की भूमिका का उल्लेख कीजिए।

उत्तर— कोई भी सामान्य जन जब घूमने-फिरने के लिए कहीं पर जाता है तो उसे सर्वप्रथम अपने भोजन की चिंता होती है और वह इसके लिए अपने पास खाने-पीने की कुछ चीजें तो अपने पास रखते हैं कुछ सफर के दौरान खरीदते हैं। उनकी इस आकांक्षा को तीन वर्गों में बाँटा जा सकता है—

(1) वे अपने मनपसंद या जाने पहचाने भोजन की खोज कर सकते हैं। उदाहरण के लिए यूरोपीय पर्यटक अपने मनपसंद भोजन की तलाश में नई दिल्ली में कनाट प्लेस स्थित निरूला जाते देखे जा सकते हैं या दिल्ली से त्रिवेन्द्रम जाने वाला पर्यटक नान और मुर्ग मुसल्लम की माँग कर सकता है।

(2) वे स्थानीय भोज्य पदार्थों को भी चखना चाह सकते हैं। भारत के हर प्रदेश में अलग–अलग प्रकार के भोजन उपलब्ध हैं। गोवा का विंडालू या लखनऊ का मुर्ग मुसल्लम इत्यादि यहाँ बहुत कुछ उपलब्ध है। यह भी आवश्यक है कि भोज्य तालिका (मेन्यू) में खाद्य पदार्थों का भी जिक्र हो। जहाँ लगभग सभी बड़े रेस्तरां में यह सूचना दी गई होती है वहीं छोटे रेस्तरां इसकी प्रासंगिकता नहीं समझ पाते। इसका परिणाम यह होता है कि वेटर का काफी समय चावल पुलाव और बिरयानी का अंतर समझने में निकल जाता है।

(3) कई बार पर्यटक दूसरों से सुनी और गाइड बुक में लिखित भोज्य पदार्थों का आस्वादन करना चाहते हैं। कई बार इसके लिए उन्हें टूर गाइड और वेटर का मार्ग निर्देशन लेना पड़ता है।

(4) कई पर्यटक केवल शाकाहारी भोजन करना चाहते हैं और कई घरेलू पर्यटक प्याज और लहसून रहित भोजन करना पसंद करते हैं।

(5) मनपसंद भोजन न मिल पाने की स्थिति में कई पर्यटक उबला हुआ अंडा, आमलेट, सैंडविच, टोस्ट, मक्खन और जैम या फल पर ही गुजारा करना पसंद करते हैं। ये सब खाद्य पदार्थ भारत में सभी जगह उपलब्ध हैं।

(6) वे अलग–अलग प्रकार के भोजन का भी आनंद उठाना चाह सकते हैं, मसलन कभी चाइनिज कभी मुगलई।

(7) कई बार वे पहले जानी हुई जगहों पर ही भोजन करना पसंद करते हैं। मसलन मारवाड़ी बासा या वैष्णव होटल जहाँ शाकाहारी भोजन मिलता है या ढाबा जहाँ दाल अवश्य मिलती है। इस प्रकार के भोजनालय सभी शहरों में मिल जाते हैं।

अलग–अलग स्थानों पर भोजन पदार्थों की तरह परोसने के ढंग में भी अंतर आ जाता है। फास्ट फूड रेस्तरां और दिल्ली के अशोक होटल का फ्रंटियर या एम्बेसडर होटल का दस प्रकाश रेस्तरां विशेष प्रकार के भोज्य पदार्थ विशेष ढंग से परोसते हैं। परंतु हमें हमेशा यह याद रखना चाहिए कि पर्यटक की व्यय सीमा अलग–अलग होती है और वह अपने बजट के अनुसार ही खर्च करता है।

भोजन को स्थानीय परिवेश में साफ सुथरे ढंग से परोसने का विशेष महत्त्व है। इससे भोजन में विशिष्टता आती हैं और पर्यटक इस अनजाने भोजन को स्वाद लेकर खाता है। हालाँकि कुछ पर्यटक अपनी आदत के मुताबिक कुर्सी–टेबल, चम्मच–कांटे से खाना पसंद कर सकते हैं परंतु देशी माहौल में खाना उनके लिए एक नया अनुभव होता है। उदाहरण के लिए वेलकम ग्रुप मौर्य शेरेटन का बुखारा। बुखारा में उत्तर पश्चिम सीमांत प्रदेश का भोजन मिलता है। यहाँ कांटा चम्मच नहीं मिलता। पर्यटकों को हाथ से खाना खाना होता है। शरीर पर एक कपड़ा लपेटकर कबाब और रोटी खाने, चटकारे लेने और उंगलियाँ चाटने का अपना ही मजा है। यह उनका पहला अनुभव भी हो सकता है। लगभग प्रत्येक भारतीय यह बात जानता है कि भारतीय भोजन एक खास प्रकार के बर्तन में बनाया और परोसा जाता है। प्लेट, चम्मच और

कांटे से भारतीय भोजन का संपूर्ण स्वाद नहीं आ पाता। थाली में खाने, कुल्लढ़ में चाय पीने और केले के पत्ते पर डोसा खाने का अपना ही मजा है। परोसने के स्थानीय तरीके से उस भोजन का स्वाद दुगना हो जाता है। परंतु यहाँ ख्याल रखना चाहिए कि भोजन इस तरीके से परोसा जाए जिससे खाने वाले को कोई दिक्कत न हो और वह इसका पूरा आनंद उठा सके। दूसरे शब्दों में आगंतुकों के स्वागत में स्थानीय माहौल के अनुरूप सजावट की जानी चाहिए। भोजन मिलेगा जिसे कांटा–छुरी से नहीं हाथ से खाना पड़ता है। इस प्रकार की सूचनाएँ पहले से ही देने से पर्यटकों को असुविधा महसूस नहीं होती है। अहमदाबाद के विशाल और जयपुर के चौकीदानी रेस्तरां इस प्रकार के इंतजाम के उत्तम उदाहरण हैं। इन विशिष्ट रेस्तराओं के माध्यम से पर्यटकों और स्थानीय लोगों को एक दूसरे की संस्कृति और रीति–रिवाजों को जानने का मौका मिलता है। इसके अलावा अन्य रेस्तरां भी भोजनोत्सवों के माध्यम से स्थानीय माहौल पैदा करके क्षेत्र विशेष के भोज्य पदार्थों का आस्वादन करा सकते हैं। उपर्युक्त सजावट, संगीत, भोजन परोसने के तरीके और स्थानीय स्वाद के साथ स्थानीय रंग पैदा किया जा सकता है। उदाहरण के लिए एक कॉफी की दुकान हर सप्ताहांत में दक्षिण भारतीय भोजन उपलब्ध करा सकती है। प्रवेश द्वार पर रंगोली और केले के पेड़ से बने द्वार से शैलीगत विभिन्नता की झलक मिल जाती है। रेस्तरां में केले के पत्ते पर भोजन परोसा जाता है और हर ग्राहक के लिए ताजा डोसा बनाया जाता है। इसके अलावा दक्षिण के प्रसिद्ध व्यंजन भी उपलब्ध होते हैं। स्थानीय लोग इस तथ्य से अवगत हैं और वे हर सप्ताहांत में यहाँ आते हैं। बहुत से लोग केवल इसकी प्रसद्धि से खिंचे चले आते हैं। सप्ताह भर का या दस दिनों का भोजनोत्सव भी आयोजित किया जाता है। दूसरे देशों के भोजनोत्सव आयोजित करने के लिए उनके एयरलाइन्स और दूतावासों से सहायता ली जा सकती है। अपने देश के प्रचार के लिए ये सहर्ष सहायता करने के लिए तैयार होंगे।

प्रश्न 6. "पर्यटन में स्थानीय रीति–रिवाजों का अपना एक विशेष महत्त्व है" कथन की समीक्षा कीजिए।

उत्तर– किसी भी भोजनोत्सव के नियोजन और आयोजन में माहौल निर्माण का विशेष महत्त्व होता है। इससे संस्कृति विशेष के रीति–रिवाजों का पता चलता है।

किसी एक स्थान के लोगों के रीति–रिवाज और जीवन शैली को दूसरे लोगों (जो इससे बिल्कुल अनभिज्ञ हैं) तक किस प्रकार पहुँचाया जा सकता है? उन्हें इसके बारे में किस ढंग से बताया जाए कि उत्सव और मौजमस्ती का माहौल भी बने और साथ ही साथ संस्कृति विशेष के रीति रिवाजों की जानकारी भी दे दी जाए? इसका सबसे अच्छा तरीका है – लोगों को संस्कृति विशेष की गतिविधियों में शामिल करना। छुट्टी मनाने निकले लोग सीधा अनुभव प्राप्त करना चाहते हैं, वे वहाँ के जीवन में घुल मिलकर उसे महसूस करना चाहते हैं। राजस्थान के कई होटलों में राजस्थानी परिधान उपलब्ध होते हैं जिन्हें पर्यटक बड़े चाव से पहनते है। राजस्थान जाने वाला लगभग हर पर्यटक पगड़ी और लहँगा पहनना चाहता है। पगड़ी और लहँगा

पहनना, सामूहिक भोज में शामिल होना, स्थानीय खाना, खाना, नर्तकों/नर्तकियों के साथ नाचना – ये सब एक साथ संस्कृति को जीवंत रूप में उपस्थित करते हैं।

अलग–अलग रहकर स्थलों, स्मारकों, मजारों और किलों को निरपेक्ष भाव से देखता पर्यटक जब स्थानीय परिधान पहनकर स्थानीय कलाकारों के साथ नृत्य करता है तो उसका रोम–रोम स्पंदित हो उठता है। उसके लिए यह एक उत्सव, एक अविस्मरणीय क्षण होता है। गोवा में पणजी तक मांडोवी नदी पर पोत विहार का अपना ही सुख है। इस यात्रा में पर्यटकों के साथ स्थानीय गाना बजाना और नृत्य भी होता चलता है यात्रा आरंभ होते ही नृत्य–संगीत आरंभ हो जाता है और थोड़ी देर में पर्यटक भी इस नाच–गान में शामिल हो जाते हैं। छुट्टी बिताकर लौटने के बाद काफी दिनों तक पर्यटकों के मन में यह गीत–संगीत गूँजता रहता है। गोवा के समुद्री तटों की यादें और कुछ कलाकृतियों के साथ–साथ वे कहीं न कहीं गोवा को भी अपने साथ ले जाते है, कभी न भूलने के लिए।

स्थानीय भोजों या "थीम डिनर" के आयोजन से रीति–रिवाज, भोजन और उसके साथ पूरी संस्कृति की झलक पेश की जा सकती है। आजकल इस प्रकार के भोजों को यात्रा कार्यक्रम में ही शामिल किया जाने लगा है और कभी–कभी यही आकर्षण का प्रमुख केन्द्र बन जाता है। ग्रामीण माहौल दिखाने के लिए भोज–घर को ग्रामीण परिवेश में या राजशाही दिखाने के लिए महल को भोज–घर में ढाला जा सकता है। यह टूर आपरेटर की कल्पना पर निर्भर करता है। कि वह क्या दिखाना चाहता है। किसी खास स्थान, किला, महल, समुद्र के किनारे किसी ऊँचे स्थान को भी इन विशेष भोज आयोजनों (थीम डिनर) के लिए चुना जा सकता है। सांस्कृतिक दृष्टि से संपन्न और समृद्ध हमारे देश में विषयों की कमी नहीं है। आप अपनी कल्पना और सृजनात्मकता का उपयोग करके भिन्न–भिन्न विषयों को केन्द्र में रखकर भोज का आयोजन कर सकते हैं। एक सफल भोज (थीम डिनर) के महत्त्वपूर्ण तत्त्व इस प्रकार होंगे–

(1) वातावरण,

(2) भागीदारी,

(3) स्वादिष्ट और स्थानीय व्यंजन,

(4) कल्पनात्मक सर्जनात्मकता, और

(5) एक हद तक जीवंतता।

अब हमारे देश में भी जीवंतता की अवधारणा पर गंभीरता से विचार किया जा रहा है। कहने का तात्पर्य यह है कि पर्यटकों की सक्रिय भागीदारी पर भी अब बल दिया जाने लगा है।

किसी नये शहर में प्रवेश करते ही यात्री अक्सर वहाँ के दर्शनीय स्थलों के बारे में सोचकर अभिभूत हो उठते हैं। भारत के बारे में यह और सही है जहाँ हर जगह स्मारक और बाजार, इम्पोरियम और दर्शनीय स्थल हैं। अतः पर्यटक दिन भर एक स्मारक से दूसरे स्मारक को देखता चलता है, गाइड और सूचना पुस्तिकाओं द्वारा उपलब्ध सूचनाओं को ग्रहण करता चलता है। वह तटस्थ भाव से विभिन्न स्मारकों को देखता है और उसके बारे में सुनता है। दिन

भर की इस तटस्थ यात्रा के बाद यात्रियों को जीवंत और सक्रिय करना आवश्यक होता है। होटल और यात्रा विशेषज्ञ पर्यटकों के लिए आयोजनों और गतिविधियों का सृजन कर सकते हैं ताकि पर्यटक उसमें सक्रिय रूप से हिस्सा ले सकें। उदाहरण के लिए पतंगबाजी, हाथी या ऊँट की सवारी, पाक विद्या सहित अन्य हस्तकलाओं की निर्माण प्रक्रिया का प्रदर्शन, खेलकूद और मनोरंजन के सभी साधनों का उपयोग किया जा सकता है। ये सब आयोजन किसी खास व्यक्ति के आगमन पर ही करना पर्याप्त नहीं है। अगर हमें एक पर्यटन स्थल के रूप में विकसित होना है तो हमें जीवंतता की अवधारणा पर गंभीरता से विचार करना होगा और स्मारकों, होटलों और प्राकृतिक स्थलों को उनसे संबद्ध घटनाओं से जोड़कर जीवंत बनाना होगा। स्मारकों में ध्वनि और प्रकाश प्रदर्शनी, मनमोहक स्थानों पर कैफे और डाकघर, नृत्य और संगीत आदि माध्यमों से हम भारत आने वाले पर्यटकों को अपने देश की ओर ज्यादा आकर्षित कर सकते हैं।

प्रश्न 7. खजुराहो पर एक विस्तृत नोट प्रस्तुत कीजिए।

उत्तर— खजुराहो भारत के मध्य प्रदेश प्रांत में स्थित एक प्रमुख शहर है जो अपने प्राचीन एवं मध्यकालीन मंदिरों के लिये विश्वविख्यात है। यह मध्य प्रदेश के छतरपुर जिले में स्थित है। खजुराहो को प्राचीन काल में खजूरपुरा और खजूर वाहिका के नाम से भी जाना जाता था। यहाँ बहुत बड़ी संख्या में प्राचीन हिन्दू और जैन मंदिर हैं। मंदिरों का शहर खजुराहो पूरे विश्व में मुड़े हुए हुए पत्थरों से निर्मित मंदिरों के लिए प्रसिद्ध है। भारत के अलावा दुनिया भर के आगन्तुक और पर्यटक प्रेम के इस अप्रतिम सौंदर्य के प्रतीक को देखने के लिए निरंतर आते रहते हैं। हिन्दू कला और संस्कृति को शिल्पियों ने इस शहर के पत्थरों पर मध्यकाल में उत्कीर्ण किया था। संभोग की विभिन्न कलाओं को इन मंदिरों में बेहद खूबसूरती से उभारा गया है। खजुराहो का इतिहास लगभग एक हजार साल पुराना है। यह शहर चंदेल साम्राज्य की प्रथम राजधानी थी। चंदेल वंश और खजुराहो के संस्थापक चन्द्रवर्मन थे। चंदेल मध्यकाल में बुंदेलखंड में शासन करने वाले राजपूत राजा थे। वे अपने आप को चन्द्रवंशी मानते थे। चंदेल राजाओं ने दसवीं से बारहवीं शताब्दी तक मध्य भारत में शासन किया। खजुराहो के मंदिरों का निर्माण 950 ईसवी से 1050 ईसवी के बीच इन्हीं चंदेल राजाओं द्वारा किया गया। मंदिरों के निर्माण के बाद चंदेलों ने अपनी राजधानी महोबा स्थानांतरित कर दी, लेकिन इसके बाद भी खजुराहो का महत्त्व बना रहा।

मध्यकाल के दरबारी कवि चन्द्रवरदायी ने पृथ्वीराज रासो के महोबा खंड में चंदेलों की उत्पत्ति का वर्णन किया है। उन्होंने लिखा है कि काशी के राजपंडित की पुत्री हेमवती अपूर्व सौंदर्य की स्वामिनी थी। एक दिन वह गर्मियों की रात में कमल–पुष्पों से भरे हुए तालाब में स्नान कर रही थी। उसकी सुंदरता देखकर भगवान चन्द्र उन पर मोहित हो गए। वे मानव रूप

धारण कर धरती पर आ गए और हेमवती का हरण कर लिया। दुर्भाग्य से हेमवती विधवा थी। वह एक बच्चे की माँ थी। उन्होंने चन्द्रदेव पर अपना जीवन नष्ट करने और चरित्र हनन करने का आरोप लगाया।

अपनी गलती के पश्चाताप के लिए चन्द्रदेव ने हेमवती को वचन दिया कि वह एक वीर पुत्र की माँ बनेगी। चन्द्रदेव ने कहा कि वह अपने पुत्र को खजूरपुरा ले जाए। उन्होंने कहा कि वह एक महान राजा बनेगा। राजा बनने पर वह बाग और झीलों से घिरे हुए अनेक मंदिरों का निर्माण करवाएगा। चन्द्रदेव ने हेमवती से कहा कि राजा बनने पर तुम्हारा पुत्र एक विशाल यज्ञ का आयोजन करेगा जिससे तुम्हारे सारे पाप धुल जाएँगे। चन्द्र के निर्देशों का पालन कर हेमवती ने पुत्र को जन्म देने के लिए अपना घर छोड़ दिया और एक छोटे से गाँव में पुत्र को जन्म दिया। हेमवती का पुत्र चन्द्रवर्मन अपने पिता के समान तेजस्वी, बहादुर और शक्तिशाली था। सोलह साल की उम्र में वह बिना हथियार के शेर या बाघ को मार सकता था। पुत्र की असाधारण वीरता को देखकर हेमवती ने चन्द्रदेव की आराधना की जिन्होंने चन्द्रवर्मन को पारस पत्थर भेंट किया और उसे खजुराहो का राजा बनाया। पारस पत्थर से लोहे को सोने में बदला जा सकता था।

चन्द्रवर्मन ने लगातार कई युद्धों में शानदार विजय प्राप्त की। उसने कालिंजर का विशाल किला बनवाया। माँ के कहने पर चन्द्रवर्मन ने तालाबों और उद्यानों से आच्छादित खजुराहो में 85 अद्वितीय मंदिरों का निर्माण करवाया और एक यज्ञ का आयोजन किया जिसने हेमवती को पापमुक्त कर दिया। चन्द्रवर्मन और उसके उत्तराधिकारियों ने खजुराहो में अनेक मंदिरों का निर्माण करवाया।

अध्याय
4

पर्यटन स्थल : उत्पाद और संचालन–2

प्रश्न 1. विभिन्न खेलों एवं रोमांचों की पर्यटन के क्षेत्र में क्या भूमिका हैं।

उत्तर– कुछ वर्षों से खेलों एवं रोमांच पर्यटन का चलन बढ़ता जा रहा है। रोमांच और खेलों के माध्यम से पर्यटन के विकास की अपार संभावनाएँ विद्यमान हैं। वे मानव की आमोद–प्रमोद, मनोरंजन तथा रोमांच की इच्छा की पूर्ति करते हैं। किस प्रकार यह गतिविधियाँ, विभिन्न प्रकार के पर्यटकों को आकर्षित करती हैं और पर्यटन को बढ़ावा देती हैं–

(1) बहुत से लोग इनमें से कुछ गतिविधियों को अपने व्यवसाय के रूप में अपना लेते हैं। ऐसे लोग उन स्थानों की यात्रा करना पसंद करेंगे जहाँ इस प्रकार की विशेष गतिविधियों के लिए अच्छी सुविधा उपलब्ध है। उदाहरण के लिए पहाड़ी इलाकों में रहने वाले गोल्फ के खिलाड़ी ठंड के मौसम में पहाड़ी स्थानों को छोड़कर मैदानों में जाना पसंद करेंगे क्योंकि ठंड में वे बर्फ गिरने के कारण अपने स्थान पर गोल्फ नहीं खेल पायेंगे।

(2) कुछ लोग अपने घर से बाहर छुट्टियाँ बिताने जाते हैं। वह वहाँ कुछ मनोरंजन तथा रोमांच भी चाहते हैं। ऐसे स्थान जो इस प्रकार की सुविधाएँ उपलब्ध कराते हैं वे स्थान पर्यटकों के लिए अतिरिक्त आकर्षण के केन्द्र बन जाते हैं।

(3) ऐसे लोग जो अपने आप को चुस्त और दुरुस्त रखने के लिए विभिन्न प्रकार के खेल खेलते हैं वे अपने अवकाश बिताने तथा घूमने–फिरने के समय में भी अपनी दिनचर्या को छोड़ना नहीं चाहते हैं। अत: ऐसे लोग नि:संदेह ऐसे स्थानों के प्रति अधिक आकर्षित होंगे जहाँ विभिन्न खेल खेलने की अतिरिक्त सुविधा उपलब्ध है।

(4) कई बार विशेष खेल प्रयोजन या स्पर्धात्मक प्रतियोगिताएँ भी विशेष योगदान देते हैं। ऐसा देश जो ओलम्पिक, हॉकी में विश्वकप, क्रिकेट, फुटबाल या किसी अन्य खेलों में

विश्वस्तरीय स्पर्धाओं का आयोजन कर रहे हों, ऐसे आयोजन भारी संख्या में पर्यटकों के आगमन को बढ़ावा देते हैं।

(5) बहुत से लोग किसी पर्यटन स्थल की यात्रा के दौरान वहाँ उपलब्ध विभिन्न खेलों या रोमांच में भाग लेते है। इससे उनकी खुशी बढ़ जाती है, साथ ही साथ यह उनकी यात्रा को अविस्मरणीय बना सकती है।

इस प्रकार हम देखते हैं कि खेल और रोमांच विभिन्न रुचि के पर्यटकों को आकर्षित करते हैं। दूसरे शब्दों में, खेल और रोमांच ऐसे पर्यटकों को आकर्षित कर सकते हैं जो–

- किसी खेल विशेष में दक्ष हों।
- खेल और रोमांच को नियमित शौक के रूप में लेते हैं।
- नौसिखिए जो मौका मिलने पर खेल में हिस्सा ले सकते हैं।
- किसी प्रतियोगिता या कार्यक्रम में एक दर्शक के रूप में (एक पर्यटक की तरह) भागीदार होना चाहते हैं।

प्रश्न 2. पर्यटन को आकर्षित करने वाले प्रमुख खेलों और रोमांचक गतिविधियों का सविस्तार वर्णन प्रस्तुत कीजिए।

उत्तर– अगर भारत के भूगोल पर नजर डालें तो स्पष्ट हो जाता है कि यहाँ साहसिक पर्यटन की अपार संभावनाएँ हैं। इधर देश के बहुत से क्षेत्रों में साहसिक पर्यटन से संबद्ध खेलों का प्रचलन भी बढ़ रहा है। यहाँ ऊँची चोटियों वाली पहाड़ियाँ बरबस ही लोगों का ध्यान आकृष्ट करती हैं। कई साहसिक लोगों ने इन पहाड़ियों की चोटियों पर चढ़ कर कीर्तिमान हासिल किया है तो ट्रेकिंग में भी अद्भुत कारनामें दिखाए हैं। इनके रोमांच को देखते हुए विदेशियों ने भी यहाँ आकर इन गतिविधियों में शरीक होने में विशेष रुचि दिखाई है। साहसिक पर्यटन के अंतर्गत ट्रेकिंग, स्कीइंग, रिवर राफ्टिंग, पर्वतारोहण, पैराग्लाइडिंग, स्कूबा–डाइविंग जैसी गतिविधियों को निरंतर बढ़ावा दिए जाने की आवश्यकता है। साहसिक पर्यटन की दृष्टि से भारत विश्व के अन्य देशों से कहीं अधिक समृद्ध और संपन्न है। साहसिक पर्यटन की कुछ खास विशेषताएँ निम्नलिखित है–

व्हाइट रिवर राफ्टिंग–भारतीय उपमहाद्वीप की उत्तरी सीमा पर हिमालय की 2 हजार 700 कि.मी. लंबी अविच्छिन्न पर्वत–श्रृंखला है। यहाँ की हिमाच्छादित पहाड़ियाँ और उनसे बहकर आने वाली नदियाँ जब अनेक धाराओं का जल ग्रहण कर तथा खड़ी चट्टानों को काटकर ऊबड़–खाबड़ रास्तों से आगे बढ़ती रजतवर्णी रेपिड्स का रूप ले लेती हैं तो ये रेपिड्स (नदी का तेज प्रवाह) वाटर स्पोर्ट्स–प्रेमियों के लिए भारत को इन खेलों का स्वर्ग बना देते हैं।

उत्तर में लद्दाख से पूर्व में सिक्किम तक नदियों की ऐसी जल–धाराएँ साहसिक खेलों के लिए सर्वथा उपर्युक्त हैं। विश्व के सर्वश्रेष्ठ व्हाइट रिवर राफ्टिंग स्थलों के रूप में इनका कोई मुकाबला नहीं है। सिक्किम में तीस्ता, असम में ब्रह्मपुत्र, अरुणाचल प्रदेश में भराली, ऋषिकेश

के निकट गंगा, मनाली के पास व्यास, लद्दाख में सिंधु आदि नदियों में रिवर राफ्टिंग खेल के सर्वथा अनुकूल स्थितियाँ है। भारत में व्हाइट राफ्टिंग से संबंधित अभियानों का संचालन भारत सरकार का पर्यटन कार्यालय, इंडियन रिवर्स एसोसिएशन (आई.आर.आर.ए.) और इंडियन एसोसिएशन ऑफ प्रोफेशनल राफ्टिंग आउटप्रिंटर्स (आई.ए.पी.आर.ओ.) संस्थान करते हैं। राफ्टिंग अभियानों में सुरक्षा के मापदंड, बचाव प्रक्रियाएँ और नदी व शिखरों की संहिताएँ अंतर्राष्ट्रीय स्तरों के अनुरूप हैं।

भारत में व्हाइट रिवर राफ्टिंग

नदी	ग्रेड	आधार शिविर	निकटतम हवाई अड्डा	सर्वोत्तम मौसम
गंगा	III-IV	विद्यासी/शिवपुरी	देहरादून	अक्तूबर–अप्रैल
सिंधु	II-IV	काठ	लेह	जुलाई–सितंबर
जास्कर	IV	पद्म	श्रीनगर, लेह	अगस्त–सितंबर
सतलुज	IV-V	रायपुर बुशैर	शिमला	अक्तूबर–अप्रैल
व्यास	III-V	कुल्लू	भुन्नर	अप्रैल–जून
यमुना	II-V	तालसी	देहरादून	अक्तूबर–मई
शारदा	II-V	रनकपुर	पंत नगर	अक्तूबर–अप्रैल
तीस्ता	IV	रिकयू	बागडोगरा	अक्तूबर–अप्रैल

रिवर राफ्टिंग के उपकरणों जैसे–हेलमेट, लाइफ जैकेट का स्तर हमारे देश में अमेरिका व कनाडा के जीवन–रक्षक मानकों के समान है। पंप, प्राथमिक उपचार और रिपेयर के किट भी साथ रहते हैं। इन केंद्रों पर किसी हादसे की स्थिति में मदद के लिए चिकित्सा दल भी तैयार रहता है। कुल मिलाकर देश में रिवर राफ्टिंग की अनुकूलताओं को देखते हुए साहसिक पर्यटन को और अधिक बढ़ावा देने के साथ ही इसका विश्व पर्यटन में अधिकाधिक प्रचार किया जाना ही आज की सबसे बड़ी आवश्यकता है।

पानी के अन्य खेल—सदानीरा नदियाँ, झीलों और मीलों लंबे समुद्र–तटों को देखते हुए पानी के बहुत से रोमांचक खेलों की भी अपार संभावनाएँ हैं। विश्व भर से आने वाले पर्यटकों की रुचि सैर–सपाटे के साथ ऐसे खेलों में भी रहती है। ऐसे में पानी के खेलों की दृष्टि से भारत को उम्दा पर्यटन स्थल के रूप में प्रचारित किया जा सकता है। लक्षद्वीप के शांत मूँगे से लेकर गोवा की उत्ताल तरंगों तक विंड सर्फिंग, स्कूबा डाइविंग, स्नारकेलिंग, वाटर स्कीइंग और नौकायन तक बहुत से खेलों का आनंद लिया जा सकता है। हालाँकि वर्तमान में देश में विंड सर्फिंग की सुविधा केवल गोवा में ही उपलब्ध है, परंतु इसकी संभावना के दूसरे क्षेत्र भी कम नहीं हैं।

शीतकालीन खेल—शीतकालीन खेल के रूप में स्कीइंग आज सबसे अधिक प्रचलित है। रोमांच के इस खेल में भारत विश्व में अग्रणी है। कश्मीर में गुलमर्ग का स्की–रिसोर्ट अंतर्राष्ट्रीय ख्याति का है। यहाँ इस खेल के आधुनिकतम उपकरण मौजूद हैं। गुलमर्ग में आइस स्केटिंग

भी होती है। साहस के इस खेल के अंतर्गत भारत में उत्तराखंड के गढ़वाल क्षेत्र में औली स्की–रिसोर्ट की भी अपनी पहचान है। औली में अत्याधुनिक टेक्नोलॉजी का स्कीइंग–रिसोर्ट है तो चेयर लिफ्ट, स्की–लिफ्ट, लड़की के आरामदेह केबिन और बड़े रेस्तरां भी आकर्षण के केंद्र हैं। औली में हर स्तर के स्की–ढलान हैं। औली जैसे ही हिमाचल प्रदेश में सोंग नाला और पूर्वी अरुणाचल प्रदेश में भी स्कीइंग की असीमित संभावनाएँ हैं। शिमला के पास नरकंडा की ढलानों पर जनवरी से अप्रैल तक स्कीइंग का शानदार मौसम रहता है तो कुफरी और रोहतांग दर्रे की ढलानें भी भारत के प्रमुख स्कीइंग क्षेत्रों के रूप में अपनी पहचान बना चुकी हैं। शिमला में आइस स्केटिंग आदि भी अब खासे लोकप्रिय खेल हो चुके हैं।

हेली स्कीइंग—भारत एशिया का पहला ऐसा देश है, जहाँ पर हेली स्कीइंग की सुविधाएँ उपलब्ध हैं। कश्मीर में हिमालय की खूबसूरत पहाड़ियाँ हेली स्कीइंग के लिए अत्यधिक उपर्युक्त स्थल हैं। हेली स्कीइंग के तहत खिलाड़ी को हेलीकॉप्टर से पहाड़ के ऊपर या ढलानों पर उतारा जाता है, ताकि वह ऊपर चढ़ने में लगने वाली ऊर्जा बचा सके।

पैराग्लाइडिंग और हैंग–ग्लाइडिंग—साहसिक खेलों के शौकीन लोगों के बीच पैराग्लाइडिंग अत्यधिक लोकप्रिय होती जा रही है। पैराग्लाइडिंग हैंग–ग्लाइडिंग का ही परिष्कृत रूप है। पैराग्लाइडिंग के लिए इस्तेमाल किए जाने वाले एयरो–फ्राय डैने हैंग–ग्लाइडिंग के डैनों से दस गुना हल्के होते हैं। भारत में हिमाचल प्रदेश में बिलासपुर और मनाली में पैराग्लाइडिंग एवं हैंग–ग्लाइडिंग को विशेष रूप से बढ़ावा दिया जा रहा है। हिमाचल प्रदेश में बीर के बिलिंग नामक स्थान पर तो वार्षिक हैंग–ग्लाइडिंग प्रतियोगिता भी आयोजित की जाती है। ऊटी में भी हैंग–ग्लाइडिंग खासा प्रचलन में आ रहा है। देश में हैंग–ग्लाइडिंग के कुछ प्रमुख केंद्र इस प्रकार हैं—

(1) जम्मू व कश्मीर में श्रीनगर घाटी,
(2) मुंबई–पुणे राजमार्ग पर पुणे और कामसेन,
(3) महाराष्ट्र में तलेगाँव, सतारा, सिंहगढ़, जजीरा,
(4) तमिलनाडु में नीलगिरि पहाड़ियाँ,
(5) मध्य प्रदेश में महू–इंदौर,
(6) कर्नाटक में मैसूर,
(7) मेघालय में शिलांग,
(8) बंगलौर के आस–पास का क्षेत्र,
(9) हिमाचल प्रदेश में बिलिंग, काँगड़ा, धर्मशाला, शिमला, कसौली।

हैंग–ग्लाइडिंग के लिए भारत में हैंग–ग्लाइडिंग क्लब पुणे, नई दिल्ली, मुंबई, चंडीगढ़, शिमला, देवलाली, बंगूर और कालाहटी में सक्रिय हैं। अधिकतर क्लबों के पास अपने निजी हैंग–ग्लाइड्स हैं। भारत में हैंग–ग्लाइड्स मैसूर के राजहंस द स्पोर्ट्स लिमिटेड द्वारा देश में ही बनाए जाते हैं। विदेशी पर्यटकों की भारतीय स्थानों पर हैंग–ग्लाइडिंग के प्रति रुचि को देखते हुए इस क्षेत्र में पर्यटन की दृष्टि से विकास के लिए विशिष्ट प्रयास किए जाने चाहिए।

ट्रैकिंग—देश में ट्रैकिंग के प्रति पिछले कुछ वर्षों से अत्यधिक आकर्षण पैदा हुआ है। पहाड़ों पर सैर करने के तहत पैदल यात्रा ऐसी गतिविधि है, जिसमें भारी—भरकम और महँगे उपकरणों की आवश्यकता नहीं होती। प्रकृति के नजारों को नजदीक से निहारने, पेड़—पौधों, पशु—पक्षियों को निकट से देखने के लिए ट्रैकिंग के प्रति विदेशी पर्यटकों की रुचि विशेष रूप से रहती है।

ट्रैकिंग के लिए भारत में हिमालय की पहाड़ियाँ और वनस्पति जगत् विलक्षण हैं। यहाँ सभी तरह के वन हैं। यहाँ के वनों में उष्ण कटिबंध के दलदली वन, ऊँचे पेड़ों के वन और यहाँ तक कि ठंडे व गर्म रेगिस्तानी विस्तार के वन भी ट्रैकिंग के लिए आकर्षित करते हैं। दक्षिण में नीलगिरि, पश्चिम में सह्याद्रि और मध्य भारत में सतपुड़ा की पहाड़ियों में ट्रैकिंग के बहुत से वैकल्पिक मार्ग हैं।

पर्वतारोहण—पहाड़ों की दुर्गम चोटियों पर चढ़ाई के प्रति भी आकर्षण कम नहीं है। हिमालय में क्रीड़ा के रूप में पर्वतारोहण की शुरूआत वर्ष 1883 में उस समय हुई जब यूरोप से डब्ल्यू.डब्ल्यू. ग्राहम हिमालय पर आरोहण के उद्देश्य से भारत आए। भारत की उत्तर सीमा पर पश्चिम से पूर्वी सिरे तक फैले हिमालय की सैकड़ों ऐसी चोटियाँ हैं, जो पर्वतारोहण के असीम अवसर प्रदान करती हैं। अब तो भारत की सैर को आने वाले पर्यटकों में अच्छी—खासी तादाद उनकी होती है, जो पर्वतारोहण के लिए भारत को चुनते हैं।

देश में वर्ष 1957 में इंडियन माउंटरेनरिंग फाउंडेशन का गठन हुआ। बगैर मुनाफा कमाए स्कीइंग, रॉक क्लाइंबिंग, ऊँचाइयों पर ट्रैकिंग जैसे पर्वतारोहण अभियानों के लिए सहायता जुटाने और आधार प्रदान करने के साथ ही साहसिक अभियानों को प्रोत्साहित कर उन्हें कार्यान्वित करने का महत्त्वपूर्ण कार्य आज इंडियन माउंटरेनरिंग फांउडेशन द्वारा ही किया जा रहा हैं।

रॉक क्लाइंबिंग—भारतीय उपमहाद्वीप में फैली पहाड़ियों और चट्टानों की बहुतायत, खड़ी चढ़ाइयाँ, पर्वतीय पार्श्व रॉक क्लाइंबिंग के लिए वर्ष—पर्यंत असीम अवसर प्रदान करते हैं। देश के बहुत से स्थानों पर कृत्रिम रॉक के जरिए भी अब क्लाइंबिंग की जाने लगी है। भारत में रॉक क्लाइंबिंग के लिए कुछ प्रमुख केंद्र इस प्रकार हैं—

(1) राजस्थान में माउंट आबू और सरिस्का,

(2) गढ़वाल में हिमालय की निचली पहाड़ियाँ,

(3) पुणे के आस—पास पश्चिमी घाट की पहाड़ियाँ,

(4) बंगलौर—मैसूर राजमार्ग के किनारे चामुंडी हिल्स,

(5) कश्मीर और हिमाचल प्रदेश में हिमालय की निचली पहाड़ियाँ।

बैलूनिंग—बैलूनिंग के प्रति आकर्षण भी भारत में निरंतर बढ़ रहा है। हालाँकि बैलून की व्यापारिक उड़ानों के लिए देश में फिलहाल अनुमति नहीं है, फिर भी आकर्षण से भरे इस दिलचस्प खेल की लोकप्रियता निरंतर बढ़ती जा रही है। बैलून (गुब्बारा) 1,000 वर्ग गज रिपस्टाप नायलोन से बनता है। औसत गुब्बारे की चौड़ाई 50 फीट और ऊँचाई 70 फीट

होती है। उसके भीतर का आयतन 57,000 घन फीट होता है। बैलून को इस्पाती रस्सियों के जरिए बॉस्केट से जोड़ा जाता है। लचीली खपच्चियों से बनी बॉस्केट को धातु की रस्सियों की बुनावट से मजबूत किया जाता है। बैलून के मुँह पर सिलेंडरों से भरी प्रोपेन या बूटेन गैसों को जलाया जाता है। पंखा चलाकर जब बैलून के मुँह से ठंडी हवा भरी जाती है और बर्नर जला दिया जाता है तब धारदार पट से गर्म हवा उठती है, जिससे बैलून हवा में ऊपर जाने लगता है। ठंडी और गर्म हवा के सहारे बैलून का चालक उसे किसी भी निश्चित रास्ते पर मोड़ सकता है।

भारत में प्रतिवर्ष नवंबर माह में अंतर्राष्ट्रीय बैलून समारोह आयोजित किया जाता है, जिसमें दुनिया भर के लोग बैलून उड़ाने के लिए सम्मिलित होते हैं। बैलून की व्यापारिक उड़ानों के लिए भारत में अभी अनुमति नहीं है। बैलून उड़ानों के लिए पहले बैलून क्लब ऑफ इंडिया से इजाजत लेनी जरूरी है। दिल्ली के सफदरजंग हवाई अड्डे में स्थित बैलून क्लब ऑफ इण्डिया इस हवाई खेल का मुख्यालय और बैलूनों की उड़ान का प्रस्थान बिंदु है।

प्रश्न 3. पर्यटन में समुद्र तटीय एवं द्वीपीय पर्यटन की परिकल्पना की व्याख्या कीजिए।

उत्तर— समुद्र तटीय तथा द्वीपीय पर्यटन अवकाशकालीन पर्यटन के महत्त्वपूर्ण भाग है और कई प्रकार से परस्पर जुड़े हुए है। अंतर्राष्ट्रीय पर्यटन में समुद्र के किनारे तथा समुद्र के अन्दर द्वीपों में विकसित पर्यटन ने अपना एक विशेष स्थान बना लिया है। दोनों प्रकार के पर्यटन में जलक्रीड़ा से संबंधित मनोरंजन की विस्तृत संभावनाएँ हैं। आज भी जबकि अवकाश मनाने के प्रकार तथा स्थलों में व्यापकता आ गई है, तथा आज भारी संख्या में लोग वर्ष में एक से अधिक बार लम्बी छुट्टियाँ बिताने जाते हैं ऐसी स्थितियों में समुद्र तट आमोद–प्रमोद व मनोरंजन के प्रमुख केन्द्र हो जाते हैं।

समुद्र तटीय पर्यटन— समुद्र तटीय पर्यटन विश्व के कई हिस्सों में पर्यटन के समग्र विकास का कारण बना। प्रतिवर्ष गर्मी, ठंड तथा स्निग्ध गर्मियों में विश्व के प्रसिद्ध समुद्र तटों पर लाखों पर्यटक इकट्ठे होते हैं। समुद्र तटीय पर्यटन समुद्री किनारों के सौंदर्यात्मक तथा पर्यावरणीय महत्त्व का उपयोग करता है। इसके द्वारा जल और थल दोनों का मिश्रित उपयोग किया जाता है। जल के विभिन्न उपयोगों के तहत तैराकी, सर्फिंग, पालवाली विशेष नावों द्वारा नौकायन तथा जल में खेले जाने वाले अन्य खेल शामिल हैं। भूमि के उपयोग के अंतर्गत की जाने वाली गतिविधियों के अंतर्गत विभिन्न प्रकार की आवासीय व्यवस्थाओं (होटल, कुटीर, विला, कैम्पिंग साईट, बड़े वाहनों के ट्रेलर रखने के स्थान, आदि) आमोद–प्रमोद के क्षेत्र, खेल के मैदान, क्लब, मनोरंजन उद्यान, कार तथा बसों के लिए पार्किंग स्थल, मनोरंजन तथा खरीददारी के लिए व्यापार केन्द्र, सड़कें, आदि शामिल हैं।

पर्यावरणीय नियंत्रण के अंतर्गत आरामगाहों पर बनने वाले विभिन्न निर्माणाधीन भवनों के आकार–प्रकार, ऊँचाई, यहाँ तक कि बाहरी रंग तथा उपयोग में लायी गयी भवन निर्माण सामग्री, पद्धति तथा वास्तुकला, आदि उसके आस–पास के वातावरण से सामंजस्य रखती है अथवा नहीं? इसके संदर्भ में व्यापक नियम लागू किये जाने की आवश्यकता है।

किसी भी समुद्री किनारे को एक समुद्र तटीय आरामगाह के रूप में विकसित करने के लिए जो प्रारंभिक मूल तत्त्वों की आवश्यकता होती है वही एक द्वीपीय आरामगाह के विकास के लिए भी लागू होती है।

(1) समुद्र तट तथा तट के आसपास का पानी अच्छे स्तर का होना चाहिये ताकि पर्यटक इसका उपयोग नहाने, सूर्य स्नान, तैराकी तथा पानी से संबंधित अन्य आमोद–प्रमोद के लिए कर सकें।

(2) समुद्र तट पर्याप्त बड़ा होना चाहिये ताकि वहाँ बिना भीड़–भाड़ के भारी संख्या में लोग एकत्रित हो सकें।

(3) समुद्र के किनारे पर पर्याप्त रेत होनी चाहिये जो दिखने में सुंदर और स्पर्श में मुलायम हो। वह कंकड़–पत्थर, प्रवाल तथा अन्य कूड़ा–करकटों से मुक्त होनी चाहिये।

(4) समुद्र का रेतीला किनारा धीरे–धीरे पानी में प्रवेश करे तथा सरलता व सुरक्षित ढंग से तट से पानी में घुसे और निकले। तट पर समुद्री पानी साफ, हल्का गर्म तथा तट पर लौटने वाली लहरें समुद्र से कम गति से लौटने वाली हों ताकि वह स्थान नहाने और तैरने के साथ जलक्रीड़ा से संबंधी गतिविधियों के लिए भी सर्वथा उपर्युक्त हो।

(5) आरामगाह के आसपास सुंदर प्राकृतिक दृश्यावली होनी चाहिये तथा उसका निर्माण व विकास भी प्राकृतिक रूप से होना चाहिये ताकि वह भी प्रकृति का एक अटूट हिस्सा दिखाई पड़े।

(6) आरामगाह का संपूर्ण वातावरण अपने आप में औरों से अलग तथा उसकी प्रकृति अन्य प्रतिस्पर्धात्मक पर्यटन स्थलों से भिन्न होनी चाहिये, विशेषकर आमोद–प्रमोद प्रदान करने वाली पर्यटन गतिविधियों के संदर्भ में।

(7) समुद्र तटीय आरामगाह की जलवायु और वातावरण ऐसा होना चाहिये कि लगभग पूरे वर्ष पर्यटक वहाँ जाकर ठहर सकें और घूम–फिर सकें। एक समुद्र तटीय आरामगाह के आदर्श वातावरण में दिन को अधिक समय तक तेज धूप निकली हो, तापमान साधारण गर्म हो, आर्द्रता कम हो तथा हर समय ठंडी हवाओं के झोंके चलते रहें।

(8) जहाँ तक संभव हो आरामगाह तक अधिक से अधिक लोगों के पहुँचने के लिए वायुमार्ग तथा परिवहन के अन्य साधनों की सुविधा होनी चाहिये।

(9) आरामगाह सीधी, सुंदर दृश्यावलियों वालें सड़क मार्ग के माध्यम से एयरपोर्ट, आबादी वाले शहरों तथा समीपस्थ पर्यटन केन्द्रों से जुड़ी होनी चाहिये।

(10) आरामगाह में प्राप्त पेयजल, विद्युत, दूर–संचार तथा जल–मल की निकासी के लिए भी पर्याप्त व्यवस्था होनी चाहिये।

(11) आरामगाह का क्षेत्रफल भविष्य में की जाने वाली विकसित योजनाओं के लिए पर्याप्त होना चाहिये।

(12) आरामगाह में नियमित आपूर्ति का होना आवश्यक है तथा बिजली से चलने वाले उपकरणों के रख–रखाव की भी पर्याप्त व्यवस्था होनी चाहिये क्योंकि प्रायः समुद्र तटों पर हवा के नमक की अधिकता के कारण वहाँ धातुओं में जंग जल्दी लग जाता है।

(13) पर्याप्त संख्या में प्रशिक्षित जीवन रक्षक गाइडों का होना भी आवश्यक है।

इस विषय में प्राप्त आँकड़ों के आधार पर कहा जा सकता है कि इस प्रकार की आरामगाहें उन पर्यटकों को अधिक आकर्षित करती हैं जो लम्बी अवधि तक रूकना चाहते हैं। अतः लम्बी अवधि तक उन्हें रोके रखने का कार्य, ताकि उनकी रुचि बनी रहे, एक चुनौतीपूर्ण कार्य हैं।

ऐसी आरामगाहों पर अच्छे स्तर की सुरक्षा व कड़े नियंत्रण की व्यवस्था भी होनी चाहिये। एक पर्यटक की पर्याप्त सुरक्षा तथा देखभाल का उत्तरदायित्व आरामगाह का है।

द्वीपीय पर्यटन—पर्यटकों को यात्रा करने के लिए द्वीप हमेशा आकर्षक लगते हैं। द्वीपों के प्रति पर्यटकों के आकर्षण का एक प्रमुख कारण भीड़ एवं कोलाहल से दूर शांतिपूर्ण स्थान की इच्छा है जो कि समन्वित रूप से द्वीपों में ही मिल सकती है।

द्वीपीय पर्यटन कुछ हद तक शहरों में स्थित प्रमुख पर्यटन स्थलों पर पड़ने वाले दबाव को कम करने में सहयोगी सिद्ध होता है। चूँकि द्वीपों में व्यापक औद्योगिक विकास की संभावना नहीं रहती है। अतः द्वीपों के सर्वांगीण विकास के लिए पर्यटन सहायक सिद्ध हो सकता है। विभिन्न गतिविधियों पर आधारित पर्यटन भी आजकल बहुत लोकप्रिय हो रहे हैं जिनके विकास के लिए द्वीप आदर्श स्थान है।

द्वीपीय पर्यटन के विकास में अनेक बाधाओं का सामना करना पड़ सकता है। उदाहरण के लिए एक द्वीपीय आरामगाह में पर्यटकों को भारी संख्या में झेलने की क्षमता नहीं होती है अतः ऐसी स्थिति में द्वीप की स्थानीय क्षमता पर भारी दबाव पड़ेगा। यह कठिनाई द्वीपों की भौगोलिक स्थिति तथा प्राकृतिक संसाधनों, बिजली तथा पेयजल की सीमित मात्रा में उपलब्धता के कारण रहती है। चूँकि द्वीपों का पर्यावरण संतुलन जल्दी खराब होने का डर होता है। अतः यहाँ पर्यावरण नियंत्रण बहुत अधिक आवश्यक है और यह नियंत्रण अधिसंरचना के निर्माण, जल–मल की पर्याप्त निकासीय व्यवस्था, परिवहन के साधनों, आमोद–प्रमोद की गतिविधियों व प्रकार के संबंध में किया जाना चाहिये। इसके अतिरिक्त द्वीपों में विकासीय योजनाओं पर

अपेक्षाकृत अधिक धन व्यय करना पड़ता है क्योंकि द्वीपों में विकास के लिए पर्याप्त संसाधन नहीं होते हैं। इसलिये निर्माण कार्य वहाँ अपेक्षाकृत अधिक महँगा होता है।

छोटे द्वीपों में यह संवेदनशीलता अपेक्षाकृत अधिक बढ़ जाती है। अतः द्वीपों के स्थानीय सहवासियों को इस प्रकार की गतिविधियों में अधिकाधिक भागीदारी देनी चाहिये ताकि पर्याप्त समन्वय हो सके। इस बात पर भी ध्यान दिया जाना चाहिये कि पर्यटन तथा स्थानीय निवासियों की कला को बढ़ाने के लिए पर्याप्त महत्त्व व विशेष प्रशिक्षण दिया जाये। अतः द्वीपों में रहने वाले स्थानीय निवासियों के अपने परम्परागत स्वरूप तथा अलग रहने की प्रवृत्ति के कारण ऐसे संवेदनशील पर्यटन स्थलों पर पर्यटन के कारण पड़ने वाले सामाजिक एवं सांस्कृतिक प्रभावों का बहुत बारीकी से अध्ययन कर उसे नियंत्रित किया जाना चाहिये।

अतः द्वीपीय पर्यटन की संयोजना में निम्नलिखित बिन्दुओं को ध्यान में रखना चाहिये—

(1) भौगोलिक विशेषताएँ,

(2) ऐतिहासिक, सांस्कृतिक, सामाजिक एवं वैधानिक कारक,

(3) पर्यावरणीय कठिनाइयाँ—विशेषकर संबंधित आरामगाह की पर्यटकों को समायोजित करने की क्षमता,

(4) अधिसंरचना का यथेष्ट विकास—यथा आवास व्यवस्था के प्रकार, खान-पान की व्यवस्था,

(5) द्वीप के अंदर तथा द्वीप तक पहुँचने के लिए परिवहन के साधनों की व्यवस्था तथा खेल एवं आमोद-प्रमोद की सुविधा, और

(6) बिजली, दूर संचार के साधनों एवं पेयजल की सुविधा।

प्रश्न 4. पहाड़ी पर्यटन के आकर्षण के बिन्दुओं का उल्लेख कीजिए।

उत्तर— पहाड़ी पर्यटन के आकर्षण के बिन्दुओं का अर्थ उन विभिन्न कारकों से है जो लोगों को किसी एक स्थान से किसी पहाड़ी स्थान पर यात्रा करने के लिए उत्प्रेरित करते हैं।

विभिन्न समयावधि के लिये लोगों की एक स्थान से दूसरे स्थान की यात्रा करने की प्रवृत्ति को सामान्यतः आकर्षण व दबाव के आधार पर (pull and push factors) विश्लेषित किया जाता है। दबाव कारक वे अवयव हैं जो किसी व्यक्ति को प्रोत्साहित करते हैं कि वह अपने रहने के स्थान विशेष को छोड़कर अन्य किसी स्थान पर जाने के लिये अभिप्रेरित हो। आकर्षण बिन्दुओं की शक्ति किसी भी स्थान पर आने वाले पर्यटकों की संख्या सुनिश्चित करते के लिये अत्यधिक महत्त्वपूर्ण होती है। परिणामस्वरूप, ये गुण किसी हिल स्टेशन की लोकप्रियता तथा उसकी व्यावसायिक उपयोगिता निर्धारित करने में भी सहायक होते हैं।

आकर्षण के विभिन्न कारणों को हम निम्नलिखित पाँच शीर्षों में वर्गीकृत कर सकते हैं—

(1) भौगोलिक स्थिति

(2) पहुँचने की सुविधा

(3) विभिन्न सेवा और सुविधाओं की उपलब्धता

(4) पर्यटन संबंधित पर्याप्त जानकारियाँ, और

(5) स्थान विशेष का सौहार्द्रपूर्ण सामाजिक और राजनैतिक वातावरण।

भौगोलिक स्थिति—किसी भी हिल आरामगाह की लोकप्रियता में उस स्थान की भौगोलिक स्थिति तथा उस स्थान की प्रकृति प्रदत्त विशेषताएँ एवं उस स्थल की समुद्रतल से ऊँचाई महत्त्वपूर्ण कारक होते हैं। प्राकृतिक सौंदर्य जैसे नदी, जलाशय, अलपाइन के मैदान तथा हिम आच्छादित श्वेत शिखरों से निकटता अथवा कम से कम उनका सरलता व सहजता से दृश्यावलोकन उस हिल आरामगाह के सौंदर्य को बढ़ा देती है तथा उस हिल स्टेशन की ओर आकर्षण का कारण होती है। भारत जैसे देश में किसी भी हिल स्टेशन की समुद्रतल से ऊँचाई का विशेष महत्त्व है क्योंकि इसका उसकी जलवायु से सीधा संबंध होता है।

हिमालय की तराई में अधिकांश हिल आरामगाहें समुद्रतल से 1900 से 3000 मीटर (6000 से 10,000 फीट) की ऊँचाई पर स्थित हैं।

विभिन्न प्राकृतिक विशेषतायें यथा जलाशय, नदियाँ, तेज गति से बहने वाले झरने, शैलाश्रय, पहाड़ों के सुंदर आकार, ऊँची पहाड़ी शिखरों से निकटता तथा ट्रैकिंग के रोमांचक रास्तों की उपलब्धता भी हिल आरामगाहों की लोकप्रियता बढ़ाते हैं। उदाहरण के लिये, पर्यटक रानीखेत की नन्दादेवी की हिमाच्छादित चोटियाँ देखना पसंद करते हैं एवं लगभग सभी पहाड़ी स्थलों पर प्रायः प्रत्येक पर्यटक उस हिल स्टेशन में उपलब्ध सबसे ऊँची चोटी पर पहुँच जाते हैं ताकि वे बर्फ से ढकी चित्ताकर्षक चोटियों को देख सकें। यह प्राकृतिक एवं भौगोलिक विशिष्टताएँ किसी भी हिल आरामगाह के प्राकृतिक सौंदर्य को बढ़ाती हैं, साथ ही साथ ऐसे स्थानों पर रिवर राफ्टिंग, पर्वतारोहण, ट्रैकिंग जैसे विशेष खेलों को खेलने के अवसर प्राप्त होते हैं।

पहुँच—पहाड़ों में उपलब्ध अनेक पर्यटन स्थलों में पर्यटकों को आकर्षित करने की संभावनाएँ रहती हैं परंतु सुदूरवर्ती पर्यटक उन स्थानों पर पहुँचने में मार्ग की कठिनाइयों के कारण, कम ही पहुँचते हैं। देश की लगभग सभी लोकप्रिय हिल आरामगाहें अपेक्षाकृत मैदानी इलाकों के बड़े शहरी केन्द्रों के समीप स्थित हैं क्योंकि इन स्थानों पर आने वाले ज्यादातर पर्यटक बड़े शहरी क्षेत्रों से ही आते है। हालाँकि तेज गति वाली परिवहन सुविधाओं तथा सुदूर स्थित हिल आरामगाहों को निजी निवेशकों द्वारा विकसित करने की इच्छा के कारण यह समस्या धीरे–धीरे कम होती जा रही है। लेकिन यह बात ध्यान देने योग्य है कि हवाई यात्रा, रेल या बस से यात्रा का मतलब है पर्यटकों की खर्च करने की क्षमता पर प्रहार करना इसीलिए मध्यम आय के पर्यटक प्रायः समीपस्थ हिल आरामगाहों पर जाने को प्राथमिकता देते हैं। यही कारण है कि हिमालय की तराई में स्थित अनेक हिल आरामगाहें भारी भीड़ होने के बाद भी पूर्वी और उत्तरी भारत के प्रमुख बड़े शहरों से अनेक पर्यटकों को आकर्षित करती है। सुविधाजनक रेल और सड़क मार्ग की उपलब्धता भी पर्यटकों के आगमन को बढ़ावा देती है। हवाई सेवा की सुविधा भी पर्यटकों की संख्या बढ़ाने में सहायक होती है। परंतु इस वर्ग के

पर्यटकों की संख्या केवल उच्च आय वर्ग के पर्यटकों तक ही सीमित रहती है। पश्चिमी घाट और अरावली की पहाड़ियों में स्थित उटकमण्ड तथा माउण्टआबू सरीखे हिल स्टेशन भी बड़े शहरों के काफी करीब स्थित हैं।

सुविधाएँ—अधिकांश पर्यटक हिल स्टेशन पर जाने की तभी हिम्मत करेंगे जब उन्हें उस स्थान पर पहुँचने के लिये आवागमन के पर्याप्त सुलभ साधन के अतिरिक्त, वहाँ ठहरने, खाने–पीने, स्वास्थ्य संबंधी तथा मनोरंजन की सुविधाएँ प्राप्त होने का पूर्ण आश्वासन हो। विभिन्न आय वर्गों की आर्थिक क्षमता के अनुरूप पर्यटकों के लिये पर्याप्त संख्या में होटल एवं लॉज की उपलब्धता उस स्थान पर अधिक संख्या में पर्यटकों को आकर्षित करने के लिये अनिवार्य कारक हैं। ठहरने के स्थान–होटल, लॉज तथा खान–पान के स्थान, रेस्तरां, आदि के साथ–साथ उस हिल स्टेशन में पर्याप्त स्वच्छता किसी भी हिल स्टेशन की मूलभूत प्राथमिकता है। सभी पर्यटक किसी भी हिल स्टेशन में इन सभी अनिवार्यताओं को पहले देखेंगे।

एक बार किसी भी हिल स्टेशन में जब ये प्राथमिक आवश्यकताएँ पूरी हो जायें तब पर्यटन उद्योग विभिन्न आय व रुचि के होटल विभिन्न प्रकार के पर्यटकों के लिये उपलब्ध करा सकते हैं। मेडिकल सुविधाएँ पर्याप्त सुरक्षा व कानून बनाये रखने के लिये वांछित पुलिस सेवा, आवश्यक वांछित सहायता तथा पर्यटन संबंधी सूचनाओं की पर्याप्त उपलब्धता भी किसी हिल आरामगाह के लिये महत्त्वपूर्ण प्राथमिक अपेक्षाएँ हैं।

प्रश्न 5. पहाड़ी पर्यटन उद्योग के समन्वयात्मक प्रभाव पर प्रकाश डालिए।

उत्तर— अन्य उद्योगों की तरह पर्यटन में अन्य संबंधित जुड़े हुये आर्थिक क्षेत्रों पर निकटवर्ती तथा दूरगामी प्रभाव डालने की क्षमता है। निकटवर्ती प्रभाव के अंतर्गत मुख्यतया परिवहन सेवा, रोमांचक पर्यटन के लिये पर्वतारोहण तथा ट्रैकिंग के लिये उपयोग में लाये जाने वाले उपकरण (यथा राफ्ट, ग्लाइडर्स, इत्यादि), टूर एजेण्ट्स तथा ट्रैवल कंपनियों की सेवाएँ, इत्यादि आते हैं जिनकी विशेष माँग पर्यटन उद्योग द्वारा उत्पन्न होती है।

दूरगामी प्रभाव का अधिक त्वरित और सीधा प्रभाव उस हिल आरामगाह विशेष की आर्थिक स्थिति पर पड़ता है। जिसके अंतर्गत नये स्थानीय होटल, स्थानीय रूप से पर्यटकों को घुमाने–फिराने की व्यवस्था, गाइड सुविधा, सामान उठाने वाले कुली तथा अन्य मनोरंजन के साधनों की सुविधा (घुड़सवारी, याटिंग, नौकायन, स्केटिंग तथा स्कीइंग) इत्यादि सम्मिलित हैं। इसके अतिरिक्त पर्यटकों के अधिक आगमन से स्थानीय शिल्पकलाओं की भी माँग में वृद्धि होती है, जिससे हस्तशिल्प कलाकृतियों के उत्पादन को भारी प्रोत्साहन मिलता है।

पर्यटकों के लिये आवश्यक बातें—एक सबसे बड़ा और महत्त्वपूर्ण मुद्दा, जो कि पर्यटकों को हिल स्टेशन की यात्रा करने के लिये प्रेरित करता है, वह है एक स्वच्छ, साफ, सुन्दर, प्रदूषण मुक्त वातावरण को अनुभव करने की इच्छा। जो कि भीड़भाड़ तथा विभिन्न प्रदूषणों से भरे शहरों, जिससे पर्यटक आ रहा हो, की तुलना में ठीक विपरीत हो।

आजकल हरेक यह महसूस करता है कि पहाड़ी पर्यटन उद्योग की चमक के कारण यह उद्योग बड़ी तेजी से लेकिन बड़े अव्यवस्थित तथा असंयोजित रूप से विकसित हो रहा है। मनाली जैसी हिल आरामगाह, एक समय जो अत्यधिक शांतिमय तथा अटूट प्राकृतिक सौन्दर्य से भरपूर विश्राम स्थल हुआ करता था, अभी पिछले कुछ वर्षों से अत्यधिक व्यावसायिक और भीड़–भाड़ से भरे क्षेत्र में परिवर्तित हो गया है जो कि धुएँ और कोलाहलपूर्ण वातावरण से प्रदूषित है। इस उद्योग का अन्य हिल आरामगाहों में तेजी से पनपते विकास के कारण, जैसा कि मसूरी में हुआ वहाँ भारी संख्या में वृक्षों की अंधाधुंध कटाई हुई, प्राकृतिक संतुलन बिगड़ता है। टूरिस्ट आरामगाहों का तेजी से असंयोजित विकास निजी निवेशकों को भले ही बहुत तेजी से कम समयावधि में अपने लगाये रुपयों का लाभ पहुँचाये, परंतु इसके कारण इस क्षेत्र में भविष्य में पर्यटन की संभावनाओं का ह्रास होने की गहरी आशंका रहती है। पर्यटकों को उनके द्वारा प्राकृतिक वातावरण को गहरी क्षति पहुँचाने की संभावना के संबंध में जागरूक किया जाना चाहिये, उन्हें लगातार प्रशिक्षित किया जाना चाहिये, और उन्हें निरंतर याद दिलाया जाना चाहिये कि उनके क्या कर्त्तव्य हैं। उदाहरण के लिये, उन्हें बताया जाना चाहिये कि यहाँ–वहाँ कहीं भी गंदगी न फैलायें, कचरा न डालें तथा प्राकृतिक वनस्पति, जानवरों तथा प्रकृति के संतुलन को नष्ट न करें। पर्यटकों को यह अनुभव करना चाहिये कि चाहे वे (स्त्री या पुरुष) किसी भी पहाड़ी पर्यटन स्थल की यात्रा पर कितने ही कम समय के लिये जायें वे वहाँ के स्थानीय लोगों की भावात्मक संवेदनशीलता पर चोट न पहुँचायें। उदाहरण के लिये, पहाड़ी स्थलों पर रहने वाले प्रायः अधिकांश आदिवासी पर्यटकों द्वारा अपनी फोटो खींचना पसंद नहीं करते हैं। कैमरा लटका कर घूमने वाले पर्यटक अपने साथ अपनी हिल स्टेशन यात्रा की सुखद स्मृतियाँ साथ ले जाने की उत्सुकता में हर तरफ पागलों की तरह अंधाधुध तस्वीर खींचकर स्थानीय व्यक्तियों के कोप के भाजन न बनें। एक बाहरी व्यक्ति होने के नाते, पर्यटकों को चाहिये कि वे संबंधित हिल स्टेशन क्षेत्र के प्रचलित रीति–रिवाजों को समझें और वहाँ के लोगों पर अपने विचार न थोपें।

प्रश्न 6. पर्यटन में प्रतिनिधि हिल आरामगाहों द्वारा जो विभिन्न सेवा सुविधाओं के अवसर पैदा होते हैं उनका उल्लेख करो।

उत्तर– देश के विभिन्न हिस्सों में उपलब्ध कुछ प्रतिनिधि हिल आरामगाहें हिमालय की तराई, अरावली की पहाड़ियों तथा पश्चिमी घाट में स्थित हैं।

हिमालय क्षेत्र की आरामगाहें–अर्ध वृत्ताकार आकार में पश्चिम से लेकर पूर्व तक 2500 कि.मी. तथा उत्तर से दक्षिण की दिशा में 250 कि.मी. के क्षेत्र में हिमालय की पहाड़ियाँ फैली हुई हैं। हिमालय की चोटियों को समुद्रतल की ऊँचाई के अनुसार तीन भागों में बाँटा गया है मुख्य, मध्य एवं बाह्य हिमालय।

बाहरी हिमालय क्षेत्र के पश्चिम में शिवालिक पहाड़ियाँ तथा पूर्व में दर्रे स्थित हैं। हिमालय की जलवायु में एक स्थान से दूसरे स्थान पर काफी अंतर है। ठंडी जलवायु हिमालय की

तलहटी की मुख्य विशेषता है, जबकि बाहरी हिमालय की तलहटी में सामान्य जलवायु पाई जाती है। जैसे ही कोई उत्तर की तरफ आगे बढ़ता है मध्य क्षेत्र में अलपाईन जलवायु की स्थिति मिलती है तथा घाटियों में सूखी महाद्वीपीय जलवायु मिलती है और उत्तर की प्रमुख शृंखलाओं में पठार हैं।

हिमालय की प्रायः सभी महत्त्वपूर्ण और लोकप्रिय हिल आरामगाहें 1600 से 2000 मीटर की ऊँचाई पर शिवालिक पहाड़ियों, मध्य घाटियों के दक्षिण में तथा पूर्वी दर्रों में स्थित हैं। इसके अंतर्गत कश्मीर की घाटी, कुल्लू, मनाली, शिमला, सिक्किम का मध्य भाग तथा दार्जिलिंग आते हैं।

(1) मनाली—मनाली जो कि उत्तर भारत के प्रमुख शहरों तथा दिल्ली और चण्डीगढ़ के सड़क मार्ग से जुड़ा हैं, पिछले कुछ दशकों में सर्वाधिक लोकप्रिय हिल आरामगाह के रूप में विकसित हुआ है। 1220 मीटर की ऊँचाई पर कुल्लू घाटी के ऊपरी इलाके में स्थित यह हिल आरामगाह उत्तर और दक्षिण दोनों दिशाओं में हिमाच्छादित शिखरों का सुंदर मनोरम दृश्य उपलब्ध कराता है।

उच्च, उन्मुक्त प्रेरणादायक चोटियों की सुंदर दृश्यावली, देवदार वृक्षों से भरे जंगलों की ताजगी, शहर के बीचों बीच बहने वाली व्यास नदी की कलकल ध्वनि और विभिन्न पर्वतारोहण अभियानों के लिए आधार स्थल के रूप में इसके उपयोग के लिये यह प्रायः सभी प्रकृति प्रेमी पर्यटकों, रोमांचक तथा गंभीर, को आकर्षित करता है। मनाली हिल स्टेशन की भौगोलिक स्थिति के स्थल विन्यास ने इस हिल स्टेशन के शहर को एक प्रमुख आकर्षण पर्यटन स्थल के रूप में विकसित करने में महत्त्वपूर्ण योगदान दिया है। रोहतांग पास, बीस कुण्ड, चन्द्रताल तथा दूसरे अनेक स्थलों की यात्रा 2 से 4 दिन की अवधि में आराम से की गई पैदल यात्रा से पूरी की जा सकती है। उत्तर में क्षितिजधर पहाड़ियों तथा उत्तरपूर्व में स्थित देव तिब्बा तथा अलिरत्नी तिब्बा की चोटियों पर किये जाने वाले विभिन्न पर्वतारोहण अभियानकर्त्ताओं को भी मनाली को मूल आधार कैम्प के रूप में उपयोग करना पड़ता है। मनाली में स्थित माउण्टेनियरिंग इंस्टीट्यूट में पर्वतारोहण, अधिक ऊँचाई पर ट्रैकिंग तथा स्कीइंग के रोमांचक खेलों में अनेक प्रशिक्षण सत्र चलते हैं।

विगत कुछ वर्षों में मनाली ठंड के दिनों में खेले जाने वाले खेलों का भी एक महत्त्वपूर्ण केन्द्र बन गया है। मनाली के उत्तर में लगभग 12 कि.मी. की दूरी पर स्थिति सोलाँग में उपलब्ध उपर्युक्त प्राकृतिक ढलान स्कीइंग के लिये, नौसीखियों तथा अनुभवी दोनों के लिये, सर्वाधिक उपर्युक्त स्थल है।

ट्रैकिंग तथा पर्वतारोहण के अतिरिक्त व्यास नदी ट्राउट मछली के शिकार के लिये प्रसिद्ध है। इसके लिये स्थानीय परमिट कार्यालय से आवश्यक परमिट प्राप्त किया जा सकता है।

कम रोमांच प्रेमी पर्यटकों के लिये मनाली शहर से 3 कि.मी. की दूरी पर विशिष्ट कस्बे में स्थित गंधक के गर्म सोते, हिडम्बा देवी का मध्यकालीन मंदिर, तिब्बती मठ तथा स्थानीय

बाजार आकर्षण के केन्द्र हो सकते हैं। लम्बी दूरी की बस सुविधा के माध्यम से दिल्ली-चण्डीगढ़ और शिमला से मनाली जुड़ा हुआ है। पर्यटक सामान्य बसों या आरामदायक कोचेज में से अपनी आर्थिक क्षमता के अनुसार किसी भी परिवहन का चयन कर सकते हैं जिनका चालन शासकीय विभागों के अतिरिक्त निजी बस ऑपरेटर्स द्वारा भी किया जाता है। मनाली तक पहुँचने के लिये दिल्ली-चण्डीगढ़ तथा अन्य जगहों से टैक्सी भी किराये पर ली जा सकती है। इस हिल आरामगाह पर इण्डियन एयर लाईन्स तथा निजी एयर टैक्सियों द्वारा भी पहुँचा जा सकता है। जो पर्यटकों को दिल्ली से लेकर कुल्लू में स्थित भुन्तर एयरपोर्ट तक पहुँचाती है।

मनाली विभिन्न आय वर्ग तथा रुचियों के पर्यटकों की प्रायः सभी आवश्यकताओं की पूर्ति बखूबी करता है। हिमाचल प्रदेश का पर्यटन विभाग सामान्य पर्यटकों को अपेक्षाकृत सस्ती परंतु आरामदायक होटलों व रेस्तरां से लेकर उच्च और अति उच्च आय वर्ग के लिये आधुनिक विलासितापूर्ण होटलों का संचालन करता है।

मनाली माउण्टेनियरिंग इंस्टीट्यूट आवश्यकता पड़ने पर आपातकालीन व्यवस्था में पर्यटकों की सुरक्षा के लिए प्रशिक्षित पर्वतारोही भी उपलब्ध कराते हैं। हिल आरामगाहों के रूप में तेजी से विकास ने अनेकों छोटे-बड़े टूर ऑपरेटर्स तथा ट्रैवल एजेन्सियों को बढ़ावा दिया है जो बड़े शहरों, यथा दिल्ली से आने वाले रोमांच प्रेमी पर्यटकों के लिये सभी आवश्यक व्यवस्था व इंतजाम करते हैं।

पर्यटकों की बढ़ती माँग को देखते हुए अन्य स्थानों से मनाली को जोड़ने वाली दूरसंचार व्यवस्था को उन्नत किया गया है। इस आरामगाह की उल्लेखनीय प्रगति व विकास ने इस क्षेत्र में स्थानीय रूप से स्थानीय भवन निर्माण उद्योग को भी उत्प्रेरित किया है। साथ ही साथ स्थानीय युवक-युवतियों को इस क्षेत्र के पर्यटन में निहित विभिन्न सत्कार संबंधी कार्यों में काम करने का अवसर भी प्रदान किया है।

यद्यपि मनाली के विकासीय कार्य में आश्चर्यजनक वृद्धि से सामाजिक और कम अवधि के लाभ की भविष्यवाणी की जा सकती है परन्तु यह भी महत्त्वपूर्ण है कि इस सुंदर पहाड़ी स्थल को पर्यावरणीय प्राकृतिक असंतुलन से तथा त्वरित लाभ कमाने के लालायित निजी निवेशकों के चुंगल में फँसने से असली हकदारों को बचाना चाहिये।

(2) दार्जिलिंग—कंचनजंघा पर्वत श्रेणियों से घिरा दार्जिलिंग, पूर्वी भारत की एक प्रमुख हिल आरामगाह है। उत्तर-पश्चिम में शिमला और मसूरी की तरह दार्जिलिंग का भी एक हिल आरामगाह के रूप में प्रादुर्भाव अंग्रेजी शासन द्वारा हुआ। ब्रिटिश काल में यह स्थान गर्मियों के मौसम में बंगाल सरकार की राजधानी हुआ करता था। इस स्थान की परिकल्पना ब्रिटिश शासन के रॉयल इंजीनियर्स के लॉर्ड नेपियर द्वारा की गई थी। इस पहाड़ी स्थान को वर्ष 1835 में सिक्किम क्षेत्र के प्रशासकीय नियंत्रण से अलग कर दिया गया था।

इसकी ठंडी और ताजी जलवायु, मैदानी इलाकों से इसका रेलमार्ग से सीधा संबंध तथा इस क्षेत्र में चाय बागानों के विकास ने इस स्थान को एक आदर्श हिल आरामगाह के रूप में विकसित और लोकप्रिय बनाने में काफी योगदान दिया है।

शेरपा तेनजिंग तथा एडमंड हिलेरी द्वारा एवरेस्ट की सबसे ऊँची चोटी पर चढ़ाई की सफलता के बाद वहाँ पर हिमालय माउण्टेनियरिंग इंस्टीट्यूट स्थापित किया गया। यह संस्था देश में प्रशिक्षण की सर्वश्रेष्ठ संस्था होने के साथ पर्यटकों के आकर्षण का भी एक प्रमुख केन्द्र है। उत्तरी भारत के अन्य हिल आरामगाहों की तुलना में दार्जिलिंग में आने वाले पर्यटकों की संख्या कम है। रोमांचक पर्यटन का एक विशेष क्षेत्र, ट्रैकिंग जिसकी यहाँ अपार संभावनाएँ हैं, परन्तु इसका अभी तक पर्याप्त उपयोग व लाभ नहीं उठाया गया है। जबकि नेपाल भी ऊँची चढ़ाई और ट्रैकिंग करने वाले रोमांचक पर्यटकों को यहाँ एक अदभुत आनंद व एक नये अनोखे अनुभव की अनुभूति होती है। चण्डीगढ़ के समीप कालका–शिमला के बीच चलने वाली टॉय ट्रेन भी पर्यटकों के लिये एक विशेष आकर्षण व अनोखा अनुभव है।

अन्य क्षेत्रों की हिल आरामगाहें—सभी हिल आरामगाहें ऊँचे बर्फ से ढके पहाड़ों से घिरी नहीं होती है। हिमालय की तराई में स्थित हिल आरामगाहों के अलावा देश की अन्य हिल आरामगाहें, पश्चिमी भारत में अरावली की पहाड़ियों, पश्चिमी घाट तथा मध्य भाग में उपलब्ध पहाड़ों की श्रेणियों में भी पायी जाती है। ऐसी अन्य आरामगाहें यथा, माउण्ट आबू, माथेरान, उटकमण्ड, कोडयकनाल, पपैनमुण्डी और पचमढ़ी को अपनी ठंडी जलवायु तथा इनके समीपस्थ स्थित बड़े शहरीय आबादी की तुलना में इन हिल आरामगाहों में जनसंख्या के अपेक्षाकृत कम घनत्व का लाभ प्राप्त है।

(1) माउण्ट आबू—राजस्थान की एकमात्र हिल आरामगाह माउण्ट आबू है। यहाँ आने वाले अधिकांश पर्यटक देशी पर्यटक होते हैं। अरावली पर्वत पर 1220 मी. की ऊँचाई पर बने इस ग्रेनाईट के प्राकृतिक पठार ने अपनी ठंडी जलवायु के कारण ब्रिटिश शासकों का ध्यान आकर्षित किया था। स्थानीय राजा द्वारा यह भूखण्ड 1845 में इस इलाके के ब्रिटिश रेसीडेंट को पट्टे पर दे दिया गया था।

माउण्ट आबू पहुँचने के लिए समीपस्थ रेलवे स्टेशन आबू रोड़ 27 कि.मी. की दूरी पर स्थित है तथा समीपस्थ एयरपोर्ट उदयपुर की माउण्ट आबू से दूरी 185 कि.मी. है। उत्तरी तथा पश्चिमी भारत के प्रमुख शहरों से भी लम्बी दूरी की बस सेवा द्वारा यह टूरिस्ट आरामगाह जुड़ी हुई है।

इसकी ठंडी जलवायु, माउण्ट आबू के बीचों बीच स्थित आकर्षक नक्की झील, पहाड़ी ढ़लान और फैले सीढ़ीदार खेत तथा अनेकों उत्कृष्ट जैन और हिन्दू मंदिर पर्यटकों के लिये विशेष आकर्षण है। माउण्ट आबू के चारों और ग्रेनाईट की ऊँची, खड़ी पर्वत श्रेणियाँ, सुंदर पहाड़ी ढ़लानवाली पट्टियाँ बनाती हैं। यह पर्वत श्रेणियाँ फिसलने से लेकर पर्वतारोहण के लिए पर्याप्त ऊँची है। इस हिल आरामगाह में रोमांचक पर्यटन की संभावनाओं को राज्य सरकार ने मान्यता प्रदान करते हुए पर्वतारोहण के इच्छुक व्यक्तियों के लिए एक प्रशिक्षण केन्द्र स्थापित किया है। किन्तु विभिन्न रोमांचक पर्यटन तथा खेलों की बढ़ती लोकप्रियता को देखते हुए माउण्ट आबू के पहाड़ों पर चढ़ने वाले रोमांचक पर्यटकों को भारी संख्या में आकर्षित करने के

लिए पर्याप्त प्रचार–प्रसार, अनिवार्य अधिसंरचना का निर्माण तथा आवश्यक नक्शों तथा उपकरणों की सुविधा की आवश्यकता है।

(2) उटकमण्ड–उटकमण्ड, ऊटी के नाम से अधिक लोकप्रिय, एक अन्य प्रमुख हिल आरामगाह हैं जो हिमालय के अंचल से बाहर, अन्य राज्य में है। यह हिल स्टेशन भी ब्रिटिश कालीन शासकों द्वारा विकसित किया गया था। कुछ ब्रिटिश अफसरों द्वारा संयोग से खोजे जाने के बाद कोयम्बटूर के तत्कालीन जिलाध्यक्ष सुलीवॉन ने फौरन इसे एक हिल स्टेशन के रूप में स्थापित करने के लिए विकासीय कार्य प्रारंभ कर दिये थे। ब्रिटिश अधिकारियों की रुचि इस हिल स्टेशन में इसलिये और अधिक बढ़ी क्योंकि इस हिल स्टेशन के चारों ओर उपलब्ध प्राकृतिक सौंदर्य तथा जलवायु अपने पैतृक देश से बहुत मेल खाता था। मद्रास के तत्कालीन गवर्नर स्टीफन लुशिंगटन ने ऊटी को एक हिल स्टेशन के रूप में विकसित करने में गहरी रुचि ली थी। एक ब्रिटिश अधिकारी ने अपने उद्‌गार व्यक्त किये थे कि "यह महाशय लुशिंगटन की सरकार की महत्ता ही है कि जिन्होंने बहुत अधिक धनराशि व्यय न करते हुए भी एशिया में यूरोप का दाखिला करवाया है, इस प्रकार उनके द्वारा नीलगिरि में किये गये विकास कार्य हैं।" 2240 मी. की ऊँचाई पर स्थित ऊटी की जलवायु सुखद है।

प्रश्न 7. वन्य जीवन के अनुभव पर एक नोट प्रस्तुत कीजिए।

उत्तर– मेरे लिए यह एक अद्‌भुत अनुभव था जब मैंने इतनी सुबह, वन्यजीवन के सुखद वातावरण में अपनी आँखें खोली थीं। पक्षियों का कलख मेरे कानों के माध्यम से पूरे शरीर को रोमांचक अनुभूति प्रदान कर रहा था। जैसा कि सनबर्ड वारब्लर्स पक्षियों की लगातार चहचहाहट से सूर्योदय के ठीक पूर्व मेरी नींद टूट चुकी थी। मैं अभी केरल के सत्यमंगलम् वनखण्ड में स्थित धीमभूम के वन विभाग के एक अति पुराने विश्राम गृह में जो ब्रिटिश राज के दौरान बना था नींद की जकड़ से उठा ही था कि हल्की धुंध में मेरा सबसे पहले स्वागत करने वाले थे छोटे–छोटे सुनहरे, मुलायम हिरनों के झुंड जो विश्राम भवन के अहाते में खड़े पेड़ों के समीप चर रहे थे, जो पीले और बैंगनी रंगों में क्रिसमस पर सजाये गये अलंकरण की तरह सुशोभित हो रहे थे। अचानक मेरे सिर के पीछे से, बहुत समीप से उड़कर गए एक पक्षी के कारण मेरी तन्द्रा भंग हुई जो उड़कर पास ही एक बरगद के पेड़ पर बैठ गया था। मैंने अपनी दूरबीन के माध्यम से उसके काले और केसरिया रंगों को देखा और सलीम अली की किताब गाइड टू द बर्डस ऑफ इंडियन सबकॉन्टीनेन्ट के पन्ने पलटने लगा और उस पक्षी की कीड़े–मकोड़े पकड़ने की प्रवृत्ति को जाना। मैंने अपनी पूर्व की 210 पक्षियों की जानकारी में एक और बढ़ोतरी का चिन्ह लगाया और पास ही छोटी–छोटी हरी मुलायम दूब पर बैठ गया। ताकि मैं 20 मीटर की कम दूरी से उस खुशनुमा सुंदर पक्षी को देखने का आनंद उठा सकूँ। भाप निकलती चाय का एक जग मेरे साथ था।

मैंने जल्दी–जल्दी अपनी कॉपी में अपने अवलोकन की कुछ सरसरी टिप्पणी लिखी और अपने विश्राम भवन की तरफ रुख किया। वहाँ गर्म–गर्म इडली, डोसा तथा कड़ी कॉफी नाश्ते के रूप में मेरी प्रतीक्षा कर रही थी। लौटते में पास ही गिरे हुए फूलों और बिखरी हुई पत्तियों की क्यारी में किसी सरसराती, रेंगती आवाज ने मेरा ध्यान एक भूरे रंग की लम्बी, धीरे–धीरे रेंगती वस्तु की तरफ केन्द्रित किया जो कि एक साधारण चूहा पकड़ने वाला पतला साँप था, जिसे मैंने शायद यूँ ही अनायस झुंझला दिया था जैसा कि वो धीरे–धीरे रेंगते हुए दूर जा रहा था। मैं मन ही मन ऐसे जीवों की भारत जैसे नवीन, अनोखे, देश में जीवित रहने की कला पर मुस्कुराया।

भारत में शायद विश्व के किसी अन्य देश की अपेक्षा कहीं अधिक वन्य जीवन और प्रकृति को व्यापक और सहज रूप से अनुभव करने की वैविधता है। यहाँ वास्तव में यदि देखा जाये तो वन्य प्राणी स्वयं अपने आप इस भारतीय उपमहाद्वीपीय को उर्वरक बनाये रखते हैं। इसके बावजूद कि मनुष्य प्रकृति की इस शानदार धरोहर को गैर जिम्मेदाराना तरीके से बिगाड़ने में जुटा है।

भारत में "वन्य संरक्षण आंदोलन" देश के नागरिकों में एक बार पुनः प्रकृति के प्रेम और सम्मान की ज्योति प्रज्वलित करने का प्रयास कर रहा है। अधिकांश पर्यावरण शास्त्री इस बात से सहमत हैं कि हमारे नागरिकों को आपकी नैसर्गिक विरासत की कीमत और कोमलता व मधुरता का एहसास दिलाने का इससे अधिक अच्छा तरीका शायद ही हो कि उन्हें प्रकृति के सौंदर्य का समीप से साक्षात्कार कराने के प्रति उत्साहित किया जाये। निसंदेह इसके लिए अनिवार्य है कि कुछ मूलभूत सुविधाएँ जिसके अंतर्गत परिवहन मार्ग, रहने के लिये स्वच्छ एवं सुरक्षित आवास व्यवस्था, अनुसंधान केन्द्र तथा ऐसे सभी संबंधित ज्ञानवर्धक साहित्य जो हमें उस क्षेत्र विशेष के इतिहास, समाजशास्त्र, भूगोल, वन्य जीवन, आदि की जानकारी से अवगत कराये, प्रचुर मात्रा में उपलब्ध हो। वन्य जीव पर्यटन ऐसे सभी अवयवों से मिलकर ही विकसित किया जाना चाहिये। हमें इस बात पर विशेष रूप से ध्यान देना चाहिये कि विदेशी पर्यटकों को भारत दर्शन के लिये आमन्त्रित करने अथवा एक स्थान से दूसरे स्थान की यात्रा कराने का मुख्य उद्देश्य कम से कम समय में सिर्फ उनसे अधिक से अधिक धन ऐंठना ही नहीं होना

चाहिये, बल्कि हमें उन्हें अंर्तनिहित शांति और दर्शन से भरे जीवन के आंकलन का अवसर देना चाहिये और वास्तविक भारत की शालीनता, भव्यता को बहुत करीब से बाँटना व अनुभव कराना चाहिये जिसने हमारी सभ्यता को आज विश्व की महान सम्मानीय, सभ्यताओं के समकक्ष ला खड़ा किया है।

प्रकृति के खाते में प्रचुर स्निग्धता एवं शाश्वत् भव्यता की ध्वनि निःसन्देह प्रत्येक वन्य जीवन के रसिकों को प्रफुल्लित व रोमांचक कर देगी। ऐसा है इसका आकर्षण जो व्यक्तिगत रूप से अनुभव करने की अभिलाषा से पिरोया हुआ है। इस प्रकार का प्राकृतिक जादू आप सबके लिये पर्यटन व्यवसाय में भारी सहायक सिद्ध होगा।

प्रश्न 8. संरक्षित वन्य जीव उद्योग का संक्षिप्त विवरण प्रस्तुत कीजिए।

उत्तर– वर्तमान समय में हम पाते हैं कि भारत की वन संपत्ति का काफी विनाश हुआ है। जो कुछ अब बचा है उसे हम प्रायः संरक्षित अभ्यारणों तथा राष्ट्रीय उद्यानों में ही देख पाते हैं जिसे व्यावसायिकता से अलग रखा गया है। यह हमारे वन्य जीवन के साक्षात स्वर्ग है। इस विषय में हमारी सरकार बधाई की पात्र है कि जहाँ वर्ष 1970 में दस राष्ट्रीय उद्यानों तथा 127 वन्य प्राणी अभ्यारण 25,000 वर्ग मीटर के क्षेत्रफल में थे। वर्ष 1991 में यही संरक्षित क्षेत्रफल बढ़कर 1,32,000 वर्ग कि.मी. हो गया है तथा अब राष्ट्रीय उद्यानों की संख्या बढ़कर 60 तथा वन्य प्राणी अभ्यारणों की गिनती 421 हो गई है। कुछ वर्ष पूर्व से सरकार के पास यह प्रस्ताव विचाराधीन है कि वन्य जीवन के लिए इन संरक्षित वन क्षेत्रों को बढ़ाकर 1,83,000 वर्ग कि.मी. कर दिया जाये जो हमारे पास पूरे देश के भौगोलिक क्षेत्रफल का 6 प्रतिशत होगा और इसमें सामाहित होंगे 147 राष्ट्रीय उद्यान तथा 633 वन्य प्राणी अभ्यारण। वर्ष 1972 से लागू किया गया "वन्यप्राणी संरक्षण अधिनियम" ऐसे वन्य क्षेत्रों को व्यावसायीकरण और औद्योगीकरण से दूर रखता है तथा ऐसे समस्त स्रोतों, जिनसे इन क्षेत्रों की कोमल, नैसर्गिक क्रियाओं को नुकसान पहुँचे, से सुरक्षित रखता है।

यहाँ तक कि उन मानवों के लिए भी नहीं जो ऐसे नैसर्गिक, संरक्षित वन्य क्षेत्रों से दूर सघन शहरी क्षेत्रों में बसते हैं। इसलिये यह अत्यधिक आवश्यक है कि दूर–दूर शहरों में बसे मानवों को इस नैसर्गिक अभ्यारणों तक लाया जाये ताकि उनके अंतर्मन में प्रकृति के प्रति लगाव पनप सके।

प्रत्येक संरक्षित वन्य अभ्यारणों का अपना एक विशेष आकर्षण होता है और उस क्षेत्र की भौगोलिक स्थितियों की विशेषता ही उसे देखने का सर्वोत्तम तरीका निर्धारित करती है। प्रायः इन क्षेत्र विशेषों का वास्तविक आनंद तभी अनुभव किया जा सकता है जब पर्यटक कुछ दिन स्वयं उन स्थानों पर रहकर गुजारें और वे अपनी दिनचर्या से अपने शहरीकरण को अलग हो जाने दें, ताकि यह प्रफुल्लित आरण्यता धीरे–धीरे उनमें समाहित हो जाये। अधिकांश वन्यप्राणी अभ्यारणों तथा उद्यानों के लिए पर्याप्त उचित परिवहन व्यवस्था सबसे बड़ा अवरोधक है।

लेकिन अधिकांश वृहत्त संरक्षित उद्यानों तथा अभ्यारणों में उपलब्ध हाथियों की सवारी, निजी वाहन यहाँ तक साईकिल की सवारी तथा ट्रैकिंग की व्यवस्था है ताकि पर्यटक अपनी इच्छानुसार उद्यानों का आनंद उठा सकें।

कुछ पर्यटक जानबूझकर, या अनजाने में ही ऐसी गतिविधियों के सहभागी हो जाते हैं जिनका वन्य जीवन पर विपरीत ऋणात्मक प्रभाव पड़ता है। उदाहरण के लिए, उच्च आय वर्ग के पर्यटक रोमांच की तलाश में हम देखते हैं कि वे प्रायः प्रकृति के साथ तादम्य स्थापित करने के लिए दूरस्थ वन्य प्राणी अभ्यारणों को चुनते हैं, परंतु उन दूरवर्ती प्राकृतिक परिवेश में वे प्रायः शहरीय सुविधाओं तथा सम्पन्नताओं की माँग करते हैं। इससे परित्यक्त वस्तुओं से मुक्ति पाने, जलाऊ लकड़ी का ईंधन के रूप में प्रयोग तथा गाँववासियों के प्रति सामाजिक तनाव की अनेक समस्यायें पैदा करते हैं क्योंकि समीपस्थ गाँव में रहने वाले ग्रामीणों को इस वन्य सम्पदा का लाभ उठाने से वंचित रखा जाता है और इन पर्यटकों को उन्मुक्त रूप से पूर्ववर्ती राजा–महाराजाओं की तरह वनों में आने की पूर्ण स्वतंत्रता रहती है। आदिवासी क्षेत्रों में यह विरोध का एक महत्त्वपूर्ण कारण है।

कभी–कभी वन्य प्राणी अभ्यारण तथा उद्यानों के प्रबंधन अधिकारी जहाँ एक ओर स्थानीय व्यक्तियों से अपने व्यवहार में बड़े निर्दयी होते हैं वहीं अति सम्मानीय व्यक्तियों का दिल खोलकर स्वागत किया जाता है। गैर–कानूनी लेन–देन, अतिक्रमण तथा वन्य प्राणियों के अवैध शिकार के प्रकरण भी वहाँ होते रहते हैं।

उक्त अप्रतिबंधित नीतियाँ अन्ततः प्रकृति की इस अद्‌भुत देन का विनाश करती हैं जो दूर–दूर के स्थानों से इस स्थान के लिए पर्यटकों को आकर्षित करते हैं। चैतन्य पर्यटक निस्संदेह इन सुंदर, नष्ट प्रायः पर्यटन स्थानों पर आना बहुत पहले ही बंद कर देते हैं। इसका प्रत्यक्ष प्रमाण राजस्थान में स्थित रणथंभौर संरक्षित अभ्यारण से अधिक कहीं नहीं देखा जा सकता है जहाँ एक तरह से स्वर्ग का विनाश हो रहा है।

इन वन्य क्षेत्रों से अलग हो जाने पर उत्पन्न शून्य के कारण प्रवेश कर जाते हैं। कई बार ऐसे विशेष पर्यटन स्थलों पर जहाँ जाना अब तक सिर्फ धनाढ्य और प्रसिद्ध लोगों के ही बस की बात थी, उन पर अब धनी प्रतिस्पर्धा द्वारा, काफी कम दरों से मध्यम वर्गीय आय के पर्यटकों को ललचाकर कुछ व्यवसायी, कम समय में अधिकतम लाभ उठाने के उद्देश्य से वनों की शाश्वता अथवा स्थानीय संवेदनशीलता को परे रख, भारी संख्या में ले आते हैं और वनों को घोर क्षति पहुँचाते हैं।

प्रश्न 9. कोवालम समुद्रतटीय आरामगाह का विवरण दीजिए।

उत्तर– केरल के तिरुवनंतपुरम जिले में स्थित कोवालम अपने खूबसूरत बीच और ताड़ के पेड़ों के लिए प्रसिद्ध है। कोवालम के बीच विश्व के सबसे दर्शनीय बीचों में गिना जाता है। सुनहरी रेत को चूमती नीली सागर की लहरें देखने के लिए दूर–दूर से पर्यटक खिंचे चले आते

हैं। यहाँ की खूबसूरत प्राकृतिक दृश्यावली और वाटर स्पोर्टस की गतिविधियाँ भी बड़ी संख्या में सैलानियों को लुभाती हैं।

ब्रिटिश मिशनरी जार्ज अल्फ्रेड बेकर ने कोवालम के विकास में अहम् भूमिका निभाई। वह कोवालम की सुंदरता से इतना प्रभावित थे कि यहीं के होकर रह गए। उनके पिता हेनरी बेकर और माँ ऐमीलिया ने ही सर्वप्रथम केरल में शिक्षा की ज्योति को जलाया था और आज केरल शिक्षा के मामले में सबसे अग्रणी राज्य है।

कोवालम में स्थित कुछ दर्शनीय स्थल इस प्रकार हैं–

(1) पद्मनाभस्वामी महल–कोवालम का यह महल वेली पहाड़ियों के समीप स्थित हैं। वेली पहाड़ियों के तल पर बना यह महल कलाकारी का अद्‌भुत नमूना है। त्रावनकोर के शासकों का यह निवास स्थल लकड़ी की कारीगरी का उत्तम नमूना है। इस महल की दीवार पर 17वीं और 18वीं शताब्दी के चित्रकारी का सुंदर चित्रण किया गया है।

(2) शंकुमुघम बीच–इस बीच पर पर्यटक साँझ की सुंदरता देखने आते हैं। यहाँ का मनमोहक सूर्यास्त और सूर्योदय दिल को छू लेने वाला होता है। इस स्थान की सुनहरी रेत और किरणों की लालिमा की सुंदरता का वर्णन नहीं किया जा सकता है।

(3) विहिन्जम लाइटहाउस–कोवालम में अरब सागर के तट पर यह लाइटहाउस है। जिस बीच पर यह लाइटहाउस बना है उसे लाइटहाउस बीच कहा जाता है। लाइटहाउस पर चढ़कर कोवालम के खूबसूरत गाँव को देखा जा सकता है।

(4) वरकल बीच–त्रिवेन्द्रम से 55 किमी. दूर यह स्थान केरल का महत्त्वपूर्ण बीच है। बीच के किनारे पंक्तिबद्ध दुकानों पर हैंडीक्राफ्ट शंख व अन्य सामान आपको मिल जाएगा। वरकल की पहाड़ी चट्टानों से अरब सागर के लहरों का दृश्य बड़ा खूबसूरत लगता है।

(5) पद्मनाभस्वामी मंदिर–यह मंदिर भगवान विष्णु के 108 दिव्य स्थानों में एक है। भगवान विष्णु की मूर्ति यहाँ लेटी हुई मुद्रा में हैं। मंदिर की देखरेख शहर के राजघराने द्वारा की जाती है। कोवालम से 14 किमी. दूर त्रिवेन्द्रम में स्थित यह सात मंजिला मंदिर शहर की ऐतिहासिक निशानी है। द्रविड भवन निर्माण कला का यह मंदिर उत्कृष्ट उदाहरण है।

(6) वेली लगून–यह वाटर पार्क पिकनिक मनाने के लिए लोकप्रिय है। यहाँ के बगीचे, उत्कृष्ट मूर्तिकला, पानी पर झूलते ब्रिज के अलावा एक्वा वाटर स्पोट्रस पर्यटकों को यहाँ आने पर मजबूर कर देती है।

(7) श्री चित्र आर्ट गैलरी–यहाँ राजा रवि वर्मा और रोरिच की पेंटिंग्स का विशाल संग्रह है। इसके अतिरिक्त अंजता मुगल पेंटिंग के साथ–साथ जापान, तिब्बत, बाली और चीन की चित्रकारी कला से भी आप यहाँ रुबरु हो सकते है।

(8) सरकारी कला संग्रहालय–इस संग्रहालय को नैपियर म्युजियम के नाम से भी जाना जाता है। मद्रास के भूतपूर्व गवर्नर जलरन जॉन नैपियर के नाम पर इसका नाम नैपियर म्युजियम पड़ा। वास्तुकला की दुष्टि से इस संग्रहालय के बहुमूल्य रत्न कहा जाता है। इस

संग्रहालय के केरल की परंपरागत शैली, चाइनीज और मुगलों की कला का स्पष्ट प्रभाव देखा जा सकता है।

(9) पेपारा वन्य जीवन अभ्यारण्य–पश्चिमी घाट पर स्थित यह अभ्यारण्य 53 वर्ग किमी. के क्षेत्र में फैला हुआ है। विशाल पहाड़ियों और युकेलिप्टस के पेड़ों से घिरे इस अभ्यारण्य में हाथी, सांभर, तेंदुआ, मकाक आदि जानवर पाए जाते है। तिरुवंतपुरम से 50 किमी. दूर तिरुवंतपरुम–पोन्मुडी रोड़ पर यह अभ्यारण्य है।

(10) कुथिरा मलिका (महल संग्रहालय)–इस महल को पूथेन मलिका नाम से भी जाना जाता है। यह महल त्रावनकोर के राजा स्वाथि थिरूनल के शासन काल में बना था। वह एक महान कवि और संगीतकार थे। महल में परंपरागत त्रावनकोर शैली में लकड़ी पर नक्काशी की गई है। इस महल में शाही परिवारों की चित्रकारी भी आपको दिखने को मिल जाएगी।

(11) आवागमन वायुमार्ग–कोवालम से 14 किमी. की दूरी पर त्रिवेन्द्रम एयरपोर्ट है जो भारत के प्रमुख शहरों से जुड़ा हुआ है। यहाँ से बस या टैक्सी द्वारा कोवालम पहुँचा जा सकता है।

(12) रेलमार्ग–त्रिवेन्द्रम नजदीकी रेलवे स्टेशन है। देश के लगभग प्रत्येक राज्य से यह रेलमार्ग द्वारा जुड़ा हुआ है।

(13) सड़क मार्ग–कोवालम के लिए केरल के विभिन्न जिलों से राज्य परिवहन की बसें नियमित रूप से चलती हैं।

प्रश्न 10. नयी हिल आरामगाहों के विकसित करने के पक्ष में तर्क दीजिए।

उत्तर– भारत में कई हिल स्टेशन है किंतु पर्यावरण की रक्षा की दृष्टि से नई हिल आरामगाहों के विकास की आवश्यकता महसूस की जाने लगी है। भारत की अधिकांश वर्तमान हिल आरामगाहें पूर्व में बड़े अंग्रेज सरकारी अफसरों तथा सैनिकों के ग्रीष्मावकाश के रूप में अथवा स्वास्थ्यवर्द्धक केन्द्र के रूप में विकसित किये गये थे। यह पुराने स्थापित हिल स्टेशन पर्यटक सीजन में भारी संख्या में आने वाले पर्यटकों को समायोजित करने की दृष्टि से नहीं बनाये गये थे। यातायात के कारण पर्यावरणीय प्रदूषण बढ़ा है। उसी प्रकार इन हिल स्टेशनों पर आकर्षक सर्वसुविधायुक्त भव्य होटलों में निर्माण के लिये वृक्षों की अंधाधुंध कटाई के कारण वनों का बहुत विनाश हुआ है। वनों की अवैध कटाई के कारण इन हिल स्टेशनों का नाजुक पर्यावरणीय संतुलन बिगड़ता है। कई स्थानों पर, विशेषकर मसूरी तथा देहरादून की घाटियों में, भवन निर्माण संबंधी सामग्री की बढ़ती हुई माँग के परिणामस्वरूप पहाड़ों का अवैध उत्खनन, वनों की अवैध कटाई के कारण जमीन धंसने या पहाड़ों के टूटने की प्रक्रिया बढ़ रही है। नदियों तथा जलाशयों के पास स्थित इन हिल आरामगाहों पर स्थित नगरपालिकाओं के कार्यकलापों व कार्यक्षेत्रों में असंयोजित रूप से बढ़ोत्तरी के कारण संबंधित हिल स्टेशनों में पानी के प्राकृतिक स्रोतों में प्रदूषण बढ़ा है। इसका ज्वलंत उदाहरण श्रीनगर की डल झील है। ऐसी तमाम हिल आरामगाहें जहाँ पर्यावरणीय संतुलन लगभग विनाश के कगार पर है, वहाँ

आने वाले पर्यटकों की संख्या पर अंकुश लगाना हो सकता है प्रशासनिक दृष्टिकोण से पसंद न किया जाए परंतु यह अधिक उपर्युक्त विचार होगा कि इन हिल आरामगाहों के अतिरिक्त अन्य स्थलों पर नई आरामगाहें विकसित की जाए। ऐसे में पर्यटकों को शहरों की भीड़भाड़ और कोलाहलपूर्ण वातावरण से दूर शान्तमय, प्राकृतिक वातावरण प्राप्त होगा, जिसकी तलाश पर्यटकों को रहती है जो कि निःसंदेह एक सुखद परिवर्तन होगा। ये पर्यटकों को प्रकृति और पहाड़ों से समीपता का अनुभव करा सकेंगे तथा वर्तमान में उपलब्ध अधिक लोकप्रिय हिल स्टेशनों पर पर्यटकों की भारी भीड़ का दवाब कम होगा।

चकाचौंध कर देने वाला पर्यटन उद्योग आज अधिक पूँजी लगाने वाला उद्योग हो गया है। इस पर अधिक ध्यान दिया जा रहा है कि स्थापित, अधिक लोकप्रिय स्टेशनों पर अधिक से अधिक उच्च वर्गीय आय वाले पर्यटक आयें और उन्हें अधिक से अधिक आधुनिक तथा विलासितापूर्ण मंहगी सुविधाएँ उपलब्ध कराई जायें। इसका अर्थ है कि पर्यटन का सत्कार–उद्योग (hospitality industry) अधिकाधिक खर्चीला हो गया है। इस प्रकार किसी भी हिल स्टेशन पर बड़े पूँजी निवेशकों द्वारा अधिक राशि खर्च करने और छोटी–छोटी व्यावसायिक इकाइयों के उस क्षेत्र में प्रवेश पाने की संभावना और कम हो जाती है। एक संतुलित सीमित भौगोलिक क्षेत्र में पर्यटकों की बहुतायत का एक प्रभाव यह भी होता है कि आने वाले पर्यटकों तथा उस क्षेत्र में रहने वाले स्थानीय लोगों के आर्थिक स्तर में बड़ी असमानता हो जाती है। पर्यटकों को यह बताना चाहिए कि वे किसी क्षेत्र विशेष में प्रचलित रीति–रिवाजों तथा परंपराओं का असम्मान न करें। यह भी आवश्यक है कि मेजबान आने वाले अतिथि पर्यटकों को उनका तथा उस क्षेत्र का भला करने वाला ही समझें। इसी प्रकार स्थानीय लोग पर्यटन उद्योग को अपने दैनिक कार्यक्रमों की भलाई तथा उनकी रुचियों में सहायक समझें। स्थानीय लोगों में यह भावना विकसित करने के लिये यह आवश्यक है कि भविष्य में स्थानीय लोगों को दूरगामी परिणाम वाली नीतियों में निर्णय लेने तथा भाग लेने का अधिकार मिलना चाहिए।

पर्यटन स्थल : उत्पाद और संचालन–3

प्रश्न 1. भारत में तीर्थस्थलों की परंपरा पर टिप्पणी कीजिए।

उत्तर– भारत में पर्यटन की एक बहुत प्राचीन परंपरा है। प्राचीन काल से ही भारतीय शान्ति की खोज में तीर्थयात्रा करते आये हैं। इसके अतिरिक्त इतिहास इस तरह के प्रसंगों से भरा पड़ा है कि व्यापारी व सौदागर व्यापारिक गतिविधियों के लिए एक स्थान से दूसरे स्थान पर घूमते रहते हैं। परंपरानुसार हिन्दू चारों धाम की यात्रा पर जाते थे जोकि भारत के चारों कोनों में स्थापित हैं – उत्तर में बद्रीनाथ (पहाड़ों पर), पूर्व में पुरी (समुद्र के किनारे), पश्चिम में द्वारिका (समुद्री किनारा), एवं दक्षिण में रामेश्वरम् (समुद्र तट)। तीर्थयात्रा मुख्यत: नदियों के कगारों एवं संगम के साथ–साथ फैली हुई थी। पवित्र नदियाँ, गंगा एवं यमुना पूजी जाती रही हैं, एवं आर्यों द्वारा बहुत बड़ी संख्याओं में श्लोक गंगा की प्रशंसा में रचे गये है। पहले, तीर्थयात्रा मन व विचारों की पवित्रता से जुड़ी थी एवं पापों के प्रायश्चित एवं निर्माण के लिए की जाती थी। जितनी कठिन यात्रा उतना ही उत्तम फल इससे तीर्थयात्रा का विचार जुड़ा था। इस प्रकार, तीर्थयात्रा के लिये कम से कम सुविधाओं की आवश्यकता जुड़ी थी।

प्रश्न 2. भारत में तीर्थ पर्यटन के विकास की विभिन्न अवस्थाओं पर एक निबंध लिखिए।

अथवा

"तीर्थटन घरेलू पर्यटन में एक महत्त्वपूर्ण कारक है।" इस कथन पर टिप्पणी कीजिए।

उत्तर– तीर्थ एवं पर्यटन आपस में धनिष्ठ रूप से सम्बन्धित है। पर्यटन उद्योग विशेष रूप से तीर्थस्थलों के लिये बहुत बड़ी संख्या में "स्थानीय पर्यटकों" को आकर्षित करता है।

तीर्थ पर्यटन यात्रा के प्रोत्साहन में विशेष रूप से सहायक है। तीर्थस्थलों पर उचित मात्रा में सुविधा प्रदान करने की हमेशा से बढ़ती हुई आवश्यकता ने राज्य सरकारों एवं पर्यटन विभागों पर दबाव डाला है कि बड़ी संख्या में तीर्थ यात्रियों को आकर्षित करने के लिए ठोस योजनाएँ बनाये चूँकि इस तरह का पर्यटन लाभदायक है।

वार्षिक उर्स में लाखों लोग इसमें शामिल होते हैं। इस तरह की यात्रा का प्रोत्साहन विशेष स्थान में तीर्थ यात्रा को बढ़ाता हैं, साथ ही इसका आर्थिक सामाजिक प्रभाव भी है। बड़ी संख्या में तीर्थ यात्री व भक्त जो तीर्थस्थल की यात्रा करते हैं, आय का एक बड़ा स्रोत भी हैं एवं उन सैंकड़ों लोगों के जीवन–यापन का स्रोत हैं जो पर्यटकों के आगमन पर आश्रित है।

ऐसे बहुत से तीर्थ स्थान हैं जो पहले एक छोटे कस्बे हुआ करते थे, परंतु अपनी धार्मिक महत्ता के कारण एक बड़े शहर के रूप में उजागर हुए हैं। कटरा, जोकि जम्मू का एक छोटा कस्बा है, अब वहाँ छोटे होटलों की लम्बी कतारें हैं। इसी प्रकार, शिरड़ी, एक बहुत छोटा गाँव शिरड़ी के साईं बाबा की दरगाह होने की प्रसिद्धि के कारण अब तेजी से बड़े शहर के रूप में विकसित हो रहा है और वहाँ काफी संख्या में होटल बनते जा रहे हैं।

तीर्थस्थल एक बड़े क्रय केन्द्र के रूप में भी विकसित हो रहे हैं। द्वारिका कपड़े पर पेन्टिंग में विशिष्टता रखता है। इसी प्रकार लोग जम्मू से बड़ी मात्रा में अखरोट खरीदना पसंद करते हैं। इसके अतिरिक्त इन तीर्थस्थलों में उपभोक्ता वस्तुओं की बाढ़ सी आ गयी हैं – जैसे नकली गहने, चूडियाँ, स्थानीय हस्तकला (लकड़ी, जूट, केन, पत्थर पर नक्काशी, देवी देवताओं की मूर्तियाँ) एवं सजावट की वस्तुएँ इत्यादि।

तीर्थ पर्यटन एक विशेष क्षेत्र के विकास की ओर ले जाता है अर्थात् क्या इसके "विशेष" स्वरूप के कारण, पर्यटन के विकास में इसकी संभावना सीमित है। बहुत से ऐसे स्थल हैं जोकि एक तीर्थस्थल होने का विशेष उद्देश्य ही पूरा करते हैं, उदाहरणार्थ, प्रयाग, हरिद्वार, तिरूपति, नगरकोट, शिरडी, अजमेर शरीफ, अमृतसर, नानदेड़ एवं पुराना गोवा इत्यादि।

तीर्थ पर्यटन का कार्यक्षेत्र इस अर्थ में एक विशिष्ट क्षेत्र इस अर्थ में कहा जा सकता है कि यदि कोई व्यक्ति किसी एक विशेष सम्प्रदाय/धर्म/दरगाह, मन्दिर का अनुयायी या भक्त है तो वह बार–बार उन्हीं विशेष स्थलों की यात्रा करेगा जहाँ उसके आराध्य देव बसते हैं। तीर्थ पर्यटन के विकास का कार्यक्षेत्र सीमित है। इसके विपरीत साहसिक पर्यटन का क्षेत्र बहुत विस्तृत है जोकि हिमालय से लेकर कन्याकुमारी तक फैला हुआ है।

यदि कोई द्वारिका जाता है तो वह पोरबंदर तट देखने का आकर्षण नहीं रोक सकता, यदि आप पुरीधाम जाते हैं तो आप सुनहरा त्रिकोण (golden triangle) पुरी, भुवनेश्वर एवं कोणार्क को देखने से स्वयं को नहीं रोक सकते। यदि आप रामेश्वर जाते हैं तो क्या आप कन्याकुमारी के समुद्र की प्रशंसा नहीं करना चाहेंगे? वैष्णोदेवी के मन्दिर के दर्शन आपकी दूर तक पैदल चलने की इच्छा को उजागर जरूर करेगा। इसी प्रकार गौहाटी जाकर क्या आप केवल कामाख्या मन्दिर तक ही जायेंगे? क्या ब्रहमपुत्र की असीम शान्ति व काजीरंगा के जंगलों का आकर्षण आपकों आकर्षित नहीं करेगा। इस बात से स्पष्ट है कि तीर्थ पर्यटन की

किसी विशेष क्षेत्र की चारदीवारी में बाँधा नहीं जा सकता। इसमें स्वदेशी पर्यटन के विकास की बहुत अधिक संभावनाएँ है।

महत्त्वपूर्ण तीर्थस्थल—भारत में तीर्थस्थलों को दो भागों में बाँटा जा सकता है—प्रथम, कुछ ऐसे स्वस्थापित स्थल हैं जो प्राचीन समय से ही तीर्थ के मुख्य स्थान हैं। उदाहरणार्थ—बद्रीनाथ, केदारनाथ, तिरूपति, वैष्णोदेवी इत्यादि। द्वितीय प्रकार के तीर्थस्थल वे हैं जो अपनी भौगोलिक राजनीतिक (geo-political) स्थिति एवं स्थान की प्राप्ति एवं अन्य सुविधाओं के कारण पर्यटन स्थल के रूप में विकसित हो गए है।

प्रश्न 3. पर्यटक स्थल के रूप में वैष्णोदेवी तथा तिरूपति पर संक्षिप्त टिप्पणी करें।

अथवा

धार्मिक पर्यटन से आप क्या समझते हैं? भारत के दो प्रमुख तीर्थस्थलों का विवरण दीजिए।

उत्तर— वैष्णोदेवी—यह हिन्दुओं में प्रचलित मुख्य तीर्थस्थलों में से एक स्थान है (यहाँ अन्य धर्मों के लोग भी जाते हैं) जहाँ लाखों भक्त वैष्णोदेवी को अपनी श्रद्धा अर्पित करने के लिये जाते हैं। प्रचलित विश्वास यह है कि जो भी माता के दर्शन कर लेता है उसे निराश नहीं होना पड़ता। वैष्णोदेवी मन्दिर त्रिकुटा पहाड़ पर स्थित है, जो जम्मू से 61 कि.मी. उत्तर में है।

वैष्णोदेवी पहुँचने के लिये पहले जम्मू जाना पड़ता है। इस स्थल पर रेल, वायु व सड़क यातायात से आसानी से जाया जा सकता है। भारतीय वायुयान की प्रतिदिन उड़ाने यहाँ जाती है जो जम्मू एवं श्रीनगर तथा जम्मू–दिल्ली की हैं। इसके अतिरिक्त चंड़ीगढ़ एवं अमृतसर भी जम्मू से वायु उड़ानों से जुड़े हुये हैं। रेल यातायात से जम्मू अपने दूरस्थ स्थान कन्याकुमारी तक जुड़ा हुआ है। इसके साथ ही बहुत सी ट्रेवल एजेंसियों (travel agencies) द्वारा भी संचालित भ्रमण (conducted tour) मध्य व उत्तर भारत में दिल्ली तथा अन्य नगरों में चलाये जाते हैं। प्रतिदिन बस सेवाएँ तरनतारन, अमृतसर, जालंधर, लुधियाना, पटियाला, चंड़ीगढ़, ज्वालाजी (वाया धर्मशाला) एवं श्रीनगर से उपलब्ध हैं।

जम्मू से कटरा के लिए रवाना होना पड़ता है जोकि 48 कि.मी. की दूरी पर है। कटरा के लिये पर्याप्त बस सेवा है। जम्मू के मुख्य अड्डे से सायं लगभग 8.30 बजे तक हर 10 मिनट पर बस मिलती है। टैक्सी सेवाएँ भी जम्मू से कटरा तक के लिये उपलब्ध हैं जो जम्मू हवाई अड्डे, रेलवे स्टेशन एवं पर्यटक स्वागत समिति से मिलती है।

कटरा से वैष्णोदेवी मंदिर तक की दूरी 13 कि.मी. है जोकि पैदल या टट्टू पर तय की जाती है। पिट्ठू बच्चों और सामान लादने के लिए उपलब्ध हैं। यह रास्ता पूरा पक्का है एवं इस पर सोडियम बल्ब रोशनी देते हैं। यात्री निवास एवं विश्रामगृह (मन्दिर के बोर्ड द्वारा संचालित), पर्यटक डाक बंगले, एवं विश्रामकक्ष (जम्मू–कश्मीर पर्यटन विकास संघ द्वारा

संचालित) बहुत ही उचित मूल्यों पर कटरा में उपलब्ध हैं। यहाँ विभिन्न संगठनों द्वारा संचालित धर्मशालाएँ उचित मूल्यों पर उपलब्ध हैं। इसके अलावा बहुत से छोटे–छोटे होटल भी ठहरने के लिये उपलब्ध हैं। मन्दिर बोर्ड की ओर से भी अधक्वारी, साँझीछत एवं दरबार (जहाँ कि मन्दिर है) में ठहरने की मुफ्त व्यवस्था है।

मौसम—सर्दियों में यहाँ बहुत ठंड होती है। बर्फ भी गिरती है। जाड़ों में मोटे ऊनी कपड़ों की आवश्यकता होती है। गर्मियों में हल्के ऊनी कपड़े ही काफी हैं।

कटरा से किराए पर क्या वस्तुएँ ली जाएँ—कैनवस जूते, एक छड़ी, कपड़े के थैले, टोपियाँ एवं टॉर्च पैदल चढ़ाई के लिये वाटरप्रूफ होने चाहिए, व ये सभी वस्तुएँ कटरा में किराये पर उपलब्ध हैं। इसके अलावा वे लोग जो पैदल यात्रा नहीं कर सकते उनके लिए पिट्ठू, टट्टू एवं (पालकी) डांडिया कटरा से किराये पर उपलब्ध हैं।

याद रखने योग्य बातें—वैष्णोदेवी के लिये रवाना होने से पहले कटरा से एक यात्री पर्ची लेनी पड़ती है। यात्रा पंजीकरण केन्द्र कटरा बस स्टैण्ड से इस पर्ची के बगैर बाणगंगा निरीक्षण चौकी से आगे नहीं जा सकते।

देखने योग्य वस्तुएँ—वैष्णोदेवी मन्दिर के रास्ते में निम्नलिखित वस्तुएँ देखने योग्य हैं—

(1) बाणगंगा—विश्वास किया जाता है कि यहाँ देवी ने अपनी प्यास बुझाई थी।

(2) अधक्वारी—वह स्थान जहाँ गुफा में देवी ध्यानस्थ हुई थी। यहाँ पर एक स्थान है "गर्भ जून" जिसके बारे में प्रचलित विश्वास है कि यहाँ देवी ने अपने त्रिशूल से गुफा के दूसरे सिरे को तोड़ कर द्वार बनाया था।

(3) दरबार—यहाँ पर मन्दिर स्थित है। यह कहा जाता है कि यहाँ देवी ने महाकाली का रूप धारण कर भैरोंनाथ (एक तान्त्रिक दानव जो देवी को पाना चाहता था) का मर्दन किया था।

(4) भैरोंघाटी—यहाँ पर भैरोंनाथ का सिर गिरा था।

पूजा के लिये कैसे, कहाँ और क्या खरीदें—नारियल, भेंट (चढ़ावा) एवं पूजा की अन्य सामग्री कटरा एवं दरबार की दुकानों पर उपलब्ध है। मन्दिर बोर्ड की स्वयं की दुकानें हैं। दरबार में नारियल एवं भेंट सस्ते दामों में उपलब्ध हैं।

भोजन सुविधाएँ—बड़ी संख्या में अल्पाहार–गृह मंदिर बोर्ड की ओर से कटरा व दरबार में चलाए जाते हैं जहाँ भोजन उचित दामों में उपलब्ध है। मन्दिर बोर्ड द्वारा संचालित भोजनालय जहाँ सफाई से भोजन बनाया जाता है। कटरा, अधक्वारी, साँझीछत, एवं दरबार में उपलब्ध है।

अन्य सुविधाएँ—चिकित्सा सुविधाएँ कटरा, बाणगंगा, एवं साँझीछत में उपलब्ध है।

धर्मशाला कैसे उपलब्ध हो—सबसे पहले पर्ची केन्द्र से पर्ची लेनी पड़ती है जिसमें समूह संख्या निर्धारित की जाती है। समूह संख्या के निर्धारण के पश्चात् गेट न. 2 पर लाइन में खड़ा होना पड़ता है। गुफा के अन्दर माँ काली के दर्शन उनके पिंडी रूप में कर सकते

हैं—महाकाली, महालक्ष्मी (महावैष्णवी) एवं महासरस्वती। निकास द्वार पर माता के चरणों से निकल रहा पवित्र जल एकत्र कर सकते हैं।

मुख्य बातें—

(1) मन्दिर के सभी भुगतानों की सरकारी रसीद ली जाए।

(2) सभी सेवाओं की सरकारी मूल्य सूची उपलब्ध है। भुगतान के पहले उनका निरीक्षण कर लेना चाहिए।

(3) पंजीकृत पिट्ठू, पोनी एवं डाँडीवालें की सेवाएँ ही प्राप्त करें। भुगतान से पहले इसका निरीक्षण कर लें।

(4) मन्दिर बोर्ड के प्रसारण केन्द्रों पर खोये हुये लोगों के लिए संबंध स्थापित करें।

कामाख्या—असम (प्राचीन प्रागज्योतिषपुर एवं कामरूप) : दिलचस्प बात हैं कि यह जादू एवं तान्त्रिक विद्या से जुड़ा रहा है, कदाचित् भारत में तंत्र के समस्त पीठों में सबसे प्रसिद्ध स्थान है कामाख्या का मन्दिर। कामरूप/कामाख्या शब्द एक नये सम्प्रदाय का प्रतीक है, जोकि जादू–टोने से संबंधित है। इसके पहले शैव धर्म मुख्य धर्म था। नरक, जो आरंभिक राज्य की नींव डालने वाला था, ने कामाख्या (योनि/देवी) के अभिभावक का भार सँभाला एवं इसको प्रमाणित करने के लिये उसने इसका नाम प्रागज्योतिषपुर में बदल कर कामाख्या रखा। कामाख्या मन्दिर नीलकल (नील पहाड़) पर स्थापित है। गोहाटी से तीन मील की दूरी पर देवी कामाख्या तीन रूपों में पूजी जाती हैं—

(1) आदिकाली, देवी विष्णु से संबंधित एवं सरंक्षित

(2) अक्षतयोनि एवं

(3) शिव की अर्धागनी।

मन्दिर की विशेषता यह है कि इसमें कोई प्रतिमा नहीं है। मन्दिर के अन्दर एक गुफा है, जिसके कोने में एक पत्थर का टुकड़ा है जिसके ऊपर योनि का प्रतीक उत्कीर्ण है, प्राकृतिक झरना उस पत्थर को सारे वर्ष भिगोये रखता है।

इस मन्दिर का अनूठापन यह है कि इसमें तपस्या, ब्रह्मचर्य, दीर्घकालिक प्रतिज्ञाओं की अनुपस्थिति है और लोग मछली गोश्त भोजन में शामिल होते हैं एवं महिलाओं का आना जाना खुले रूप में है। योनि पर फूल एवं पत्तियाँ मछली, शहद, मदिरा इत्यादि अर्पित किए जाते हैं।

इसके अतिरिक्त जानवरों की बलि भी (केवल नर) दी जाती है। सूअरों की भी बलि दी जाती है। असम के गैरोस मुख्य पुजारी होते हैं।

मूल कामाख्या मन्दिर 16 वीं शताब्दी में मुगल आक्रमण में नष्ट हो गया था। वर्तमान मन्दिर 1665 ई. में राजा नरनारायण कूच बिहार के राजा द्वारा फिर से बनवाया गया था।

आवास—कामाख्या मन्दिर के लिये पहले गोहाटी पहुँचना होता है जहाँ से मन्दिर 3 कि. मी. दूर है। पर्यटन विभाग की एक पर्यटक लॉज गोहाटी (स्टेशन रोड़) में है। इसके अतिरिक्त विलासमय एवं साधारण होटल भी उपलब्ध हैं। ये होटल हैं—होटल ब्रह्मपुत्र अशोक, होटल नन्दन, होटल बेलेव्यू, होटल डाइनेस्टी इत्यादि।

यातायात—गोहाटी भारत के समस्त भागों से रेल एवं वायु मार्ग से जुड़ा हुआ है। कलकत्ता, दिल्ली एवं बंबई से रोजाना रेल सेवाएँ उपलब्ध हैं, जबकि मद्रास, कोचीन, त्रिवेन्द्रम, बंगलौर से सप्ताह में दो दिन रेल सेवा है। सड़क यातायात द्वारा भी असम अच्छी तरह से जुड़ा हुआ है। असम राज्य परिवहन निगम की बसें भी सारे असम में चलती हैं। साथ ही आरामदायक पर्यटक बसें भी उपलब्ध हैं। किराये पर कार उपलब्ध है। पर्यटन निदेशालय द्वारा भी संचालित भ्रमण का संचालन गोहाटी के अंदर–बाहर किया जाता है। कामाख्या मन्दिर भी इसी संचालित भ्रमण द्वारा जाया जा सकता है। संचालित भ्रमण की सुविधा उपलब्ध करने के लिये पर्यटन सूचना अधिकारी, गोहाटी से मिलना होता है। इसके अतिरिक्त असम सरकार के पर्यटन विभाग ने समस्त भारत में पर्यटक सूचना केन्द्र खोले हैं। पर्यटन निदेशालय गोहाटी (स्टेशन रोड़) में है। दिल्ली में इनका दफ्तर बी–1 , बाबा खड़गसिंह मार्ग पर है। स्वतंत्र यात्रा विवरण व्यक्तियों या समूहों द्वारा स्वयं तैयार किया जा सकता है।

खरीददारी—खरीददारी के लिये असम स्वर्ग है। सिल्क के लिए प्रसिद्ध है—ऐरी, मूंगा, पाट। इसके अतिरिक्त बाँस व केन के सामानों से बाजार भरा पड़ा है। इसके अतिरिक्त बेल – मेटल की कृतियाँ, ताँबे, लकड़ी, हाथी दाँत एवं चाँदी की वस्तुएँ इत्यादि भी उपलब्ध हैं। असमी गमछा (तौलिया जिसमें जटिल फूलों वाले नमूने बने हैं) एवं जापी (सजावट वाला मुकुट) भी कुछ अन्य प्रसिद्ध हस्तकला की वस्तुएँ है। यह सभी वस्तुएँ सरकारी वाणिज्य केन्द्रों (Emporium) में जैसे कि—पूर्वाश्री, जागरण प्रागज्योतिका में उपलब्ध हैं। सुवालकूची (Sualkuchi) गाँव जो गोहाटी के पास है – सिल्क का सबसे बड़ा उत्पादक गाँव है। इसके अतिरिक्त आसाम चाय के लिए भी काफी प्रसिद्ध है। फुटकर दुकानों से जिनकी संख्या काफी अधिक है, यह चाय खरीदी जा सकती है। मुख्य खरीददारी के सामान गोहाटी में फैन्सी बाजार, पलटन बाजार, उलूबारी, गणेश्वरी, एवं जी.एन. बी. रोड़ है।

जलवायु—अक्तूबर से अप्रैल तक शीत एवं बसंत ऋतु, असम जाने का सबसे अच्छा समय है। ग्रीष्म काल में सूती एवं शीतकाल में ऊनी वस्त्रों की आवश्यकता होती है। सामान्य, तापमान ग्रीष्म ऋतु में लगभग 32.2º से. एवं सर्दियों में पारा नीचे गिर कर 10º से. हो जाता है।

तिरूपति—तिरूपति मन्दिर भगवान वेंकटेश्वर का मन्दिर है। तीर्थस्थल तिरूपति के लिए परिचय की कोई आवश्यकता नहीं है। वास्तव में यह मन्दिरों एवं तीर्थों की लड़ी का एक तंतु जाल है जोकि पहाड़ी के उच्च एवं निम्न स्थान पर है। दक्षिण में देवता को श्रीनिवास पेरूमल एवं उत्तर में बालाजी के नाम से जाना जाता है। मुख्य देवता (वेंकटश्वर) का स्थान तिरूपति पहाड़ियों के उच्च शिखर पर है जबकि उनके संघ की तिरूपति पहाड़ी के निम्न स्थान—ऐलमेलू मंगापुरम् में पूजा होती है।

तिरूपति का एक लंबा इतिहास है। 966 ई. में राजाओं एवं स्थानीय व्यापारियों द्वारा तिरूपति मन्दिर की देखभाल के लिये बहुत सी जमीन एवं गाँव दे दिये जाते हैं। मन्दिर को पल्लवों के पाण्डया, विजय नगर के राजाओं, एवं बाद में मैसूर के राजाओं द्वारा संरक्षण प्रदान किया गया।

तिरूमला मन्दिर द्रविड़ कला की एक श्रेष्ठ कृति है जिसमें गोपुरम् (बृहद द्वार) बहुत अधिक नक्काशी वाले है, और पूर्व दिशा की ओर हैं। कुल मिला कर तीन गोपुरम है। प्रवेश द्वार (महाद्वार) काँसे का है जबकि दूसरा चाँदी एवं तीसरा सोने का है और मुख मन्दिर के गर्भ की ओर है। मन्दिर के गर्भ में वेंकटेश्वर की काले पत्थर की एक बहुत बड़ी प्रतिमा रखी है। प्रतिमा विष्णु एवं शिव दोनों का ही प्रतीक लिये हुए है और वैष्णवपंथियों व शैवपंथियों दोनों को सहज आकर्षण प्रदान करती है।

क्या देखें—वेंकटेश्वर मन्दिर के अतिरिक्त तिरूमला में पर्यटकों की रुचि के अनेक स्थल हैं। कुल मिला कर वहाँ 108 तीर्थ पहाड़ी की चोटियाँ हैं। इन सबकों देखने के लिये कम से कम तीन महीने का समय चाहिए।

पापनाशनम्, आकाशगंगा, जोबली, गोगर्भम्, कपिला, रामकृष्ण तीर्थ इत्यादि इनमें काफी प्रसिद्ध हैं। इस पहाड़ी पर मन्दिर के पीछे 10,000 साल पुराना एक प्राकृतिक तोरणम् (शिला तोरण) है। इस मुख्य देवता के अतिरिक्त मन्दिर के अंदर एवं चारों ओर मन्दिरों की शृंखला है – श्री गोविन्दराज स्वामी मन्दिर, राम मन्दिर, श्री कालाहस्ती मन्दिर, (वायु मन्दिर तिरूपति से 36 कि.मी.) प्रसिद्ध चन्द्रगिरि की पहाड़ियाँ तिरूपति शहर से केवल 11 कि.मी. दूर हैं।

मन्दिर का संचालन एक ट्रस्ट द्वारा होता है। यह एक स्वायत्त संस्था है। परंतु इसके कुछ सदस्य राज्य सरकार द्वारा नियुक्त होते हैं। यह एक बड़ा संगठन है एवं इसका प्रशासन बड़े स्तर पर होता है। इसके कार्यकर्त्ताओं की संख्या ही 15,000 है। यह ट्रस्ट प्रत्येक कार्य के लिए जिम्मेदार है एवं किसी भी तरह की जानकारी या सहायता के लिए इस ट्रस्ट से संबंध स्थापित किया जा सकता है।

पूजा विधि—धार्मिक अनुष्ठान सुबह 3.30 बजे से ही आरंभ हो जाते हैं। उस समय की पूजा सुप्रभातम् कहलाती है। इसके बाद तोमाला सेवा एवं सहस्त्राण वाच सम्पन्न होता है। ये अनुष्ठान 6 बजे तक सम्पन्न हो जाते हैं। इस समय देवता को ताजे फूलों से सजाया जाता है। 6 से 7 बजे के बीच प्रसाद चढ़ाने का कार्यक्रम होता है। इस समय लोगों को मन्दिर गर्भ में आने की अनुमति दे दी जाती है एवं यह प्रवेश भुगतान के अनुसार (जो कि 1 रुपये से लेकर 200 रुपये तक का होता है) दिया जाता है। इसके पश्चात् प्रवेश सबके लिए खोल दिया जाता है। मन्दिर के द्वारा दर्शनार्थ रात के 10.30 बजे तक खुले रहते हैं। रात के 10.30 बजे दूसरी सेवा सम्पन्न होती है जो एकान्त सेवा कहलाती है – अर्थात् यह धार्मिक अनुष्ठान ईश्वर के विश्राम के काल का प्रतीक हैं।

तिरूपोणकम् (पके खाने का चढ़ावा, प्रसाद) : यह मन्दिर में सम्पन्न धार्मिक अनुष्ठानों में एक महत्त्वपूर्ण स्थान रखता है। 966 ई. में यह प्रसाद केवल चार नली (चावल) पका खाना होता था। इसकी मात्रा कुछ ही लोगों के लिये काफी होती थी जो वहाँ कार्य करते थे। तीर्थयात्रियों को मन्दिर के नौकरों से यह प्रसाद खरीदना पड़ता था। तीर्थयात्री भगवान को रेशमी कपड़े चढ़ाते हैं। बहुमूल्य आभूषण एवं वस्तुएँ भी भेंट स्वरूप चढ़ाई जाती हैं।

उत्सव—मन्दिर में आदि ब्रहमोत्सव बड़े स्तर पर मनाया जाता है। इसकी ऐतिहासिकता 966 ई. में ढूँढी जा सकती है। चूँकि यह तीर्थयात्रियों को बड़ी संख्या में आकर्षित करने का महत्त्वपूर्ण केन्द्र है, इसलिये यहाँ ब्रहमोत्सवम् की संख्या भी बढ़ गई है। समय के साथ अब हम लगभग 11 ब्रह्मोत्सवम् होने के बारे में सुनते हैं। ब्रह्मोत्सवम् के दिन भी दो से बढ़कर 13 हो गये हैं। प्राचीन मूल ग्रन्थों में (1464 ई. तक) वाहनम् (रथ जिसमें भगवान की शोभा यात्रा निकलती है) का कोई भी प्रसंग नहीं मिलता। 1476 ई. में वाहनम् का उत्सवों में सबसे पहला प्रसंग मिलता है। इसके अतिरिक्त तमिल माह में मरगाली अध्ययनोत्सवम्, जोकि 21 दिन तक चलता है, मनाया जाता है। भक्तगण तमिल प्रबंधम् के श्लोकों को उच्चारित करते है। इसका पहला विवरण 1253 ई. में मिलता है। चित्तीराई माह में श्री गोविन्दराज मन्दिर में जो तिरूपति में है – तीन दिन बसन्तोत्सव मनाया जाता है। इसका सबसे पहला प्रसंग 1494 ई. में हमें मिलता है। 1522 ई. में हमें तिरूपति में तिरूपति ओदाई तिरूनल उत्सव का प्रसंग मिलता है, जो एक तैरने वाला उत्सव है जिसमें देवता को यात्रा के पश्चात् एक तालाब में ले जाते है। संगीत और पटाखों के साथ वास्तव में यह उत्सव कोई तिरूनल उत्सव का ही निर्वाहक है। रथ सप्तमी उत्सव भी यहाँ मनाया जाता है। परंतु यह तिरूमला पहाड़ियों पर अधिक भव्य रूप में मनाया जाता है जहाँ मुख्य देवता वास करते हैं। तिरूमला पहाड़ियों पर टी.वी. पर सुबह से लेकर शाम तक विभिन्न धार्मिक मनोरंजक कार्यक्रम दिखाये जाते हैं।

यातायात—तिरूपति वायु, रेल, एवं सड़क यातायात से अच्छी तरह जुड़ा हुआ है। वायु मार्ग से यह हैदराबाद, मद्रास, विजयवाड़ा एवं बंगलौर से जुड़ा हुआ है, जबकि रेल द्वारा यह सभी मुख्य राज्यों की राजधानियों से जुड़ा हुआ है। सड़क यातायात भी काफी विकसित अवस्था में है। आंध्र प्रदेश राज्य परिवहन निगम की बसों द्वारा यह सभी आसपास के जिलों से जुड़ा है। तिरूपति में ऑटो, टैक्सी, एवं बसे सभी उचित दामों/किरायों पर उपलब्ध हैं। बस सेवा काफी अच्छी है। तिरूमला के लिये हर मिनट पर बसें उपलब्ध हैं।

आवास—तिरूमला पहाड़ी पर रहने के लिये तीन धर्मशालाएँ ट्रस्ट द्वारा उपलब्ध कराई गई हैं। ट्रस्ट द्वारा धर्मशाला परिधि में मुफ्त भोजन बाँटने की व्यवस्था भी है। इसके अतिरिक्त वहाँ कॉटेज, अतिथिगृह, होटल, एवं पर्यटक विश्रामगृह, आरामदायक ठहरने की जगहें हैं। आंध्र प्रदेश सरकार के पर्यटक सूचना अधिकारी III चौलसी तिरूपति में बैठते हैं। इसके अलावा, आंध्र प्रदेश सरकार के सूचना केन्द्र हैदराबाद, गोवा, नई दिल्ली, विजयवाड़ा, वारंगल, विशाखापटनम् एवं नागार्जुन सागर में है जहाँ से सूचना एकत्रित की जा सकती है।

खरीददारी—तिरूमला हिन्स एवं तिरूपति दोनों ही स्थानों में कई दुकाने हैं जहाँ से आंध्र प्रदेश की विभिन्न हस्तकलाएँ खरीदी जा सकती है। आंध्र प्रदेश सिल्क एवं सूती साड़ियों दोनों के लिए प्रसिद्ध है। ये आंध्र प्रदेश सरकार द्वारा प्राधिकृत शोरूमों (लिपाक्षी आदि) में भी उपलब्ध हैं।

प्रश्न 4. भारत में ऋतु उत्सव एवं मेलों के स्वरूप के महत्त्व का वर्णन कीजिए।

उत्तर— भारत में अधिकतर उत्सव विशेष ऋतु पर आधारित होते हैं और नई फसल के आगमन की सूचना देते हैं। चूँकि भारत अभी भी गाँवों का देश है, यहाँ की अधिकतर आबादी गाँवों में रहती है तथा उत्कर्ष रूप से उसकी अर्थव्यवस्था कृषि ही है इसलिए अधिकतर भारतीय प्रथाएँ परम्पराएँ एवं त्यौहारों की जड़े कृषि सम्बन्धी समाज में ही हैं। भारत में विभिन्न ऋतुएँ पाई जाती हैं। प्रत्येक ऋतु उमंग एवं नई फसल के आगमन की सूचना देती है। जो कि उत्सव मनाने का अवसर प्रदान करती है।

नौका दौड़ उत्सव—केरल में नौका दौड़–पर्यटकों के लिए मुख्य आकर्षण का केन्द्र है। यह नये धान की फसल के रूप में मनाया जाने वाला **ओनम** उत्सव का एक हिस्सा है। यह केरल में एलैपी (Alleppey) (13–14 August) एवं पुलेनकुन्ना (Pulenkunna) (27 August) नामक दो स्थानों में आयोजित किया जाता है। इस दिन विभिन्न नौका दौड़ प्रतियोगिताओं का आयोजन किया जाता है। इस असाधारण कार्य को देखने के लिये काफी संख्या में लोग एकत्रित होते है। नोकाएँ काफी लंबी होती है एवं बहुत से नाविकों के द्वारा चलाई जाती है।

आमों का उत्सव—आमों का उत्सव एक अति आधुनिक एवं पर्यटन विभाग के मस्तिष्क की उपज है। यह उत्सव आम की पैदावार में बढ़ोतरी में ही सहायक नहीं हुआ बल्कि स्वदेशी, विदेशी पर्यटकों के आकर्षण का बहुत बड़ा केन्द्र हो गया है। आजकल यह आमों का उत्सव अधिकतर सभी आम की पैदावार वाले क्षेत्रों में मनाया जाता है। तथापि इन आमों के उत्सवों में सहारनपुर (U.P.), पानीपत (हरियाणा) एवं दिल्ली के उत्सव काफी चर्चित हैं। सामान्यतः यह उत्सव जुलाई के रूप में मनाया जाता है। पानीपत में 3–4 जुलाई, दिल्ली में 8–10 जुलाई)। हरियाणा पर्यटन विभाग इस विशेष उत्सव के विकास में अग्रिम भूमिका निभा रहा है। 1993 में पानीपत में हुये "आम मेले" में सम्मिलित होने वाले व्यक्तियों ने आमों की 450 किस्मों का प्रदर्शन किया था। यह उत्सव केवल आम के प्रदर्शन तक ही सीमित नहीं रह गया बल्कि हरियाणा पर्यटन विभाग द्वारा बहुत से नवीन प्रयोग भी प्रस्तुत किये हैं। 1994 में, दिल्ली में, आम की लगभग 500 किस्में, प्रदर्शित की गई थी एवं इसमें 5000 आगन्तुकों ने भाग लिया। यहाँ विदेशों के आम भी प्रदर्शित किये गये जैसे—कोस्टा रिका, जमाइका, पाकिस्तान, कीन्या, जाम्बिया एवं वेंजुएला। सबसे बड़ा आम राजवाहा, जिसका भार एक कि. ग्रा. था और सबसे छोटा "मोती दाना" आम था जो 2 ग्राम का था।

उद्यान सृजित उत्सव—एक और नया सृजित किया हुआ उद्यान उत्सव एवं फूल काफी लोकप्रिय होता जा रहा है। यह दिल्ली पर्यटन एवं यातायात विकास संघ द्वारा दिल्ली में आयोजित किया गया है। यह उत्सव अभी अपने शैशव में है जोकि अभी मुश्किल से 7 साल पुराना है। परंतु धीरे–धीरे यह पर्यटकों में लोकप्रिय होता जा रहा है। 1994 में इसमें लगभग 2000 प्रविष्टियाँ पंजीकृति की गई है। यह उत्सव प्रतिवर्ष फरवरी माह में तीन दिन के लिए

आयोजित किया जाता है। इसमें फूलों/पौधों की प्रतियोगिता विभिन्न वर्ग के पौधों, मौसमी फूल, घरेलू पौधे, सब्जियाँ/फल, छोटे फूल, बेलबूटेदार गमले इत्यादि का प्रदर्शन किया जाता है।

यह प्रतियोगिता वैयक्तिक एवं संस्थागत (नर्सरी उद्यान–विज्ञान विभाग इत्यादि) के लिए खुली है, इसमें डी.टी.टी.डी.सी. द्वारा ट्रॉफी एवं आकर्षक नकद इनाम दिये जाते हैं।

अप्रैल के महीने में दिल्ली की तरह ही गंगटोक (सिक्किम) में भी अंतर्राष्ट्रीय फूलों का उत्सव आयोजित किया गया।

चाय उत्सव—भारत के हिमाचल प्रदेश और बंगाल जैसे राज्यों में, जहाँ चाय का उत्पादन प्रमुख रूप से होता है, वहाँ चाय उत्सवों का आयोजन किया जाता है। हिमाचल प्रदेश की कांगड़ा घाटी में जून के महीने में यह चाय उत्सव आयोजित होता है एवं दूसरा मुख्य चाय उत्सव दार्जलिंग में मनाया जाता है।

जनवरी महीने में तमिलनाडु के कूनोर में चाय एवं पर्यटन उत्सव का आयोजन किया जाता है। इस उत्सव के आयोजन का प्रयोजन मुख्यतः चाय बागान मालिकों व साथ ही साथ इस उद्योग से जुड़े अन्य लोगों को लाभ पहुँचाना हैं। राष्ट्रीय एवं अंतर्राष्ट्रीय बागान मालिकों के समक्ष पैकेज भ्रमण का प्रस्ताव रखा जाता है। चाय बागानों के भ्रमण का ठीक समय शीतकाल का आरंभ होता है। चाय की खेती पहाड़ी इलाके में होती है। ठंडे, शांत एवं हरियाली की खोज में पर्यटकों को चाय बागान के भ्रमण के लिये प्रोत्साहित किया जाता हैं। इस प्रकार चाय एवं पर्यटन में एक प्रतीकात्मक संबंध उत्पन्न हो जाता है।

चाय बागानों वाले जिलों में पर्यटकों के आसानी से पहुँचने के कारण भी ये पर्यटन स्थल अधिक लोकप्रिय है। कोयम्बटूर से नीलगिरि पहुँचने के लिए केवल 2 घंटे की यात्रा है इसी प्रकार शिमला से कांगड़ा घाटी तक केवल एक घंटे में पहुँचा जा सकता है एवं सिलीगुड़ी से दार्जलिंग की छोटी रेलगाड़ी (टॉय ट्रेन) एक अन्य मुख्य आकर्षण है। असम चाय बागानों की यात्रा करते समय पर्यटक काजीरंगा मृगवनों को भी देख सकते हैं। दार्जलिंग की यात्रा में पर्यटक कंचनजंगा की बर्फ से ढकी भव्य पर्वत श्रेणियों के दर्शन भी कर सकते हैं। इस प्रकार ये चाय उत्सवों का महत्त्व न केवल व्यापारिक उद्देश्यों की दृष्टि से वरन् पर्यटकों को भी इन चाय बगानों वाले राज्यों की ओर आकर्षित करता है।

पतंग उत्सव—पतंग उत्सव अहमदाबाद के लोगों के जीवन का एक हिस्सा है। पूरे अहमदाबाद शहर में मकर संक्रांति के अवसर पर (1 4 जनवरी) पतंग उड़ाने की प्रतियोगिताएँ होती हैं। यह उत्सव न केवल बच्चों वरन् वयस्कों में एक लोकप्रिय मनोरंजन के रूप में मनाया जाता है। गुजरात में यह उत्सव पतंग उड़ाने, खुशी मनाने एवं भोज समारोह से जुड़ा हुआ है। अब प्रत्येक वर्ष अंतर्राष्ट्रीय पतंग उड़ाने की प्रतियोगिताओं का विभिन्न स्थानों (अहमदाबाद, जोधपुर इत्यादि) में आयोजन किया जाने लगा है। इस उत्सव में न केवल भारत के विभिन्न क्षेत्रों के लोग वरन् विभिन्न देश जैसे जापान, थाईलैण्ड, मलेशिया, सिंगापुर, जर्मनी, कनाडा,

एवं अमरीका इत्यादि भी भाग लेते है। पतंगों के शहर अहमदाबाद में अंतर्राष्ट्रीय पतंग संग्रहालय है जहाँ पुरी दुनिया की विभिन्न मापों, रंगों एवं रूपों की पूरी दुनिया की पतंगों का संग्रह है। पतंग उड़ाने वाले दिन प्रतियोगिता में तीन मुख्य बुनियादी विषय होते हैं–

(1) पतंग उड़ाना

(2) पतंग काटना और

(3) पतंग प्रदर्शन।

थाईलैण्ड में पतंग उड़ाने की एक अनोखी प्रथा पाई जाती है। वहाँ पुरुष जाति की पतंगे केवल पुरुषों द्वारा एवं स्त्री जाति की पतंगे स्त्रियों द्वारा उड़ाई जाती हैं। यहाँ पर "लिंग की लड़ाई का प्रकोप आकाश में" दिखाई देता है। जापान में एक ऐसी पतंग बनाई जाती है जिसका भार 2500 कि.ग्रा. और जिसमें 3000 कागज के टुकड़े जोड़े जाते हैं। इसे उड़ाने से पहले ऊँचा तानने में 200 व्यक्तियों की आवश्यकता होती है।

पतंग उड़ाने की इस बढ़ती हुई लोकप्रियता के कारण पतंग उड़ाना न केवल भारत में बल्कि विदेशों में भी बड़ी मात्रा में देशी विदेशी पर्यटकों की भीड़ को आकर्षित करने में सफल हुआ है। गुजरात पर्यटन विभाग इस ओर विशेष ध्यान दे रहा है और यह जानने का प्रयत्न कर रहा है कि इस लोकप्रिय खेल में पर्यटकों को आकर्षित कर उनकी संख्या में बढ़ोत्तरी होने की कितनी संभावनाएँ हैं। प्रत्येक वर्ष भारत में अंतर्राष्ट्रीय पतंग उत्सव का आयोजन होता है। जिसमें विश्व भर के लोग शामिल होते हैं। इस उत्सव में विभिन्न सांस्कृतिक कार्यक्रमों, हस्तकलाओं, एवं भोजन पदार्थों इत्यादि का मेला भी लगता है जिससे कि यह उत्सव अधिक हर्षों उल्लास और मनोरंजन प्रदान कर सकें।

प्रश्न 5. भारत में पर्यटन में सांस्कृतिक उत्सवों की भूमिका का परीक्षण कीजिए।

उत्तर– सांस्कृतिक उत्सवों की पर्यटन उद्योग के विकास में विशेष भूमिका और योगदान है। इसके अतिरिक्त हाल में ही विभिन्न राज्य पर्यटन विभागों ने ऐसे उत्सवों को सृजित किया है जो विशेष क्षेत्र की संस्कृति पर प्रकाश डालते हैं। आजकल ये उत्सव विदेशी पर्यटकों के लिए मुख्य आकर्षण का केन्द्र होते जा रहे हैं।

हाथी उत्सव–1990 में केरल पर्यटन विकास निगम (के.टी.डी.सी.) ने विदेशी पर्यटकों की संख्या में वृद्धि करने के लिए एक नवीन प्रस्ताव अर्थात् **महान हाथी मार्च** का आयोजन किया। तब से यह उत्सव काफी लोकप्रिय होता जा रहा है एवं इसकी ख्याति बढ़ती गयी है। चार दिन तक चलने वाला यह उत्सव प्रतिवर्ष जनवरी माह में बड़ी धूमधाम से मनाया जाता है यह हाथी मार्च त्रिचूर से आरंभ होकर कोवलम–जो समुद्र तटों का केन्द्र है – में समाप्त होता है। इसका 101 सुसज्जित हाथियों द्वारा नेतृत्व किया जाता है। प्रत्येक हाथी सुनहरे मुकुट से अलंकृत होता है एवं महावत रंग–बिरंगे सुनहरी छत्रों से सुसज्जित होते हैं। इस हाथी मार्च का शुभारम्भ एक वाघ–छिन्दा–(ढोल) की गुंजाने वाली आवाज एवं पंचवाद्यम् – पाँच

विभिन्न वाद्यों के समूह से होता है। इसके बाद फिर समारोह भोज का आरंभ होता है। यहाँ पर्यटकों को इन राजसी ठाठ–बाठ के लोगों के निकट आने का अवसर मिलता है। इसके बाद वहाँ के पारम्परिक कारागम एवं कावाड़ीलोक नृत्यों का आयोजन होता है। फिर हाथी मुदुवारा से वेलंगन पहाड़ियों तक पर्यटकों को संवारकर मार्च करते हैं। रास्ते में वेलंगान पहाड़ियों की हस्तकलाओं की दुकाने एवं कुम्हारों की कलाएँ उन्हें खरीददारी का अवसर प्रदान करती हैं। दूसरे दिन कोची में समुद्र परिभ्रमण एवं कथकली के लिए पर्यटकों की प्रतीक्षा होती है। तीसरे दिन अल्लापूजा में चंदन वैलम (सर्पिल नौका दौड़) का आयोजन होता है।

कुट्टुनाद में पुन्नामदा झील में नौका यात्रा का आयोजन किया जाता है जो विस्तृत खूबसूरत झील है और यहाँ पर केरल का प्रसिद्ध भोजन परोसा जाता है। यहाँ नौका दौड़ का आयोजन होता है। चौथे दिन यह कारवां केरल की राजधानी तिरूअनंतपुरम में पहुँचता है। शाम के समय गजगोश यात्रा फिर से आरंभ होती है। नगर के मुख्य मार्गों से हाथियों का मार्च होता है। यहाँ पर पुनः पर्यटकों को हाथियों को खिलाने का अवसर मिलता है। केरल की मार्शल कला तथा पटाखों का प्रदर्शन देखने योग्य होता है।

इस उत्सव के आयोजन के बड़े सफल परिणाम प्राप्त हुए हैं। विदेशी पर्यटकों के आगमन में इसका सकारात्मक प्रभाव पड़ा है एवं केरल की स्थानीय सांस्कृतिक धरोहर से भी उसका साक्षात्कार हुआ है।

राजस्थान का मरूस्थल उत्सव—राजस्थान पर्यटन विभाग का दूसरा रचनात्मक कार्य जैसलमेर का मरूस्थल उत्सव है। जैसलमेर रेत के टीलों का शहर है जैसलमेर 1979 में आरंभ हुए इस उत्सव ने महान् सफलता प्राप्त की है और आज विदेशी पर्यटकों के आकर्षण का मुख्य केन्द्र है। प्रत्येक वर्ष फरवरी माह में यह शहर फिर से अपने विविध रंगों, संगीत एवं उत्सवों के साथ जगमगा उठता है। फरवरी की पूर्णमासी के अनुरूप ही इस उत्सव का दिन भी निश्चित किया जाता है।

ग्राम्यकला एवं संस्कृति की दुर्लभ वस्तुओं का प्रदर्शन मरूस्थल को जीवन से भर देता है।

इस उत्सव की सर्वोत्कृष्ट वस्तु मरूस्थलीय संगीत है जो लांगाओं एवं मंगनियारों द्वारा गाया जाता है। बाड़मेर व जैसलमेर जिलों का गारी नृत्य आदि इस उत्सव के मुख्य आकर्षण हैं। इन राजस्थानी नृत्यों के अतिरिक्त ढप गंगाने, धीरमार, मारिया, चारी एवं तिरालीताल मरूस्थल में चमत्कारिक प्रभाव उत्पन्न करने में सक्षम हैं।

ऊँटों की कलाबाजियों, उनकी दौड़ों, ऊँटों की साज सज्जा प्रतियोगिता, पोलो एवं रस्सा–कशी इत्यादि ये कुछ अन्य खास रोमांचक अनुभव हैं। इनमें दिल की धड़कन बढ़ाने वाली और प्रतियोगिताएँ भी है – पगड़ी बाँधने की प्रतियोगिता – जो भारतीय एवं विदेशी पर्यटकों के मध्य सम्पन्न होती है, मूँछ प्रतियोगिता एवं समारोह का भव्य समापन मारू – श्री के चुनने से पूरा होता है। जैसलमेर में ऊँट पर सवारी करना भारतीय एवं विदेशी दोनों ही

पर्यटकों के लिये मुख्य आकर्षण होता है। तथापि, विदेशी पर्यटकों के लिये केवल जैसलमेर शहर को छोड़कर पश्चिमी भाग–राजमार्ग 15 पर बसे अन्य पर्यटन स्थलों एवं गाँवों की सैर के लिये मुख्य जिलाधीश से परमिट लेना पड़ता है। लादुखा, अमरसागर, बड़ा बाग, कुलधारा, अकाल वुड जीवावशेष पार्क एवं शाम के समय मरूस्थलीय टीले दर्शनीय होते हैं।

गाँव वाले विभिन्न रंगबिरंगे परिधानों में इन पर्यटकों के साथ भाग लेते हैं। हस्तकलाएँ जो बिक्री के लिए रखी जाती हैं उनमें चाँदी के गहने, हाथ से बुने परिधान, ऊँट को सजाने के लिए प्रयोग में आने वाली वस्तुएँ बारीक चित्र कलाएँ और वनस्पति रंगों का प्रयोग किया जाता है। लाख की रंगबिरंगी बंधेज, बाँधने की सूती एवं सिल्क की साड़ियाँ, कपड़े, कढ़े हुए कपड़े, ऊँट के बालों का बना कम्बल एवं कालीन मुख्य होते हैं और इनमें नृजातीय सजावट होती है।

इस उत्सव के अतिरिक्त रावल जैसल द्वारा स्थापित इस शहर का निर्माण 1156 ई. में किया गया था जिसमें सुनहरी किला, जैन मन्दिर एवं हवेलियाँ शामिल हैं जो उस समय के व्यापारियों की होती थी। यह हवेलियाँ इतनी सुंदर बनी हुई हैं मानों राजमहलों से होड़ लगा रही हों। इसके अतिरिक्त जैसलमेर चारों ओर से सुंदर झीलों–अमर सागर (5 कि.मी.), मूल सागर (7 कि.मी.), बड़ा बाग (6 कि.मी.) से घिरा हुआ है। जैसलमेर से 40 कि.मी. की दूरी पर मरूस्थल राष्ट्रीय पार्क अपनी छटा बिखेर रहा है।

भारत के मुख्य शहरों के साथ जैसलमेर रेल एवं सड़क मार्ग से बहुत अच्छी तरह जुड़ा हुआ है। भारतीय वायुयान जोधपुर तक की एवं वायुदूत की जैसलमेर तक की सेवा नियमित परिचालित की जाती हैं। मूरनल होटल परिसर में आर.डी.टी.सी. द्वारा एक छोटा पर्यटक गाँव संचालित किया जाता है। यह किले के पीछे एक छोटे से पठार पर स्थित है। पर्यटकों के मनोरंजन के लिये आर.टी.डी.सी. केवल होटल के कमरों का ही नहीं वरन् झोपड़ी एवं टेन्ट की सुविधाओं का भी प्रबंध रखती है। यह सामूहिक भ्रमण का भी प्रबंध करती है।

संगीत एवं नृत्य उत्सव—भारतीय संस्कृति में शास्त्रीय संगीत एवं नृत्य महत्त्वूपर्ण स्थान रखता है यह कहना आवश्यक नहीं है। इन कलाओं में संस्कृति स्वयं बोलती है। पर्यटक विभाग इन विभिन्न कलाओं के माध्यम से, विशेष क्षेत्रों में, पर्यटकों को आकर्षित करने का प्रयास कर रहा है। इनमें से कुछ विशेष प्रचलित उत्सव निम्न हैं—

महाबलिपुरम का नृत्य :	महाबलिपुरम
पट्टकल नृत्य एवं बीजापुर संगीत उत्सव :	बीजापुर
खजुराहो :	खजुराहो
ध्रुपद मेला :	वाराणसी में संगीत उत्सव
संकट मोचन संगीत उत्सव :	वाराणसी
तनेतार उत्सव :	सुरेन्द्र नगर, गुजरात
सूर्य नृत्य उत्सव :	त्रिवेन्द्रम
कोणार्क नृत्य उत्सव :	उड़ीसा
तानसेन समारोह :	ग्वालियर

कोणार्क, खजुराहो एवं महाबलीपुरम—ये नृत्य समारोह के वे मुख्य स्थल हैं जहाँ नृत्य के प्रमुख आयोजन किये जाते हैं जिनमें देश के लगभग सभी बड़े कलाकार विभिन्न नृत्य प्रकारों में भाग लेते हैं। मन्दिरों के स्थापत्य की भव्य पृष्ठभूमि में इस तरह के नृत्य आयोजन अत्यंत मनोहारी लगते हैं। ओडीसी (उड़ीसा), भरतनाट्यम (तमिलनाडु), कुचिपुड़ी, मणिपुरी (मणिपुर) बालनीस नृत्य (इन्डोनेशिया), कथकली करागाम (तमिलनाडु), कथकली (उ.प्र.) एवं कथकली (केरल) आदि नृत्यों का आयोजन किया जाता है।

पर्यटन के प्रोत्साहन में पारंपरिक भारतीय कलाओं एवं संस्कृति के प्रयोग के उचित परिणाम सामने आये हैं। ये समारोह काफी लोकप्रिय होते जा रहे हैं। बहुत बड़ी संख्या में लोग इन सांस्कृतिक समारोहों को देखने के लिए आते हैं। इनमें न केवल भारतीय वरन् विदेशी पर्यटक भी बड़ी संख्या में शामिल होते हैं। पूर्व स्वाभाविक वातावरण के मध्य भारत की सांस्कृतिक परंपरा का अनुभव एक ही स्थान पर देखने को मिलता है।

लोक नृत्यों समारोहों में गुजरात (सुंदरनगर) का तरनेतार मेला अपनी एक विशिष्टता लिए हुए है। यह लोक, नृत्य लोक गीतों एवं लोक कला का सुंदर संगम है। गुजरात के तिरनेश्वर मन्दिर में प्रतिवर्ष 4 से 6 के मध्य भाद्रपद (सितम्बर) में आयोजित किया जाता है। भारी संख्या में लोग यहाँ आते है। यह स्थान तारनेतार छतरियों के लिए भी प्रसिद्ध है, जिनमें खूबसूरत काँच की कढ़ाई या कलाकृति की जाती है और सुंदर चिड़ियों एवं जानवरों के सुंदर नमूने कढ़े रहते हैं। यह इस स्थान की सुंदर कलात्मक प्रतिभा का परिचायक भी है। इसी स्थान पर भरवाद समाज के मध्य वैवाहिक संबंधों का भी आदान–प्रदान होता है। अहमदाबाद एवं बड़ोदरा से तारनेतार के लिए पैकेज भ्रमण का गुजरात पर्यटन विभाग द्वारा प्रबंध किया जाता है। गुजराती भोजन, कूबा हट्स, टेंट गाँव एवं ग्रामीण एवं लोक संस्कृति को जीवंत करना, आदि का आनंद इसकी कुछ विशेषताएँ हैं।

इसी प्रकार विभिन्न स्थलों पर संगीत उत्सवों का आयोजन भी किया जाता है। इसमें शहनाई, सितार एवं वीणा के तारों की सुंदर झंकारों से वातावरण गुंजित रहता है। इसके अतिरिक्त शास्त्रीय गायन का भी आयोजन होता है। ग्वालियर में सम्पन्न होने वाला तानसेन संगीत समारोह मियाँ तानसेन की तिथि पर आयोजित किया जाता है। इसी प्रकार बीजापुर का संगीत समारोह आदिल शाही वातावरण में आयोजित किया जाता है। ये सभी संगीत समारोह काफी लोकप्रिय एवं इसलिये महत्त्वपूर्ण होते जा रहे हैं क्योंकि इनको सफल, एवं समृद्ध बनाने के लिये सभी तरह की सहायता दी जा रही है।

धार्मिक मेले—भारत में होने वाले सामयिक मेलों में कुम्भ मेले का महत्त्वपूर्ण स्थान है। इसका आयोजन प्रत्येक बारह वर्ष के बाद एक बार नासिक, उज्जैन, प्रयाग एवं हरिद्वार में किया जाता है। इसके साथ ही यह विभिन्न धार्मिक मठाधीशों की गोष्ठी स्थल भी है जहाँ पर आपस में वे विचार विमर्श करते हैं। इस अवसर पर लाखों की संख्या में तीर्थयात्री यहाँ आते हैं। अब तो बड़ी संख्या में अंतर्राष्ट्रीय पर्यटकों को भी यह आकर्षित कर रहा है।

प्रयाग का माघ मेला, कुरूक्षेत्र का ग्रहण मेला, अरूणाचल का कार्तिक मेला, मथुरा का कंस का मेला, बंगाल का गंगासागर मेला एवं अजमेर के निकट पुष्कर झील में सम्पन्न होने वाला पुष्कर मेला जो कि प्रत्येक वर्ष मनाया जाता है – राष्ट्रीय, अंतर्राष्ट्रीय दोनों तरह के पर्यटन की काफी क्षमता रखता है।

पुरी की रथ यात्रा—पुरी जो भगवान जगन्नाथ का स्थान है – भारत के चार धामों में से एक है। यह स्थान अपने रंगीन उत्सवों के लिए प्रसिद्ध है – उनमें सबसे अधिक प्रसिद्ध रथ यात्रा उत्सव है। तीर्थ यात्रियों के लिए रथ यात्रा का विशेष महत्त्व है। तीन देवताओं – भगवान जगन्नाथ, बलभद्र एवं सुभद्र – एक सप्ताह के लिए बाजे गाजे के साथ अपने ग्रीष्मकालीन मन्दिर में तीन वृहत रथों में यात्रियों के साथ ले जाया जाता है। अप्रैल के मध्य में पुरी की प्रसिद्ध चंदन यात्रा सम्पन्न होती है। जिसमें चलन्ती प्रतिमाओं को चंदन स्नान के पश्चात् नौका विहार के लिए ले जाया जाता है। तत्पश्चात् स्नान यात्रा सम्पन्न होती है जिसमें मुख्य प्रतिमाओं को आनुष्ठानिक स्नान करवाया जाता है। इसके बाद स्नान यात्रा सम्पन्न होती है जिससे प्रतिमाओं को स्नानागार में रखकर पारंपरिक तरीके से नहलाया जाता है। इसके बाद मुख्य प्रायोजन होता है जब तीनों प्रतिमाओं को उनके रथों पर बैठाकर उपवन में ले जाया जाता है। यहाँ पर आठ दिन तक रोज उनको नयी वेशभूषा पहनायी जाती है और फिर रथों पर बैठाकर इनको श्रद्धालु भक्तजन खींचते हैं, और फिर वापस मन्दिर लाया जाता है।

बौद्धमठों का शहर : लद्दाख—लद्दाख बौद्ध मठों का इलाका है। यहाँ लगभग 50 प्रतिशत बौद्ध धर्म के अनुयायी है। यहाँ पर आज भी ढेरों बौद्ध धर्म से जुड़े अवशेष देखे जा सकते हैं। देश का सबसे पुराना बौद्ध मठ (गोम्पा) हरी भरी नूबरा घाटी में स्थित है। यह जगह संसार की तमाम विसंगतियों शोर, प्रदूषण, जनसंख्या वृद्धि आदि से दूर अपनी धर्म निरपेक्ष संस्कृति की छवि को बनाये हुए है।

यहाँ पर कुल मिलाकर 13 मुख्य मठ – गोम्पा हैं। इनके पास अपनी काफी भूमि है तथा ये काफी धनवान हैं। यह मठ अपनी भूमि को किराये पर देते हैं तथा महाजनी भी करते हैं।

यहाँ की अनोखी भूमि के उत्सव भी अनूठे होते है। उत्सव "लोसार" नववर्ष पर मनाया जाता है। यह बौद्धों का सबसे प्रसिद्ध उत्सव बौद्ध कैलेन्डर के ग्यारहवें महीने में मनाया जाता है। ऐसा माना जाता है कि इस उत्सव की शुरूआत पंद्रहवीं शताब्दी में हुई जब लद्दाख के राजा "जमयांग नामग्याल" ने अपने पड़ोसी राजा "स्करदु" से युद्ध पूर्व इसका आयोजन किया था। राजा को भय था कि युद्ध के बाद कुछ लोग ही बच पाएँगे। राजा युद्ध जीत गया और जैसे शेष भारत में दीवाली विशेष पर्व के रूप में मनाया जाता है, उसी तरह यह उत्सव लद्दाख में मनाया जाने लगा। सारे शहर में रोशनी की जाती है तथा प्रार्थनायें होती हैं। पिछले साल की बुराईयों को खत्म करने के लिए अग्नि प्रज्वलित की जाती है तथा उसके बाद एक भव्य रात्रि भोज – गोठक का आयोजन होता है। यह उत्सव तीन दिनों तक चलता है। शोभा यात्रायें, घोड़ों के प्रदर्शन तथा भोज उत्सव के मुख्य आकर्षण होते हैं।

अन्य मुख्य उत्सव मठों के स्थापना दिवसों के सलाना उत्सव मनाए जाते हैं। इनमें ज्यादातर शरद ऋतु उत्सव ठंडक में होते हैं – मोदोस जनवरी में, चिमरे सितम्बर में, थिक्से और सती दिसम्बर में। इनमें हेमिस गोम्पा के मुख्य उत्सव होते हैं। यह जून में आयोजित होता है तथा काफी पर्यटकों को आकर्षित करता है। इस मौके पर लामा लोग नृत्य करते हैं तथा साथ में नगाड़े, बांसुरी तथा अन्य महत्त्वपूर्ण अनुष्ठान करते हैं।

प्रश्न 6. नृजातीय पर्यटन के अर्थ की विवेचना कीजिए, तथा नृताजीय एवं सांस्कृतिक पर्यटन में क्या भेद है। चर्चा करो।

उत्तर— "नृजातीय" शब्द को मूल रूप में उन सभी समूहों के लिए प्रयुक्त किया गया जो ज्यूस नहीं थे। 15वीं शताब्दी के मध्य तक सभी अज्यूस एवं गैर–इसाई समूहों को नृजातीय कहा जाने लगा। 19वीं एवं आरम्भिक 20वीं शताब्दी के आते–आते "नृजातीयता" की सोच का स्थान जाति व संस्कृति के बीच स्थापित किया गया।

नृजातीय पर्यटन का अभिप्राय उन पर्यटकों से है जो देशी प्रथाओं एवं लोगों के रोमांचपूर्ण कार्यकलापों में रुचि रखते हैं। यह एक विशेष पर्यटन रुचि का रूप है जो कि सामान्य पर्यटन से भिन्न है और सीधे स्थानीय लोगों पर ध्यान केन्द्रित करता है अथवा उनकी ओर आकर्षित करता है। इसका संबंध "प्रामाणिक" देसी संस्कृति के साथ घनिष्ठ संबंधों से है। पर्यटन के इस रूप में पर्यटक स्थानीय लोगों के घरों में जाते हैं, उनके त्यौहारों, नृत्यों, धार्मिक अनुष्ठानों एवं सांस्कृतिक अभिव्यक्ति के अन्य प्रकारों को जानने एवं उनमें भाग लेने की कोशिश करते हैं। इसमें देशी लोगों से मानवीय संबंध स्थापित करना एक महत्त्वपूर्ण तत्त्व है एवं स्थानीय वस्तुओं की खरीद–फरोख्त एवं उसके अध्ययन से भी सम्बन्धित है।

नृजातीय एवं सांस्कृतिक पर्यटन भेद— बहुत से व्यक्तियों को पर्यटन के ये दो रूप समान लग सकते हैं। परंतु तात्विक दृष्टि से ये भिन्न हैं। इसलिये यहाँ यह आवश्यक है कि उनकी भिन्नता पर जोर देकर इस बात के लिये लोगों में जागरूकता पैदा की जाए। दोनों रूपों से उत्पन्न पर्यटक रुचियाँ एक दूसरे से भिन्न है। नृजातीय पर्यटन में पर्यटन की रुचि स्थानीय लोगों से सीधा संबंध स्थापित करने में होती है। पर्यटक इसमें उन लोगों से जिनसे कि वह भेट करता है, की जीवन शैली के बारे में एवं सांस्कृतिक कला कौशल के बारे में स्वयं देख कर अपने अनुभव से जानकारी प्राप्त करना चाहता है। सांस्कृतिक पर्यटन में लोगों से परोक्ष संबंध होता है। पर्यटक की मुख्य रुचि स्थानीय लोगों के परंपरागत सांस्कृतिक कार्यकलापों से प्रत्यक्ष प्रदर्शन एवं शामिल होने में नहीं होती। उनकी रुचि संस्कृति का अनुभव न करके सिर्फ देखने में होती है।

इस प्रकार नृजातीय पर्यटन में, पर्यटक का जहाँ "आत्मीय" एवं प्रामाणिक संबंध होता है वहीं सांस्कृतिक पर्यटन में स्थानीय लोगों से प्रत्यक्ष संबंध नहीं होता।

प्रश्न 7. नृजातीय पर्यटन के सकारात्मक एवं नकारात्मक प्रभावों की चर्चा कीजिए। नृजातीय पर्यटन में मध्यस्थों की भूमिका की विवेचना कीजिए।

उत्तर— सकारात्मक प्रभाव एवं नकारात्मक प्रभावों को नृजातीय पर्यटन के संदर्भ में समझना लाभदायक है। प्रायः विभिन्न पर्यटन व्यापार एवं नीतिनिर्धारकों द्वारा अक्सर इन तथ्यों की ओर ध्यान नहीं दिया जाता। तथापि इस उपेक्षा के कारण उन स्थान विशेष के आकर्षण पर जिनकों नृजातीय के रूप में विकसित करना होता है उस पर इसका अंत में प्रभाव पड़ता है।

(1) आर्थिक लाभ—आर्थिक लाभ जो पुनर्वास मध्यस्थों, एवं समूचे देश के स्रोतों से होता है उससे भी अधिक पर्यटन के दूसरे प्रकारों से होता है। इससे अधिक रोजगार, अधिक आय, रहन–सहन के स्तर में वृद्धि इत्यादि ये कुछ लाभ हैं। तथापि इनमें से अधिकतर लाभ उन लोगों को प्राप्त होता है जो नृजातीय समूहों से संबंधित नहीं है अर्थात् अधिक लाभ उन लोगों को प्राप्त होता है जो पर्यटक हैं और बाहर के हैं।

(2) सांस्कृतिक पुनर्जीवन—कुछ उदाहरण ऐसे हैं जिनमें बार–बार देखा गया है कि नृजातीय पर्यटन के कारण स्थानीय लोगों में अपनी सांस्कृतिक परंपरा एवं मूल्यों में रुचि लेने एवं आत्मगौरव की भावना को बढ़ाने में विशेष योगदान मिला है। अधिकतर यह पाया जाता है कि स्थानीय लोक परंपराएँ, उनकी सांस्कृतिक धरोहरों, जनमाध्यम की उपेक्षाओं एवं प्रमुख संस्कृति के प्रभावों के कारण उपेक्षित हो जाती है। फिल्मों, वीडियों, ऑडियो एवं समाचार पत्रों के अंधाधुंध प्रचार के कारण पश्चिमी संस्कृति हम पर बुरी तरह से छा गई हैं – इसके कारण हमारी सांस्कृतिक विविधता को अत्यधिक धक्का लगा है और यह एक आनुष्ठानिक अभिव्यक्ति मात्र होकर रह गई हैं।

नृजातीय पर्यटन में, बहरहाल, प्रत्यक्ष रूप से पारंपरिक सांस्कृतिक रूपों पर ही बल दिया गया है। पर्यटक स्थानीय त्यौहारों एवं अन्य कार्यक्रमों को प्रत्यक्ष रूप में देखते हैं और उनमें भाग लेते हैं। इसमें स्थानीय संस्कृति के अन्वेषण पर जोर दिया जाता है एवं समरूप सांस्कृतिक के प्रभुत्व के प्रभाव को महत्ता नहीं दी जाती है। इन सब कारणों से स्थानीय लोगों की अपनी सांस्कृतिक परंपराओं में निष्ठा बढ़ती है। यह सब बाहरी लोगों के द्वारा उनकी परंपराओं में रुचि दिखाने के कारण होता है। इस प्रकार स्थानीय लोक परंपराओं के अनूठेपन एवं उसकी महत्ता को आगे लाकर उभारा जाता है जिसके परिणामस्वरूप नृजातीय गौरव एवं एकात्मकता की भावना को विशेष रूप से जगाया जाता है। इस प्रकार, नृजातीय एवं सांस्कृतिक पुनर्जीवन ही इस पूरी प्रक्रिया का परिणाम है।

इस संदर्भ में स्थानीय समुदाय के अग्रणी और विकसित लोगों को उनकी संस्कृति, कला एवं परंपरागत मूल्यों के संबंध में पुनः शिक्षित करके उनके आत्मगौरव को फिर से स्थापित कर इस जागरूकता को और अधिक विकसित करने का प्रयास किया गया है। अब हमें अपने परंपरागत त्यौहारों एवं मेलों, धार्मिक क्रियाओं, कला के प्रकारों एवं दस्तकारी में एक रुचिकर

सामान्य पुनर्जीवन दिखाई देता है। इस तरह से नृजातीय पर्यटन के विकास के कारण राजनीतिक एवं नृजातीय विशिष्टताओं की मजबूती में भी विशेष योगदान सामने आया है।

नकारात्मक प्रभाव—शोधकर्त्ताओं, नीति निर्धारकों एवं पर्यटन के मार्गनिदेशकों/गाइडों (guide) और स्थानीय समुदाय के लोगों को इस बात की सावधानी रखनी चाहिए कि कहीं यह परिघटनाएँ अनियंत्रित न हो जाएँ।

नृजातीय एवं सांस्कृतिक उत्पादों की वस्तुतात्मक उपयोगिता—एक विशेष पर्यटन के रूप में, नृजातीय पर्यटन का आधार लोक परंपराएँ हैं। परंतु समस्या वहाँ उत्पन्न होती है जब स्थानीय संस्कृति को एक उपयोगी वस्तु के रूप में प्रस्तुत किया जाने लगता है।

वस्तुतात्मक उपयोगिता अर्थात् वस्तुओं को बाजार के आधार पर परिभाषित करना, यह पर्यटन उद्योग की सामान्य विशेषता है। पर्यटन प्रतिनिधि एवं यात्रा संचालक अधिक से अधिक पर्यटकों को आकर्षित करने के लिए, स्थानीय संस्कृति के उपादानों को व्यापारिक उपयोगिता की वस्तु में परिवर्तित करना चाहते हैं। स्थानीय परिधान, खिलौनें, बर्तन, वास्तुकला, मूर्तियाँ, धार्मिक अनुष्ठान, सांस्कृतिक त्यौहार एवं भोजन आदि सभी बिक्री की वस्तुएँ मानी जाने लगी है। विज्ञापन एवं विवरण पुस्तिका द्वारा इन कलात्मक वस्तुओं की ओर पर्यटकों का ध्यान आकर्षित करने के लिये उन्हें बेचा जाता है। स्थानीय लोगों को इन पर्यटकों के सामने करतब एवं अभिनय के लिये पैसा दिया जाता है। इस प्रतिस्पर्धा के बाजार में इस कारण पर्यटक एवं स्थानीय निवासियों के मध्य का सम्बन्ध क्रेता–विक्रेता का होकर रह जाता है। यहाँ तक कि जीवन पद्धति की सूक्ष्मताओं का भी इस पर्यटन पैकेज में पर्यटकों को बिक्री के लिये विनियोजन हो जाता है। यदि इस प्रकार का सांस्कृतिक पतन अनियन्त्रित रखा जाता रहेगा तो यह निश्चित रूप से स्थानीय निवासियों एवं संस्कृति के लिये विनाशकारी सिद्ध होगा। संस्कृति को एक वस्तु–उपयोगिता की तरह बना देना और जिसके ऊपर पर्यटकों का अधिकार हो जाए तो उन स्थानीय निवासियों एवं संस्कृति के असली वारिसों के अधिकारों का अवश्य ही हनन हो जाएगा।

मूल निवासियों द्वारा बनावटी व्यवहार का अभिनय—सामाजिक एवं सांस्कृतिक परिवर्तन के होते रहने के पश्चात् भी नृजातीय पर्यटक स्थानीय संस्कृति की "प्रामाणिक" अभिव्यक्ति चाहते हैं। परंतु ऐसा भी हो सकता है कि पर्यटक जो खोज रहें हैं वह वास्तव में प्राप्य नहीं हो। जो भी स्थानीय सांस्कृतिक परंपरा पर्यटकों में प्रचारित की गई है – प्रमाण पुस्तिका एवं यात्रा विवरणों के माध्यम से उसमें वास्तव में कुछ परिवर्तन अवश्य हो गया होगा। इसके कारण पर्यटकों की आशाओं एवं वास्तविक स्थिति के मध्य एक अंतर आता चला जाता है।

नृजातीय पर्यटन में स्थानीय लोग पर्यटकों की केवल सेवा ही नहीं करते बल्कि आत्मीयता के कारण वे स्वयं "प्रदर्शन" का रूप बन जाते हैं। पर्यटकों की यह इच्छा की स्थानीय निवासी उनके समक्ष अपने परिधानों में प्रस्तुत हों, अपने जातीय नृत्य प्रस्तुत करें, पर्यटकों के लिए अपने समारोहों एवं त्यौहारों का आयोजन करें, जो कि वह सब देखें, उनकी फोटो उतारें एवं टेप करें और यहाँ तक कि उनके कार्यक्रमों में भाग लें।

पर्यटकों की बढ़ती हुई "प्रामाणिकता" एवं मौलिकता की इच्छा एवं स्थानीय लोगों का एक "जीता जागता तमाशा" बनने की भूमिका एवं "पर्यटकों की स्थानीयता" पर आधुनिक एवं एकरूपता के प्रभावों के कारण एक अजीब सी स्थिति उत्पन्न हो जाती है जिसमें जितनी अधिक पर्यटकों की "प्रमाणिकता" की आवश्यकता बढ़ती जाती है उतनी अधिक उन्हें बनावट प्राप्त होती है।

पर्यटक "बनावटी निवासियों" (unpolished natives) को नहीं चाहता है। परंतु पर्यटक स्वयं एक आधुनिकता से जुड़ा हुआ है। उनके परिधान एवं समृद्धि को देखकर स्थानीय लोग भी इन्हीं पर्यटकों के परिधान एवं बोली इत्यादि की नकल करने लगते हैं। इसके परिणामस्वरूप पर्यटकों की निगाह में स्थानीय लोग मनमोहक एवं प्रभावशाली होने लगते हैं। परिणामस्वरूप स्थानीय लोगों की आय में कमी होने लगती है। इसके कारण वह एक अभिनेता के रूप में मजबूरीवश अपने को प्रस्तुत करने लगते हैं, क्योंकि वह पर्यटक को आकर्षित करने वाली वस्तुओं को जानते हैं। वह अपने परंपरागत परिधान पहनते हैं, अपना पारंपरिक संगीत गाते बजाते हैं, इत्यादि। यह सब वे तभी करते हैं जब उन्हें पर्यटक की "प्रामाणिकता" की आवश्यकता को संतुष्ट करना होता है। अन्य समयों में, वे वही परिधान पहनते हैं जो पर्यटक पहने होते हैं। इस तरह से स्थानीय लोग एक अभिनेता में पर्यटक/दर्शकों की संतुष्टि के लिए अपने आपको बदल लेते हैं। "प्रामाणिकता" की इस प्रस्तुति के असफल प्रयास में "नृजातीय" पर्यटन का उद्देश्य विफल हो जाता है।

मध्यस्थों की भूमिका—नृजातीय पर्यटन परस्पर दो विरोधी प्रवृत्तियों पर आधारित है। आधुनिक संस्कृति का एकरूपात्मक प्रभाव का आम जनता द्वारा एवं पर्यटकों द्वारा प्रतिनिधित्व किया जाता है – जबकि बजाय इसके स्थानीय संस्कृति का संरक्षण एवं प्रस्तुतिकरण इसका प्रामाणिक उत्पादन होना चाहिए।

इसमें मध्यस्थों जैसे पर्यटन प्रतिनिधि, यात्रा संचालक, पर्यटन निर्देशक, गाइड इत्यादि की भूमिका का इस संबंध में अपना एक महत्त्व है। अधिकतर इन लोगों के कार्य का ध्येय निजी लाभ होता है। इन कठिनाइयों की ओर गंभीरता से ध्यान नहीं देते। कुछ शोधकर्त्ताओं ने उनकी भूमिकाओं की कटु शब्दों में आलोचना की हैं।

"नृजातीय आकर्षण में मध्यस्थ एक दलाल है" जो मध्यस्थता करता है एवं पर्यटक और भ्रमणकर्त्ता की पारस्परिक क्रियाओं से लाभ उठाता है – इस प्रक्रिया में नृजातीयता को बार–बार चालाकी से अपने लाभ, उसकी "प्रमाणिकता" के प्रदर्शन, सांस्कृतिक मूल्यों की हेरा–फेरी के लिए प्रभावित करता है एवं इस प्रकार एक सक्रिय एजेंट या प्रतिनिधि बन जाता है और उन परिस्थितियों को बदलने में सफल हो जाता है जिनके अंतर्गत वह रहता है।

मध्यस्थ एक सकारात्मक भूमिका भी निभाते हैं। पर्यटक को अपरिचित परिस्थितियों में संरक्षण प्रदान करते हैं एवं पर्यटक एवं स्थानीय लोगों के मध्य एक विशुद्ध आदान–प्रदान की पारस्परिक क्रिया को सुसाध्य बनाते हैं। वे पर्यटक को एक विशेष सामाजिक, आर्थिक एवं राजनीतिक तथा वातावरण संबंधी विषयों के प्रति एक विशेष क्षेत्र के संबंध में एवं विशेष लोगों

के प्रति जागरूक करते हैं। महत्त्वपूर्ण बात यह है कि वे अपने विवेक के प्रयोग द्वारा पर्यटक को बता सकने में समर्थ होते हैं कि पर्यटक स्थानीय लोगों से किस सीमा तक आशाएँ रख सकता है। नृजातीय पर्यटक से सम्बन्धित लोगों के लिए यह जानना आवश्यक है कि सीमा के बाहर जाने में वे उस मुर्गी को जो सोने के अण्डे प्रदान करती है, मार सकते हैं।

प्रश्न 8. लुप्तप्राय शिल्प से आप क्या समझते हैं? इनको कैसे बढ़ावा दिया जा सकता है तथा तीन गृह–सज्जा की लोक कलाओं का विवरण दीजिए।

अथवा

पर्यटन में कलाओं और शिल्पों की प्रासंगिकता की विवेचना कीजिए।

उत्तर– शिल्प और लोक कला–मौलिक लोक कला तथा शिल्प अपने प्राकृतिक माहौल में मुश्किल से पर्यटकों को देखने को मिलती हैं। स्थानीय लोक कला जितनी मौलिक और अछूती होगी उतनी ही कम पर्यटक स्थल के रूप में विकसित होगी। विश्व की सात प्रतिशत जनसंख्या भारत के गाँवों में रहती है तथा उनके रीति–रिवाज और परंपराएँ ही लोक कला और शिल्प का घटक बनते हैं। यह सब स्थानीय संस्कृति का प्रतिबिंब होते हैं। इन लोक कलाओं और शिल्प की उत्पत्ति, लोक कहावतों, विज्ञान, अंधविश्वास, मिथक, विज्ञान, धर्म और जीवनोपयोगी अनुभवों में देखने को मिलती है। यह संभव है कि विदेशी पर्यटकों को यह सब अजीब लगे परंतु यह ग्रामीण जीवन में घुला–मिला हुआ है। इन सबका "व्यवसायीकरण" या संग्रहालयों में संकलन इनको नष्ट करने की दिशा में पहला कदम होता है।

लुप्तप्राय शिल्प–अपने प्राकृतिक स्थान से अलग लोक कला तथा शिल्प, प्रायः बाजारों में या संग्रहालयों में मिलते हैं। इन दोनों जगहों पर मुख्यतः तीन प्रकार की लोक कलाएँ तथा शिल्प पाए जाते हैं। पहली है "जीवित" कला। जीवित कला में वे वस्तुएँ शामिल हैं जो अभी भी परंपरागत शिल्पियों द्वारा अपने–अपने क्षेत्रों में स्थानीय और निजी प्रयोग तथा बिक्री के लिए बनाई जा रही है।

आधुनिक जीवन, मशीनीकरण तथा जनसंचार माध्यमों के विकास ने इन कलाओं तथा शिल्प के पतन में योगदान दिया और जिन्हें हम लुप्तप्राय शिल्प कहते हैं। इनमें मुख्य रूप से उन कलाओं तथा शिल्प को जाना जाता है जिनका अभी भी पता है तथा अभी भी प्रयोग में आ रहे हैं। परंतु तेजी से अपनी प्रासंगिकता खो रहे हैं। इनके पुनर्जीवन और इस्तेमाल के लिए विशेष अभिकल्प, तकनीकी और विपणन निवेश जरूरी है और ऐसा कुछ जगहों पर किया भी जा रहा है। किसी भी शिल्पकला को तब तक लुप्त नहीं माना जा सकता जब तक कि इसका पारंपरिक ज्ञान शिल्पकारों को है। बहुत–सी वस्तुएँ अब उपयोग में नहीं आती और बहुत ज्यादा विस्तृत निर्माण प्रक्रिया के कारण भी कई कलाएँ अब अनुपयोगी हो गई है। ऐसी वस्तुएँ अब राष्ट्रीय संग्रहालय, नई दिल्ली, प्रांतीय संग्रहालयों तथा विशेष शिल्प संग्रहालयों तथा व्यक्तिगत संग्रहालयों में देश के विभिन्न भागों में देखने को मिलती हैं। अतः लुप्तप्राय या

संग्रहित कला और वस्तुओं से तात्पर्य यह है कि इनका निर्माण तथा उपयोग भले ही बंद हो गया हो परंतु इनके निर्माण की प्रक्रिया की जानकारी अब भी दस्तकारों को है क्योंकि यह जानकारी पीढ़ी दर पीढ़ी चलती रहती है।

इनमें प्रत्येक कला जीवन-पद्धति के एक महत्त्वपूर्ण पहलू को उजागर करती है। अतः पर्यटक भिन्न-भिन्न संस्कृतियों को उनके पहनावे, घर के सामान, आभूषणों, कृषि तथा शिकार के औजार, संगीत के सामान, टोकरी, फर्नीचर आदि से पहचान सकता है।

गृह सज्जा के माध्यम के रूप में लोक कला—गाँव के घरों की दीवारों पर अक्सर चावल के घोल/लेई से जानवरों और फूलों की तस्वीरें बनाई जाती है। शादी पर, जन्म पर, फसल कटाई के समय या धार्मिक दिनों पर भगवान की कृपा पाने के लिए ऐसा किया जाता है। चित्र बनाने की यह क्रिया अपने आप में धार्मिक है। पर्यटकों की दृष्टि से महाराष्ट्र में थाणे जिले की वर्ली चित्रकारी, गुजरात के छोटा उदयपुर की राथवा जनजाति की पिथौरा पर हुई चित्रकारी तथा दरवाजों और इमारतों पर हुई मिथिला चित्रकारी जोकि महाकाव्य और राजपूतों की वीर कथा पर आधारित होती है, आदि महत्त्वपूर्ण हैं। एक दूसरे तरीके की दीवार पर चित्रकारी दीवार पर शीशे का कार्य होता है जोकि गुजरात में सबारी लोग करते हैं। कच्छ के मिट्टी के मकान, शीशे के काम में चमकते हैं जोकि ज्यामितीय और फूलों के आकार में बने होते हैं।

घरों के फर्श पर भी ऐसी ही सजावट खास-खास मौकों पर तथा घर को पवित्र रखने के लिए की जाती है। यह तमिलनाडु और केरल में "कोलम", बंगाल-असम में "अल्पना" राजस्थान में "मन्दन", गुजरात तथा महाराष्ट्र में "रंगोली" तथा उत्तर प्रदेश में "चौकपूरन" के नाम से जानी जाती है।

उड़ीसा की ताड़ की पत्तियों पर चित्रकारी, राजस्थान और बंगाल की नक्काशी वाली चित्रकारी जो "फाड" और पटचित्र के नाम से जानी जाती है, उड़ीसा और कर्नाटक ताश के पत्ते जो गंजिफा कहलाते हैं आदि लोक कला के विभिन्न नमूने है।

प्रश्न 9. सरकार ने क्षेत्रीय सांस्कृतिक केन्द्रों की स्थापना क्यों की? चर्चा कीजिए।

उत्तर— भारत सरकार ने क्षेत्रीय सांस्कृतिक केन्द्रों की स्थापना देश की विभिन्न संस्कृतियों तथा उनके मूल्यों के संरक्षण, विस्तार तथा राष्ट्र की सांस्कृतिक एकता में सहायक के रूप में की है। इसकी स्थापना समय, स्थान तथा क्षेत्रीयता से उठकर एक समन्वित सांस्कृतिक संबंध बनाने के लिए हुई है। प्रत्येक क्षेत्र की अपनी लोक कला, प्राचीन कला और शिल्प, स्थापत्य कला चित्रकला और पहनावा है। इन सब क्षेत्रों में ऐतिहासिक मंदिर, मस्जिद, चर्च, महल, तीर्थस्थल और साथ ही साथ प्राकृतिक दर्शनीय स्थल भी हैं जो काफी संख्या में भारतीय और विदेशी पर्यटकों को आकर्षित करते हैं। अतः सांस्कृतिक क्षेत्र कई उद्देश्य पूरे करते हैं, जैसे—

(1) लोगों को भारतीय संस्कृति, धरोहर और परंपरा के प्रति जागरूक बनाकर एक–दूसरे के समीप लाना तथा विदेशी संस्कृति के अतिक्रमण को रोकने की क्षमता का विकास,

(2) लोक कला तथा जनजातीय कलाओं के प्रोत्साहन के लिए विशेष कदम तथा लुप्त होती हुई कला के संरक्षण और सुदृढ़ीकरण की कोशिश,

(3) नवयुवकों को रचनात्मक सांस्कृतिक संप्रेषणों के प्रति सेमिनार, सांस्कृतिक आदान–प्रदान तथा क्रियाकलापों द्वारा जागरूक करना।

शिल्प ग्राम एक आदर्श पारंपरिक गाँव के रूप में विकसित किया गया है जोकि काफी हद तक स्वयंपोषी है और जहाँ पर किसान, कुम्हार, बढ़ई, लुहार, बुनकर आदि समन्वित रूप में एक–दूसरे पर निर्भर होकर रहते हैं। शिल्प ग्राम की इस आंतरिक गतिशीलता को देखते हुए झोपड़ियों का निर्माण भिन्न–भिन्न धंधों के संगठन के रूप में किया गया है। इस तरीके की चक्रीय व्यवस्था को अपनाने से प्रत्येक झोपड़ी की स्वतंत्र सत्ता भी बनी रहती है और साथ ही साथ वह शिल्प ग्राम का अभिन्न अंग भी बन जाता है।

इस तरीके की एकीकरण व्यवस्था में राजस्थान की पाँच झोपड़ियाँ स्थित हैं। राजस्थान के मरूस्थल इलाके का प्रतिनिधित्व मारवाड़ की बुनकर जाति द्वारा होता है जिनकी झोपड़ियाँ बालू के दो टीलों के गाँव, राम (Rama) और सम (Sum) पर आधारित हैं। मेवाड़ के पर्वतीय इलाके के कुम्हार की झोपड़ी का नाम गाँव धल है जोकि उदयपुर से 70 किलोमीटर पश्चिम में स्थित है। उदयपुर की बीलों तथा कोटा की सहरियास नामक दो जनजातीय कृषक समुदाय शेष दो झोपड़ियों का प्रतिनिधित्व करते हैं।

यहाँ पर गुजरात की सात प्रतिनिधित्व झोपड़ियाँ है। बन्नी इलाके की छह झोपड़ियों का एक समूह तथा सातवीं, कच्छ के बुनकर के एक गाँव भुजोदी का प्रतिनिधित्व करती है। समूह रबारी, हरिजन और मालधार समुदायों की दो–दो झोपड़ियों से बना है जो बुनाई के लिए मशहूर हैं। सजावटी घोड़ों के लिए उतने ही मशहूर उत्तरी गुजरात के पोशीना के समीप स्थित लम्बाडिया गाँव का प्रतिनिधित्व जुलाहे की झोपड़ियाँ करती हैं।

पश्चिमी गुजरात के छोटा उदयपुर के वसेदी गाँव के बुनकर की एक झोपड़ी तथा दक्षिणी गुजरात के जनजातीय कृषक समुदाय के दाँग तथा राथवा गाँव की दो झोपड़ियाँ हैं। इनके साथ ही साथ गाँधी नगर के समीप पेठापुर के इलाके का कापरी सज्जित लड़की का मकान भी है।

पर्यटकों और विद्यार्थियों के लिए शिल्पग्राम एक जीवित मानव जाति के संग्रहालय के रूप में नजर आता है तथा साथ ही साथ लुप्तप्राय लोक कला और शिल्प के नमूने एक संग्रहालय तथा दीर्घा में सुरक्षित हैं। पक्की मिट्टी की बड़ी मूर्तियाँ, मुखौटे, सुसज्जित लकड़ी तथा धातु के काम की वस्तुएँ प्रदर्शन के लिए रखी हैं। इनके साथ शिल्प ग्राम के खूबसूरत प्राकृतिक दृश्य में अभ्यारण्य, लोक मूर्तियाँ, जनजातीय चिह्न आदि काफी प्रमाणिक तौर पर सजाए गए हैं। दूसरे संस्थानों में मध्य प्रदेश के भोपाल का भारत भवन तथा उत्तर में इलाहाबाद, पूर्व में

कलकत्ता तथा दक्षिण में हैदराबाद के क्षेत्रीय सांस्कृतिक केंद्र आदि हैं। इन केंद्रों द्वारा नियत काल पर अलग–अलग जगहों पर कार्यक्रम आयोजित किए जाते हैं तथा ये राज्य पर्यटन विकास कार्यालय द्वारा आयोजित मेलों तथा उत्सवों में भाग लेते रहते हैं।

प्रश्न 10. निम्नलिखित पर नोट लिखिए–

(1) शिल्प संग्रहालय

उत्तर– इस संग्रहालय का निर्माण इन कलाकारों तथा शिल्पकारों को श्रद्धांजलि स्वरूप किया गया था जिन्होंने कला की परंपरा को सर्दियों तक जीवित रखा। यह संग्रहालय कई कारणों से अनुपम है। इसके संग्रह में भारतीय शिल्प के नमूने कई माध्यमों जैसे मिट्टी, लकड़ी, वस्त्र, टोकरी निर्माण, केन तथा बाँस और धातुओं में संकलित है। यह संग्रहालय भव्य पुराने किले के समीप दिल्ली के मुख्य प्रदर्शनी मैदान – प्रगति मैदान में स्थित है। 1972 में "ग्रामीण भारत" नामक प्रदर्शनी के बाद से यह संग्रहालय एक ग्रामीण परिसर का भी संचालन कर रहा है जो प्रदर्शनी का एक हिस्सा था। इस परिसर में भारत के विभिन्न हिस्सों जिनमें अरूणाचल प्रदेश, उड़ीसा, तमिलनाडु, गुजरात, बंगाल तथा राजस्थान हैं, के मकानों के छोटे स्वरूप बनाकर रखे गए हैं। यह सबके मकान इन्हीं इलाकों के कारीगरों द्वारा प्रामाणिक सामान से निर्मित हैं। इन घरों में कुछ रोजमर्रा के इस्तेमाल की वस्तुएँ आमतौर पर उन इलाकों में प्रयुक्त होती हैं। हिमाचल प्रदेश की कुल्लू झोपड़ी लकड़ी और पत्थर की बनी हैं, छत स्लेट की खपरैल की बनी है और नक्काशीदार छज्जा भी है। गुजरात के घर मिट्टी की ईंटों के बने हैं तथा चित्रकारी से सुसज्जित हैं।

भारतीय गाँवों में भित्ति चित्र में काफी भिन्नता है। अक्सर मिट्टी की गीली दीवारों पर सूखा चूना छिड़का गया था और यह चित्रकारी के काम भी आता था। ये सभी चीजें खनिजों से निर्मित होती थीं। इनका निर्माण त्यौहारों, शादी–ब्याह, जन्म आदि अवसरों पर किया जाता था जैसाकि बिहार के मधुबन इलाके की मशहूर मधुबनी भित्ति चित्र में दिखाई देता है, जहाँ पर औरतें घर की बाहरी दीवारों पर अपनी कला का प्रदर्शन करती हैं। चित्रकारी के अलावा मिट्टी की दीवारों पर अक्सर शंख, काँच के टुकड़ों आदि से विभिन्न नमूनों का निर्माण दीवारों की खूबसूरती के लिए किया जाता है। जो व्यस्त पर्यटक ग्रामीण इलाकों का भ्रमण नहीं कर पाता है, उसके समक्ष शिल्प संग्रहालय का ग्रामीण परिसर "वास्तविक भारत" की एक अनुपम झलक प्रस्तुत करता है। सर्दियों की सुबह इन मकानों और दालानों से गुजरना काफी मनोहारी होता है।

संग्रहालय का मनोरंजक भाग "शिल्प प्रदर्शन" क्षेत्र है। यहाँ मिट्टी की झोपड़ियों से घिरे चतुर्भुज प्रागंण में कला प्रदर्शन का कार्य होता है। शिल्प संग्रहालय द्वारा देश के विभिन्न इलाकों में कलाकारों के कार्य का प्रदर्शन एक निश्चित समय सारणी के अनुसार होता है। भारत की कढ़ाई, मिट्टी का सामान, धातु का काम, खिलौने आदि कलाओं का प्रदर्शन होता है। सबसे दिलचस्प बात यह है कि आप खुद खड़े होकर उनकी रचना प्रक्रिया को देख सकते

हैं तथा शिल्पकारों से बातचीत भी कर सकते हैं। इन प्रदर्शनों के माध्यमों से पर्यटक भारत की कला की अनेकता और इसकी विपुल संपदा को समझ पाता है। इसी मिट्‌टी से अनेक प्रकार की वस्तुएँ जैसे धार्मिक सामान, खिलौने, घरेलू सामान, बर्तन, थाली तथा भंडारण कैबिनेट के सामानों का निर्माण करते हैं।

इस संग्रहालय में आयोजित प्रदर्शनी की सूचना साल भर दिल्ली के अखबारों में रहती है। शिल्प की वस्तुओं की प्रदर्शनी भी यह संग्रहालय लगाता है, जिसका काफी अच्छा संग्रह है और ये वस्तुएँ शीघ्र ही एक नई इमारत में स्थानांतरित हो जाएगी।

(2) बर्तन संग्रहालय

उत्तर– इन अनोखे संग्रहालय के निर्माण का पूरा श्रेय इसके संस्थापक सुरेन्द्र पटेल को जाता है। यह नया संग्रहालय मात्र तेरह साल पुराना है और केवल भारतीय बर्तनों तक सीमित है। एक छोटे से खूबसूरत ग्रामीण परिसर में तालाब और दालान के चारों तरफ झोपड़ियाँ बनाकर उनमें तथा बाहर भी बर्तनों को प्रदर्शित किया गया है। इसमें पटेल धातु के बर्तनों को प्रदर्शित किया गया है। इस विचार के साथ ही पटेल धातु के बर्तनों की खोज में भारत भ्रमण को निकले और करीब दस हजार से ज्यादा नमूने इकट्‌ठा करने में सफल हुए।

बर्तनों के आकार से इनके उपयोग को समझा जा सकता है। लम्बी, पतली गर्दन और छोटे मुख वाले बर्तन तरल पदार्थ जैसे तेल तथा बड़े मुँह वाले अनाज के भंडारण में काम आते हैं। वहाँ पर कुछ ढक्कनदार बक्से भी हैं जिनमें पैसे और बहुमूल्य वस्तुएँ रखकर ताला बंद किया जा सकता है। एक औसत ग्रामीण घर में कम से कम फर्नीचर तथा कपड़ें, पैसे और भोजन के भंडारण के सामान काफी संभालकर रखे जाते थे।

इनके विभिन्न आकार अचंभित करने वाले हैं, इतनी ही दिलचस्प घरेलू सामान को बनाने व सजाने की तरकीबों की विभिन्नता हैं। कुछ ऐसे बर्तन दो या ज्यादा धातुओं से मिलकर बने हैं वे हैं–ताँबा व काँसा। कुछ उदाहरण –उभारदार व कलई किए हुए बर्तनों के हैं। बाद के कार्यों में कुछ खूबसूरत नमूने बीदरी बर्तनों में देखने को मिलते हैं जहाँ काँसे के आधार पर चाँदी या कभी–कभी सोने को विभिन्न आकृतियों में भरा जाता है जैसे सोने के भराव वाला सरौता। यहाँ पर चम्मचों, बेलनों, खाने के डिब्बों और कई प्रकार के खाना पकाने के बर्तनों का संकलन है।

प्रोत्साहनमूलक कौशल : स्थिति अध्ययन–1

प्रश्न 1. भारत महोत्सव से आप क्या समझते हैं? भारत महोत्सव की शुरुआत व संरचना पर चर्चा कीजिए।

उत्तर— 1978 के अंत में ब्रिटेन सरकार ने भारत सरकार के सामने ब्रिटेन में भारतीय शास्त्रीय कला की वृहद् पैमाने पर प्रदर्शनी के आयोजन की संभावना पर विचार करने का प्रस्ताव रखा। इस प्रस्ताव का हार्दिक स्वागत किया गया। यह महसूस किया गया कि ब्रिटेन और भारत के आपसी सहयोग से भारत की सांस्कृतिक विरासत की समृद्धि और व्यापकता से लोगों को परिचित कराने के लिए एक प्रदर्शनी का आयोजन किया जाये। भारत की स्वतंत्रता के तुरंत बाद 1947–48 में इस प्रकार का आयोजन किया गया था जिसमें लंदन के बर्लिंगटन हाउस में श्रेष्ठ भारतीय पुरावशेषों की प्रदर्शनी लगाई गई थी।

श्रीमती इंदिरा गाँधी ने 1980 में प्रधानमंत्री का पुनः पदभार संभालने के बाद इस प्रस्ताव में एक आमूल परिवर्तन किया। उनका मानना था कि लोगों को केवल भारत के अतीत से अवगत कराना ही पर्याप्त नहीं बल्कि भारत के वर्तमान विकास से भी लोगों को अवगत कराया जाना चाहिए। इस प्रकार भारत–महोत्सव की अवधारणा सामने आई। इस भारत–महोत्सव में भारत को संपूर्णता में प्रस्तुत करने का विचार सामने आया जिसके अंतर्गत आदिम पाषाण काल से लेकर प्रगतिशील अंतरिक्ष युग तक के भारत को पेश करने की योजना प्रस्तुत की गई।

इतिहास और वर्तमान की परंपराओं के इस भाव को दर्शाने का लक्ष्य सामने रखा गया। 1982 में ब्रिटेन में इस प्रकार का पहला भारत महोत्सव सफलतापूर्वक संपन्न हुआ। इसके बाद अमेरिका, रूस (पूर्व सोवियत संघ), स्वीडन, जापान, जर्मनी और चीन में सफलतापूर्वक भारत–महोत्सवों का अयोजन किया गया। इस प्रक्रिया में भारत ने अंतर्राष्ट्रीय सांस्कृतिक आदान–प्रदान के क्षेत्र में संस्कृति को संपूर्णता में अभिव्यक्त करने की नई संकल्पना सामने रखी।

संरचना—भारतीय संस्कृति की जीवंतता को भारतीय दृष्टि से प्रदर्शित करने का एक प्रयास रहा है। संस्कृति की इस जीवंतता की परिभाषा का अर्थ लोगों की समग्र जीवनशैली उनकी मान्यताओं, संगीत, साहित्य या संपूर्ण संरचनात्मक और प्रगतिशील विचारधारा के प्रभाव से होने वाले परिवर्तनों के फलस्वरूप पाँच हजार वर्षों के पुरातन भारत को समेटते हुए भारत की जीवंत और विकासमान संस्कृति को पेश करना सचमुच चुनौती भरा कार्य था। निरंतरता और परिवर्तन की अवधारणा का मूल उद्देश्य भारत की जीवंत सभ्यता से लोगों को परिचित कराना है। यहाँ अतीत वर्तमान के झरोखे से झाँकता है और वर्तमान अतीत को प्रतिबिंबित करता हुआ–सा प्रतीत होता है।

भारत महोसत्व की संरचना के अंतर्गत भारत के अतीत के उत्कृष्ट वास्तुशिल्प, बहुमूल्य चित्रों और पुरालेखों को प्रदर्शित किया गया। अतीत को परंपराओं से जोड़ने का प्रयास किया गया है। यह परंपरा शताब्दियों से विकसित होती चली आ रही है, और आज भी इसका अस्तित्व कायम है। इसके साथ–साथ समकालीन कलाकारों हस्तशिल्पकारों, नर्तकों, संगीतज्ञों, कवियों, नाटककारों और फिल्म निर्माताओं की उपलब्धियों से भी अतीत को दोहराने का प्रयत्न किया गया है। इसमें प्राचीन परंपरा से जुड़े कलाकारों के साथ–साथ आधुनिक शैली को भी सम्मिलित किया गया है। इसके अतिरिक्त भारतीय विज्ञान और तकनीक को प्रदर्शनी में सम्मिलित कर एक नया आयाम जोड़ा गया।

इस उत्सव की सरकारी गतिविधियों के अतिरिक्त स्थानीय स्तर पर स्थानीय उत्सवों का आयोजन सफलतापूर्वक किया गया जिन्हें "उत्सव के साझे आयोजन" का नाम दिया गया। इन जन पेशेवर संस्थाओं, विद्वत् समाज संस्थाओं और सांस्कृतिक केंद्रों, स्थानीय भारतीय समुदायों, निजी कला गैलरियों और रेस्तराओं के सहयोग से सरकार ने अपने उद्देश्य को प्राप्त किया।

विशेष शैक्षणिक कार्यक्रमों के आयोजन से इस उत्सव को एक नया आयाम प्रदान किया गया। प्रदर्शनी से जुड़े संग्रहालयों और कला गैलरियों द्वारा इसका आयोजन किया गया। इसका उद्देश्य जनता के बिल्कुल करीब जाना था।

अमेरिका में भारत महोत्सव के विभिन्न मुख्य कार्यक्रमों में चित्रकला और मूर्तिकला पर आधारित 8 प्रमुख प्रदर्शनियाँ शामिल थीं – 2 वस्त्र प्रदर्शनियाँ, 1 विज्ञान और तकनीकी प्रदर्शनी, समकालीन कला की तीन प्रदर्शनियाँ, 1 शिल्प प्रदर्शनी, लोक जीवन पर 2 प्रदर्शनियाँ, एक फिल्मोत्सव, एक काव्योत्सव, अभिनय कला के दोनों रूपों – शास्त्रीय नृत्य व संगीत तथा लोक नृत्य व संगीत का आयोजन, और 11 गोष्ठियाँ/सम्मेलन। इन 34 मुख्य कार्यक्रमों के अलावा विभिन्न संस्थाओं और सामुदायिक संगठनों की सहायता से इस उत्सव को व्यापकता प्रदान की गई। इस अवधि में 44 राज्यों के 190 शहरों में विभिन्न प्रकार के 670 कार्यक्रम आयोजित किए गए। इससे उत्सव में व्यापकता, वेग और जीवंतता आ गई। इस दृष्टिकोण से उत्सव सफल रहा। सच्चे अर्थों में यह एक ऐसा उत्सव था जिसमें उल्लास, उमंग सब कुछ था। भारत महोत्सव की अवधि में संपन्न हुए कार्यक्रम उत्सव की व्यापकता को

सिद्ध करते हैं। इन उत्सवों के आयोजनों का घटनाक्रम आज भी जारी है। भारत से संबंधित कार्यक्रम आज भी चल रहे हैं।

प्रश्न 2. भारत–महोत्सव के उद्देश्य तथा प्रासंगिकता पर प्रकाश डालिए।

उत्तर— भारत महोत्सव की प्रासंगिकता और उपयोगिता को लेकर भारत में काफी बहस हुई। आमतौर पर इसकी यह कहकर आलोचना की जाती है कि यह फिजूलखर्ची थी और इसका कोई दूरगामी प्रभाव नहीं पड़ा। वस्तुतः इसका कोई वस्तुनिष्ठ मूल्यांकन प्रस्तुत नहीं किया गया है। यदि इसका प्रयास किया भी जाए तो उत्सवों की उपलब्धियाँ हमेशा अमूर्त होती हैं। असल में एक तो इन उत्सवों की आलोचना का मुख्य कारण इसके उद्देश्यों की सही समझ का अभाव था और दूसरें, ज्यादातर इसमें इन उत्सवों से जुड़े व्यक्तियों को निशाना बनाया गया है।

भारत–महोत्सव की उपयोगिता और प्रासंगिकता पर विचार करने से पूर्व भारत–महोत्सव के पीछे छिपी अवधारणा को स्पष्ट करना होगा। यह कहना सही होगा कि भारत–महोत्सव का उद्देश्य अंतर्राष्ट्रीय स्तर पर भारत के महत्त्वपूर्ण साथी देशों में भारत के बारे में मौजूदा अवधारणा को परिवर्तित करना था। यह भी जानना जरूरी है कि बाहरी दुनिया में भारत की मौजूदा तस्वीर को बदलना क्यों जरूरी था और है? और इसके लिए इतना प्रयत्न करना क्यों आवश्यक है?

अभी तक भारत के बारे में विश्व जो कुछ भी जानता है वह ब्रिटिश लेखन और ब्रिटिशकालीन भारत के पर्यवेक्षण पर आधारित है। स्वतंत्रता प्राप्ति तक भारत को "ब्रिटेन की आँखों" से देखा गया। अतः यह स्वाभाविक था कि भारत की यह तस्वीर ब्रिटिश साम्राज्यवादी हितों को ध्यान में रखकर पेश की गई। हालाँकि इस बात से इंकार नहीं किया जा सकता कि कुछ अंग्रेज विद्वानों और भारतविज्ञों ने भारतीय सभ्यता के कुछ सकारात्मक पक्षों को भी प्रकाश में लाने का अभूतपूर्व कार्य किया। लेकिन इतना कहना पर्याप्त होगा कि भारत की यह तस्वीर औपनिवेशिक कलम से पेश की गई और इसने भारत, भारतीय कलाओं और संस्कृति को सही परिप्रेक्ष्य में प्रस्तुत नहीं किया।

भारत को राजाओं, महाराजाओं, बाघों, सपेरों का तथा ताजमहल जैसे उत्कृष्ट भवन वाला, पिछड़ा हुआ तथा रोमानी भूमि में प्रस्तुत किया गया। इसे ऐसा देश बताया गया जहाँ गरीबी है, गर्मी है, धूल है। भारत की संस्कृति को साधुओं और पुजारियों की संस्कृति के रूप में पेश किया गया जहाँ अनंत काल से कोई बदलाव नहीं आया। भारतीय संस्कृति के मूल को समझने और बताने की कोशिश नहीं की गई। अतः स्वतंत्रता के बाद भारतीय सांस्कृतिक कूटनीति का मुख्य उद्देश्य रहा है—

(1) भारतीय व्यक्तित्व की पुनः स्थापना करना,

(2) भारत को भारत की आँखों से प्रस्तुत करना और औपनिवेशिक तस्वीर को बदलना,

(3) अंतर्राष्ट्रीय सांस्कृतिक पटल पर भारतीय व्यक्तित्व को प्रकाशित करना।

देशों के संबंध परस्पर हितों से निर्धारित होते हैं। इसमें कोई संदेह नहीं कि विदेश नीति के निर्धारण में राजनैतिक, आर्थिक और सामरिक मामलों की अहम् भूमिका होती है। तथापि कोई भी विदेश नीति चाहे कितनी भी विद्धतापूर्वक बनाई गई हो दूसरे देश के ऐतिहासिक परिप्रेक्ष्य और समकालीन प्रवृत्तियों को समझे बिना उस देश के बारे में प्रचलित गलत अवधारणाओं और पूर्वाग्रहों को दूर नहीं कर सकती।प्रत्येक देश की अपनी परंपरा, मूल्य, विचार और आर्थिक व्यवस्थायें होती हैं। अतः इसे समझे बिना आपसी समझ और अर्थपूर्ण सहयोग कायम नहीं हो सकता है। इसके लिए पूर्वाग्रहों को तोड़ना होगा। इसी परिप्रेक्ष्य में भारत–महोत्सव को देखना होगा जिसके माध्यम से हम भारत को दुनिया के रंगमंच पर सही रूप में प्रस्तुत कर सकते हैं। साथ ही भारत की परंपरा, मूल्य, विचार, आधुनिक विकास और समझ को दुनिया के सम्मुख रख सकते हैं एवं सर्जनात्मक कला के माध्यम से सजीव और चेतन भारत को विश्व पटल पर प्रदर्शित कर सकते हैं।

इस प्रक्रिया में कहाँ तक सफलता मिलती है, यह कहना कठिन है। असल में, ऐसे मामलों में अमूर्त उपलब्धियों को गणना में बाँधना कठिन होता है। भारत की तस्वीर को प्रस्तुत करने वाले उत्सवों को खाकों और हिसाबों में बांट और तोल कर नहीं देखा जा सकता है। किंतु इस बात के पर्याप्त संकेत मिले है कि जहाँ–जहाँ उत्सवों का आयोजन हुआ है, वहाँ–वहाँ भारत के बारे में लोगों की धारणा बदली है। उदाहरण के लिए, इन उत्सवों के आयोजन से भारत के संबंध में स्थापित पूर्वाग्रह दूर हुए हैं और भारत की सही, जीवंत सांस्कृतिक विरासत सामने आई है। अब भारत को उसकी परंपरा और इतिहास के सही परिप्रेक्ष्य में देखा जाने लगा है।

प्रश्न 3. भारत महोत्सव की उपलब्धियाँ और सीमाओं का उल्लेख कीजिए।

उत्तर– उत्सवों और सांस्कृतिक प्रयोजनों की उपलब्धियों को गणना की परिधि में बाँधना मुश्किल होता है क्योंकि इनका प्राथमिक उद्देश्य है–

- भारत की बिगड़ी तस्वीर को सुधारना, और
- भारत और भारतीय वस्तुओं के प्रति रुचि जागृत करना।

फिर भी भारत–महोत्सव की उपलब्धियों को निम्नलिखित रूप में व्यक्त किया जा सकता है–

(1) विभिन्न देशों में आयोजित भारत–महोत्सवों में दर्शकों की संख्या इस बात का प्रमाण है कि इन उत्सवों से भारत के प्रति आकर्षण बढ़ाने में मदद मिली है।

(2) संचार माध्यमों द्वारा इन उत्सवों का व्यापक प्रचार–प्रसार इन उत्सवों की व्यापकता को स्पष्ट करता है। उदाहरण के लिए, एक अमरीकी पेशेवर एजेंसी द्वारा 20 महीने के उत्सव के दौरान अमेरिका में भारत–महोत्सव के प्रचार पर 2 अरब 30 करोड़ रुपया खर्च किया गया जिसके लिए कोई भुगतान नहीं करना पड़ा। अतः लोगों की हिस्सेदारी की दृष्टि से यह उत्सव काफी हद तक सफल रहा। भारतवासियों ने भारत को नए नजरिये से पेश किया।

(3) मेहमान और मेजबान देश के बीच प्रगाढ़ संस्थागत संबंधों की स्थापना इस प्रकार के आयोजनों की एक प्रमुख उपलब्धि थी। संग्रहालयों और कला, संस्कृति, आदि से जुड़ी संस्थाओं के बीच आपसी आदान–प्रदान हुआ। भविष्य में सांस्कृतिक आदान–प्रदान की दृष्टि से यह काफी उपयोगी सिद्ध हुआ।

(4) सभी मेजबान देशों में उत्सवों, प्रदर्शनियों और मेहमान देश से संबद्ध पुस्तिकाएँ, पत्रक और विवरणिकाएँ प्रकाशित की गई। ये प्रकाशन भारतीय कला और संस्कृति पर लिखे गये साहित्य को समृद्ध करते हैं। लोग इसे पढ़कर भारतीय कला और संस्कृति से परिचित हुए। भारतीय चित्रकला, वास्तुकला, आदि के बारे में इनमें जानकारी दी गई। भारत की कला पर काम कर रहे इतिहासकारों के लिए ये प्रकाशन काफी उपयोगी सिद्ध हुए।

(5) इन उत्सवों से मेजबान देशों में भारतीय कला और संस्कृति के प्रति रुचि बढ़ी। 1982 में ब्रिटेन में भारत महोत्सव का आयोजन किया गया था। लंदन के विक्टोरिया और एल्बर्ट संग्रहालय में भारतीय कला की एक स्थाई गैलरी की स्थापना इसी का परिणाम है। इसी प्रकार संयुक्त राज्य अमेरिका में 1985–86 में भारत–महोत्सव के दौरान दो बड़ी प्रदर्शनियाँ आयोजित की गई जिसमें न्यूयार्क स्थित मेट्रोपोलिटन संग्रहालय ने भी हिस्सा लिया। इसके परिणामस्वरूप अप्रैल 1994 में अमेरिका के न्यूयार्क स्थित मेट्रोपोलिटन संग्रहालय में दक्षिण और दक्षिण–पूर्व एशियाई कला की स्थायी वीथि (गैलरी) स्थापित की गई। जापान में भारत–महोत्सव के बाद एक संस्था की स्थापना की गई जो अपने स्तर पर प्रत्येक वर्ष जापान में भारतीय सांस्कृतिक कार्यक्रमों का आयोजन करती है। 1992 और 1993 में इस संस्था ने एक ध्रुपद दल और दो दक्षिण भारतीय रसोइयों के दल को आमंत्रित किया था।

(6) इन उत्सवों की मुख्य उपलब्धि भारतीय लोक परंपराओं और कलाओं का विदेशों में प्रसारण–प्रचारण था। यहाँ भी सफलता की कुंजी अद्‌भुत अभिव्यक्ति की शैली में निहित है। उदाहरण के लिए, ये लोक–परंपराएँ और कलायें विदेशी दर्शकों के सामने "विदेशी" रूप में प्रस्तुत नहीं की गई, बल्कि उन्हें पूरी समग्रता में भारतीय जीवंतता और सही परिप्रेक्ष्य में प्रस्तुत किया गया जिससे दर्शक उसे सही संदर्भ में समझ सकें। इंग्लैड और अमेरिका में हुआ **"अदितिः जीवन का एक समारोह"** सबसे सफल प्रदर्शन है।

"हिन्दू संस्कार" में उल्लिखित मानव जीवन–चक्र की भाँति प्रदर्शनी को विषयवार ढंग से आबद्ध किया गया था। प्रदर्शनी का आरंभ उत्सव के प्रतीकों से हुआ और फिर शादी–ब्याह, गर्भधारण, जन्म, अन्नप्राशन, शैशव काल, युवावस्था, और गृहत्याग (वानप्रस्थ) को प्रतीकों से अभिव्यक्त किया गया। पिता को एक बच्चे के साथ दिखाने की एक सीधी आनुवांशिक रेखा खींचने के बजाए बच्चे को पिता बनते दिखाया गया। इस प्रकार जीवन–चक्र की स्वाभाविक गति को प्रतिबिंबित किया गया। हजारों वस्तुओं को उनके उपयोग के आधार पर प्रदर्शनी में सजाया गया था। उदाहरण के लिए, प्रजनन संबंधी वस्तुएँ प्रथम भाग में, भित्ति चित्रों को वैवाहिक कक्ष में, पालनों को जन्म के साथ, खिलौनों को बढ़ते बच्चों के कक्ष में, आदि।

इन वस्तुओं और इनकी सजावट को जीवंत बनाने के लिए 13 विभिन्न राज्यों से 40 लोक कलाकारों ने भाग लिया जिन्होंने एक खास माहौल में जीवन–चक्र के रूप में अपनी कला का प्रदर्शन किया–

(क) दैवीय समृद्धि के लिए बाउल गान,

(ख) वार्ली के एक चित्रकार द्वारा जनजातीय प्रणय नृत्यों का दीवार पर चित्रण,

(ग) विवाह की तैयारी में मेंहदी लगाती राजस्थानी महिलाएँ,

(घ) बच्चे के जन्म पर गीत गाते मुस्लिम लांगा गीतकार, तथा

(ङ) जादूगर, कठपुतली का नाच दिखाने वाले, नट और बच्चों को भारत के इतिहास, पुराण और ज्ञान के विषय में बताने वाले कहानीकार।

इस प्रकार संग्रहालय की एक ही वीथि में और एक ही जगह दर्शकों के सामने भारत के परंपरागत दृष्टिकोणों, दक्षताओं और सर्जनात्मक लोक–प्रथाओं को प्रस्तुत किया गया था। दूसरे शब्दों में उन्होंने एक प्रकार से भारत की परंपरा के दर्शन समग्र रूप में किये। कोई आश्चर्य नहीं, इसी कारण संचार–माध्यमों, कला–आलोचकों, क्षेत्र–विशेषज्ञों, विद्वानों और खासकर जनता ने "अदिति" की सफलता की खूब सराहना की।

(7) भारत महोत्सव का आयोजन जिस देश में किया गया वहाँ से भारत आने वाले पर्यटकों की संख्या में वृद्धि हुई है। हालाँकि यह बताना कठिन है कि इन उत्सवों का पर्यटकों के आने पर कितना सीधा प्रभाव पड़ा। किंतु यह निस्संदेह कहा जा सकता है कि इंग्लैड और अमेरिका में उत्सवों के आयोजन के बाद इन देशों से भारत आने वाले पर्यटकों की संख्या में निश्चित रूप से वृद्धि हुई। इन उत्सवों का जिस उत्साह के साथ स्वागत किया गया और जिस उल्लास के साथ इसे मनाया गया उससे एक नया माहौल पैदा हुआ। चाहे इस माहौल का प्रभाव अस्थायी ही क्यों न रहा हो।

(8) कई अर्थों में संस्कृति और वाणिज्य एक दूसरे के अभिन्न हैं। यही बात उत्सवों के संबंध में भी सच है। इन उत्सवों के आयोजन से भारतीय वस्तुओं की बिक्री भी हुई तथा भारतीय उत्पादों को बढ़ावा भी मिला। मेजबान देश की कई प्रतिष्ठित दुकानों ने भारतीय उत्पादों की प्रदर्शनी लगाई और बिक्री की। भारत–महोत्सव के दौरान अमेरिका की दो प्रतिष्ठित दुकानों – ब्लूमिंग्डेल्स और बर्गडोफ्र और गुडमैन – में भारतीय वस्तुओं को भारत–महोत्सव के दौरान प्रदर्शित किया गया और बेचा गया। इस प्रकार उत्सवों से वाणिज्य को भी बढ़ावा मिला।

(9) उत्सव से मेजबान देश पर तो इसका प्रभाव पड़ा ही, साथ ही साथ भारत पर भी इस प्रकार के आयोजनों का असर पड़ा। इन उत्सवों का सबसे बड़ा लाभ यह हुआ कि इससे देश की संस्कृति और कला को एक व्यापक परिदृश्य प्राप्त हुआ। इसके कारण संस्कृति अपनी सीमाओं के खोल से बाहर निकली। यही कारण है कि अस्सी के दशक में अचानक संग्रहालय, पुरातत्व, संगीत, नर्तकियों, नर्तकों, गीत–संगीत, साहित्य और जनता के साथ उनके परस्पर संबंध की बात होने लगी। ऐसा लगा कि लोग अचानक भारतीय विरासत की असाधारण

विशेषताओं के प्रति जागरूक हो गए। इसके पूर्व इन पर या तो विचार किया ही नहीं गया था या नहीं के बराबर विचार किया गया था। इन प्रदर्शनों से कई गुमनाम कलाकार और शिल्पी सामने आये और परंपरा से चली आ रही उनकी कला वर्तमान युग में सार्थक हो उठी। स्वर्गीया गंगादेवी एक अशिक्षित महिला कलाकार थीं जिन्होंने अपनी कला में समकालीनता को चित्रित किया।

(10) इन उत्सवों का विदेशों में अभूतपूर्व स्वागत हुआ। भारतीय विरासत से परिचित और प्रभावित होने के बाद बहुत से देश भारतीय विरासत के प्रतीक चिह्नों की सुरक्षा और संरक्षण के लिए आगे आये। INTACH का गठन इन उत्सवों का सीधा परिणाम था। जापान में आयोजित भारत–महोत्सव के कारण जापानी संस्थाएँ सांची स्तूप के रखरखाव के लिए आगे बढ़ी और अच्छी धन राशि प्रदान की। इसी प्रकार अजंता और एलोरा की गुफाओं को बचाये रखने में भी जापान सरकार महाराष्ट्र सरकार की सहायता के लिए तत्पर हुई। इसके अलावा इन्हीं उत्सवों के बाद कई सांस्कृतिक परंपराओं के संरक्षण और प्रोत्साहन के लिए कई क्षेत्रीय सांस्कृतिक केन्द्रों की स्थापना हुई।

प्रश्न 4. इंडियाफेस्ट की योजना तथा सर्वेक्षण का वर्णन कीजिए।

उत्तर– भारतीय यात्रा निगम ने भारत सरकार के पर्यटन विभाग और एयर इंडिया से इंडियाफेस्ट के आयोजन में सहयोग देने और इसमें हिस्सा लेने के लिए आमंत्रित किया। इन दोनों संगठनों ने उत्साहपूर्वक इस प्रस्ताव का स्वागत किया और ये दोनों प्रायोजक भी बन गए। बाद में लुफ्थांसा भी प्रायोजक बनने के लिए तैयार हो गया। इस योजना के कार्यान्वयन के लिए आवश्यक निम्नलिखित स्वीकृतियाँ प्राप्त की गईं–

(1) भारतीय रिजर्व बैंक और वित्त मंत्रालय से विदेशी मुद्रा की प्राप्ति,

(2) भारतीय व्यापार प्रोत्साहन संगठन से विदेश में इंडियाफेस्ट आयोजित करने के लिए अनापत्ति प्रमाण पत्र की प्राप्ति, तथा

(3) जहाजरानी के महानिदेशक से के.डी. लाइन्स के जहाज को किराये पर लेने की स्वीकृति।

इस आयोजन की सफलता के लिए पर्यटन से जुड़े विभिन्न उत्पादों और सेवाओं के आपूर्तिकर्त्ताओं से भी इसमें भागीदारी के लिए संपर्क करना पड़ा। जो इस प्रकार है–

(क) प्रमुख होटल

(ख) अंतर्राष्ट्रीय वायुसेवा, एयर इंडिया और इंडियन एयरलाइन्स,

(ग) भारत सरकार और राज्यों के पर्यटन विभाग, तथा

(घ) भारतीय हस्तशिल्प, वस्त्राभूषण और अन्य वस्तुओं के प्रमुख निर्यातक।

इस आमंत्रण का जोरदार स्वागत हुआ और अक्तूबर 1992 तक 25 मंडपों की स्थापना के लिए प्रार्थना प्राप्त हो गई। बाद में केवल 16 मंडप लगाये गये। इसका कारण यह

था कि पहले के.डी. लाइन्स के साथ दो जहाजों के लिए अनुबंध हुआ था पर बाद में केवल एक जहाज, एम.एस.फ्रांस, को ही हासिल किया जा सका। अंततः निम्नलिखित संस्थाओं ने इंडियाफेस्ट में भाग लिया—

(1) ओबेरॉय होटल समूह

(2) ताजहोटल समूह

(3) भारतीय पर्यटन विकास निगम

(4) दिल्ली पर्यटन विकास निगम

(5) उत्तर प्रदेश होटल/बनारस घराना

(6) कुटीर उद्योग प्रदर्शनी

(7) भोला नाथ ब्रदर्स, जौहरी

(8) रीगल रोब्स

(9) लुफ्थांसा

(10) पर्यटन विभाग, भारत सरकार

(11) भारतीय यात्रा निगम (TCI)

इंडियाफेस्ट में भाग ले रही संस्थाओं द्वारा भेजी गई वस्तुओं, प्रोत्साहन सामग्रियों और साहित्य को फ्रैंकफर्ट/कोलोन ले जाने के लिए और सीमा शुल्क से निबटने के लिए टी.सी. आई. ने फ्रांस की प्रमुख एजेंसी एम.एस. हंस गीज ने भारत में अपने यात्रा प्रबंधक श्री पीटर गेसेन को टी.सी.आई. से मिलकर काम करने का कार्य सौंपा। सीमा शुल्क और यातायात से संबंधित मामलों को सुलझाने के लिए श्री जीना और श्री गेसेन तीन बार भारत के दौरे पर आये।

यद्यपि इंडियाफेस्ट के दौरान बेची जाने वाली वस्तुओं के लिए जर्मनी में सीमा–शुल्क संबंधी औपचारिकताएँ पूरी कर ली गईं लेकिन यूरोपीय आर्थिक समुदाय का प्रतिनिधि न होने के कारण स्वीट्जरलैंड में ऐसा संभव न हो सका। स्वीट्जरलैंड में वस्तुओं को बेचने के लिए जटिल प्रक्रिया से गुजरना पड़ता और इससे काफी असुविधा होती और बैस्ले से एम.एस. फ्रांस के खुलने और आगे बढ़ने में भी विलंब होता। इसके अलावा स्विस अधिकारियों ने एक निर्धारित फार्म में विक्रेताओं से बेची जाने वाली वस्तुओं की सूची माँगी जिसे निर्धारित समय पर प्रस्तुत नहीं किया जा सका। अतः यह निर्णय लिया गया कि बैस्ले में जहाज पर कोई भी वस्तु नहीं बेची जायेगी।

अंततः यह निर्णय लिया गया कि के.डी. लाइन्स के रसोइयों की संख्या घटाई जाए और भारतीय यात्रा निगम भारतीय रसोइयों और प्रशिक्षकों को वहाँ भेजे जो खुद भी खाना बना सकें और के.डी. लाइन्स के कर्मचारियों की भी सहायता कर सकें। इस प्रकार टी.सी.आई. ने इंस्टीट्यूट ऑफ होटल मैनेजमेंट, केटरिंग टेक्नॉलाजी एंड एप्लाइड न्यूट्रीशन, बंबई से सपर्क स्थापित किया। उनके प्रभारी प्राचार्य श्री एम.एस. घरगलकर और भारत सरकार के पर्यटन

कार्यालय के क्षेत्रीय निदेशक श्री सी.श्रीनिवास की सहायता से उनके बीच एक समझौता हुआ कि टी.सी.आई. भारत से जाने वाले प्रशिक्षकों और रसोइयों के लिए हवाई जहाज का यात्रा व्यय, आने जाने का खर्चा, रहने और खाने की व्यवस्था करेगा। इस प्रकार संस्थान ने 7 प्रशिक्षक और रसोइये वहाँ भेजे। यह प्रयोग सफल सिद्ध हुआ। इन भारतीय रसोइयों और के. डी. लाइन्स के रसोई कर्मचारियों ने अभूतपूर्व सहयोग से कार्य किया। भोजन उत्तम कोटि का बना। रसोई में जगह कम होने, तंदूर जैसे भारतीय भोज्य पदार्थों को बनाने की सुविधा न होने, अनुकूल मसालों के उपलब्ध न रहने के बावजूद स्वादिष्ट और सुरुचिपूर्ण भोजन परोसा गया। भारतीय और जर्मन रसोइयों में अद्भुत तालमेल रहा। उनका बनाया खाना जिन लोगों ने भी खाया सभी ने उसकी तारीफ की।

सर्वेक्षण—यूरोप के टूर ऑपरेटर्स तथा आयोजन में शामिल पाँच देशों के टूर ऑपरेटर्स की इंडियाफेस्ट में रुचि का पता लगाने के लिए एक सर्वेक्षण किया गया। इस सर्वेक्षण में निम्नलिखित बातें शामिल थीं—

(1) तिथि और यात्रा संबंधी जानकारी

(2) उत्सव की अवधि

(3) जनता के लिए प्रदर्शनी लगाने और व्यापार के लिए उपर्युक्त समय

(4) गोष्ठियों का विवरण

(5) मुद्रित साहित्य का स्वरूप

(6) प्रस्तावित यात्रा कार्यक्रम

(7) पर्यटन कार्यालयों, एयर इंडिया और अन्य अंतर्राष्ट्रीय एयर लाइन्स से अपेक्षित सहयोग

(8) प्रवेश–शुल्क

(9) मनोरंजन, भोजन के लिए दर निर्धारण और इंडियाफेस्ट से जुड़े इसी प्रकार के प्रासंगिक विवरण।

एक योजना यूरोप के उन देशों के लिए भी बनाई गई जो इंडियाफेस्ट के कार्यक्रम में शामिल नहीं थे। उनके लिए परिचय यात्रायें (FAM trips) उपलब्ध कराई जा सकती थी। इसके लिए यूरोप की विभिन्न वायुयान सेवाओं की सहायता ली जानी थी। इसका उद्देश्य ट्रेवल एजेंटों, ट्रेवल ऑपरेटरों और पर्यटन लेखकों को एक या दो रात के लिए इंडियाफेस्ट जहाज पर आमंत्रित करना था ताकि वे गोष्ठियों में शामिल हो सकें और भारत के स्वादिष्ट भोजन को चख सकें।

सर्वेक्षण का नतीजा उत्साहवर्द्धक रहा, पर निम्नलिखित मुद्दों पर पुनः विचार करने की आवश्यकता महसूस हुई—

(1) प्रदर्शनी के लिए प्रस्तुत की गई तिथि यूरोप के मौसम के अनुकूल नहीं थी। यूरोप में मार्च में भी ठंड पड़ती है और ठंडे मौसम के कारण इंडियाफेस्ट में उपस्थिति अपेक्षाकृत कम हो सकती थी और आयोजन के प्रबंध पर भी प्रभाव पड़ सकता था। सुझाव दिया गया कि गर्मी के

महीने में अर्थात् मई से लेकर सितंबर के बीच कभी भी आयोजन करना अच्छा रहेगा। के.डी. लाइन्स से संपर्क स्थापित किया गया पर मई/सितंबर 1993 के दौरान उनके जहाज खाली नहीं थे। उन्होंने बताया कि इस मौसम में जहाज उपलब्ध हो जाने पर मार्च की तुलना में दोगुना किराया वसूल किया जायेगा और इस प्रकार खर्च काफी बढ़ जायेगा।

(2) यह भी महसूस किया गया कि अभी हाल में ही बर्लिन में ITB का आयोजन किया गया है। इसके तुरंत बाद पुनः एक आयोजन करने से लोग आकर्षित नही होंगे और ट्रेवल एजेंट/टूर ऑपरेटर्स और यात्रा लेखक इंडियाफेस्ट में शामिल होने में विशेष उत्साह नही दिखायेंगे।

(3) सभी बिन्दुओं पर विचार करने के बाद यह निश्चय किया गया कि इंडियाफेस्ट 14–30 मार्च 1993 के बीच आयोजित किया जायेगा।

इस आयोजन के लिए भारत के साथ–साथ यूरोप में भी कई प्रकार के कार्य होने थे। अतः भारत यात्रा निगम ने सभी सुविधाओं के साथ फ्रेंकफर्ट के मरकर ब्यूरो सेंटर में अपना अस्थाई कार्यालय खोल लिया। इस कार्यालय की देखरेख का दायित्व उत्तरी यूरोप के क्षेत्रीय निदेशक श्री एन.के. मल्होत्रा को सौंपा गया और उनकी सहायता के लिए जर्मनी में तीन स्थानीय लोगों को सहायक के रूप में नियुक्त किया गया। इसके अतिरिक्त सुश्री केटी चूंगकाकोटी को सारी व्यवस्था की देखरेख और फ्रेंकफर्ट स्थित ऑफिस का कार्यभार सौंपा गया। इसके अलावा श्री पल्लन कटगरा, उपाध्यक्ष अमेरिकाज को इंडियाफेस्ट प्रयोजना का प्रभारी बनाया गया और उन्हें दो महीने तक फ्रेंकफर्ट में ही रहना पड़ा। श्री पल्लन कटगरा ने इंडियाफेस्ट के क्रूज निर्देशक का भी दायित्व निभाया और महोत्सव के दौरान पूरे समय तक वे एम.एस. फ्रांस में यात्रा करते रहे। भारत यात्रा निगम की ओर से संपूर्ण संयोजन और संगठन का कार्य श्री एन. के. मल्होत्रा ने किया। उन्होंने अपने दल के साथ मिलकर सराहनीय कार्य किया। इंडियाफेस्ट की सफलता में उनकी महत्त्वपूर्ण भूमिका रही।

प्रश्न 5. इंडियाफेस्ट को प्रोत्साहन और प्रचार तथा उनकी समस्याओं एवं उपलब्धियों का विस्तार से वर्णन कीजिए।

उत्तर– यूरोप में इंडियाफेस्ट को प्रोत्साहन और प्रचार की आवश्यकता थी और इस कार्य को सर्वश्री डांग और हेमर ने कंधे से कंधा मिलाकर संपन्न किया। फ्रेंकफर्ट की एक जनसंपर्क संस्था आर.जे. मार्केटिंग सर्विसेज को इंडियाफेस्ट के पूर्व, उस अवधि में तथा बाद में भी प्रचार और प्रोत्साहन का दायित्व सौंपा गया। यूरोप के विभिन्न देशों में प्रचार के लिए प्रेस विज्ञप्तियों के फ्रांसीसी, जर्मन और अंग्रेजी अनुवाद की भी व्यवस्था की। टेलीविजन, रेडियों साक्षात्कार, प्रेस विज्ञप्ति, पर्चों के वितरण के साथ–साथ पर्यटन निदेशकों और एयर इंडिया के साथ बैठक आयोजित करने की भी व्यवस्था की गई। वे आमतौर पर जहाँ काम करते हैं उसी देश में गोष्ठियाँ आयोजित करते हैं पर इंडियाफेस्ट का मूल उद्देश्य भारत में पर्यटन को बढ़ावा देना

था। अतः यह निर्णय लिया गया कि एम.एस. फ्रांस पर भी इस प्रकार की गोष्ठियों का आयोजन होना चाहिए। उन्हें केवल भारत की अमूल्य वस्तुएँ ही नहीं दी जायेंगी बल्कि उन्हें स्वादिष्ट भारतीय भोजन भी कराया जायेगा और फैशन शो के साथ–साथ वे भारतीय गीत–संगीत का भी आनंद ले सकेंगे। योजना बनाई गई कि अधिकांश आयोजनों में इस प्रकार के अतिथियों की संख्या 50 से 60 तक होगी और यात्रा और पर्यटन में रुचि रखने वाले 500 से 600 लोगों को इस प्रकार गोष्ठियों में शामिल किया जायेगा।

यूरोप और भारत में इंडियाफेस्ट को लोकप्रिय बनाने और धन जमा करने में भारत यात्रा निगम ने अपने कोष का भी प्रयोग किया। इसके अलावा रंगीन पोस्टर, पतंग, बैलून, निमंत्रण–पत्र और अन्य प्रचारात्मक सामग्रियाँ मुद्रित की गई। प्रतिदिन यूरोप के यात्रा, व्यापार क्षेत्रों और संचार माध्यमों को रोचक प्रेस विज्ञप्तियाँ भेजी जाती थी। भारत के पर्यटन आकर्षण और भारत की यात्रा के संदर्भ में भारत यात्रा निगम ने आकर्षक रंगीन साहित्य प्रकाशित किया। इस अवसर के लिए खास वीडियो फिल्म तैयार की गई थी। भारत यात्रा निगम द्वारा निम्नलिखित प्रचारात्मक सामग्रियाँ तैयार की गई–

(1) इंडियाफेस्ट के पोस्टर – 5,000 प्रतियाँ

(2) इंडियाफेस्ट परिचयात्मक विवरणिका – 5,000 प्रतियाँ

(3) बहुभाषिक भारत यात्रा निगम विवरणिका – 15,000 प्रतियाँ

(4) भारत युवा यात्रा विवरणिका – 15,000 प्रतियाँ

(5) भारत यात्रा निगम के साथ भारत (विशेष रुचि) – 15,000 प्रतियाँ

(6) 2 वीडियों फिल्म – प्रत्येक का अंग्रेजी, फ्रांसीसी, जर्मन और स्पेनिश रूपांतरण – 320 प्रतियाँ

इन सामग्रियों के प्रकाशन और निर्माण पर भारत यात्रा निगम ने कुल मिलाकर 14 लाख रुपये से अधिक खर्च किया।

समस्याएँ–जब इंडियाफेस्ट महोत्सव का बृहद् पैमाने पर आयोजन शुरू होने वाला था उस समय कुछ समस्याएँ सामने आई। भारत की आंतरिक अशांति, इंडियन एयरलाइन्स की हड़ताल, बंबई में बम–कांड और दंगे, आदि से इंडियाफेस्ट के आयोजन को गहरा धक्का लगा। इन घटनाओं के कारण भारत की अनेक पर्यटन यात्राएँ रद्द हुई। इस समय इंडियाफेस्ट के आयोजन की प्रासंगिकता पर प्रश्न चिन्ह लग गया। यह सवाल उठने लगा कि इस समय इंडियाफेस्ट महोत्सव का आयोजन कितना उपर्युक्त होगा और यात्रा/पर्यटन व्यापार से जुड़े काफी लोगों ने इससे अपना हाथ खींचना शुरू कर दिया। फिर भी लोगों को काफी प्रोत्साहित किया जा चुका था और बताया गया कि यदि इस समय इंडियाफेस्ट का आयोजन रद्द किया गया तो भारत के संपूर्ण पर्यटन उद्योग पर इसका विपरीत प्रभाव पड़ेगा। भारत यात्रा निगम ने के.डी. लाइन्स से बातचीत शुरू की ओर दो जहाज के बदले एक ही जहाज पर इंडियाफेस्ट मनाने का फैसला किया गया। इस प्रकार एम.एस. फ्रांस को किराये पर लिया गया। इसके

अनुरूप योजना बदली गई और केवल 16 मंडप लगाना ही संभव हुआ। इन मंडपों को भारत से आने वाले प्रतिभागियों ने किराये पर लिया था।

इसी समय एयर इंडिया के उड़ान अभियंताओं ने हड़ताल कर दी। इससे एयर इंडिया की उड़ानों में बाधा पड़ी। एयर इंडिया ने यातायात में सहयोग देने और 40 प्रतिभागियों के टिकट की व्यवस्था का वादा किया था। किन्तु वह अपना वादा पूरा न कर सका। इसी प्रकार मनोरंजन कार्यक्रम प्रस्तुत करने वाले 20 प्रतिभागियों के लिए पर्यटन मंत्रालय द्वारा मुफ्त टिकट उपलब्ध कराने में भी विलम्ब हुआ। विकल्प के रूप में इन्हें लुफ्थांसा से फ्रेंकफर्ट भेजना पड़ा, पुनः एयर इंडिया से जेनेवा और लंदन भेजा गयाः तत्पश्चात् भारत यात्रा निगम उन्हें अपने खर्चे पर बासले और कोलोन तक ले गया। इसी प्रकार लौटते समय एयर इंडिया की कोई उड़ान फ्रेंकफर्ट में उपलब्ध न होने के कारण भारत यात्रा निगम को अपने खर्चें पर 35 लोगों को कोलोन/जेनेवा की यात्रा करानी पड़ी जिससे वे 31 मार्च को एयर इंडिया की उड़ान पकड़ सकें। इंडियाफेस्ट में भाग लेने वाले प्रतिभागियों, कर्मचारियों और कलाकारों को वायु, सड़क और रेल मार्ग से लंदन, फ्रेंकफर्ट/कोलोन, जेनेवा/बासले और कोलोन/जेनेवा की यात्रा करानी पड़ी। इसके अलावा भारत यात्रा निगम को संचार, ट्रंककाल, फैक्स और टैलेक्स का भारी खर्च भी उठाना पड़ा जो बजट में शामिल नहीं था।

उपलब्धियाँ—आकलन के अनुसार लगभग 5000 लोग एम.एस. फ्रांस पर प्रदर्शनी देखने आये। इंडियाफेस्ट के दौरान उन्होंने खरीददारी भी की और मनोरंजन तथा भोजन का भी आनंद उठाया। इसके अलावा भारत यात्रा निगम ने गोष्ठियों का आयोजन किया और आमंत्रित अतिथियों को शाम को भारतीय मनोरंजन और भोजन भी उपलब्ध कराया। प्रत्येक कार्यक्रम में 50 से 60 लोगों के शामिल होने की उम्मीद थी। पर कई स्थानों पर अतिथियों की संख्या 150 से ऊपर हो गई और इस कारण भारत यात्रा निगम को ऐसी गोष्ठियों को दो हिस्सों में बाँटना पड़ा। अनुमान है कि यूरोप के 900 से 1000 के बीच में ट्रेवल एजेंट/टूर ऑपरेटर्स और संचार माध्यम के लोगों ने गोष्ठियों में हिस्सा लिया और भारतीय मनोरंजन और भोजन का आनंद उठाया। एयर इंडिया, भारत सरकार के पर्यटन कार्यालय, लुफ्थांसा और बेल्जियम के जेटो (Jeto) ने इन गोष्ठियों को प्रायोजित किया। पर्यटन कार्यालय, एयर लाइन्स और भारत यात्रा निगम ने इन गोष्ठियों को सफलतापूर्वक संयोजित किया। प्रत्येक गोष्ठी एक से डेढ़ घंटे तक चली। 45 मिनट मनोरंजक कार्यक्रम हुए और शेष समय कॉकटेल और भोजन का दौर चला।

आयोजकों का मूल उद्देश्य इंडियाफेस्ट के माध्यम से भारत में पर्यटन को प्रोत्साहित करना था। आशा की गई कि आने वाले वर्षों में इंडियाफेस्ट के प्रोत्साहन के माध्यम से 10,000 –15,000 के बीच अतिरिक्त पर्यटक भारत भेजे जा सकेंगे। इसी दृष्टि से यात्रा कार्यक्रम बनाये गये और परिचय यात्रा (FAM trips) कार्यक्रमों का आयोजन किया गया। ऐसा आयोजन अधिकाधिक पर्यटकों को आकर्षित करने की दृष्टि से किया गया।

भारत यात्रा निगम द्वारा इतने बृहद् पैमाने पर पर्यटन को बढ़ावा देने के साहसपूर्ण कदम से भारत में पर्यटन उद्योग को बढ़ावा मिलने की उम्मीद है। इसमें भारत यात्रा निगम और अन्य प्रायोजकों का कार्य सराहनीय रहा। उनके सहयोग से इंडियाफेस्ट का प्रयोग सफल रहा। विशेषकर विपरीत परिस्थितियों में जिसका भारत यात्रा निगम और सहयोगी प्रायोजकों ने सफलतापूर्वक सामना किया और इंडियाफेस्ट के आयोजन को मूर्त रूप दिया। ऐसी उम्मीद की गई कि भविष्य में भारत का पर्यटन उद्योग, अंतर्राष्ट्रीय वायु सेवा, हमारे राष्ट्रीय यातायात माध्यम, भारत के होटल समूह और पर्यटन मंत्रालय इस प्रकार के कार्य में इसी उत्साह से सहयोग करेंगे।

प्रश्न 6. कलिंग–बाली यात्रा का विस्तार से वर्णन कीजिए।

उत्तर– 1992–93 के दौरान बाली–यात्रा का आयोजन किया गया। यह बाली तट के प्राचीन व्यापार मार्ग की खोज का एक विनम्र प्रयास था। इसके द्वारा दोनों देशों के पुराने सांस्कृतिक गठबंधन को पुनर्जीवित करने की कोशिश की गई। प्राचीन काल में कलिंग के व्यापारी समुद्र की साहसिक यात्राएँ किया करते थे। इसका चित्र पुरी और कोणार्क के मंदिरों की दीवारों पर भी अंकित है। इस आयोजन के उद्देश्यों का वर्णन निम्नलिखित है–

(1) कलिंग–बाली यात्रा के आयोजन के पीछे एक बृहद् उद्देश्य था। इसका एक उद्देश्य भारतीय तथा विदेशी पर्यटकों का ध्यान उड़ीसा की ओर आकृष्ट करना था। इसमें भी पूर्व एशिया से आने वाले पर्यटकों का विशेष ध्यान रखा गया।

(2) इसका दूसरा उद्देश्य, उड़ीसा की लगभग 2500 वर्ष पुरानी सांस्कृतिक विरासत को प्रकाश में लाना था।

(3) बाली यात्रा उत्सव सीमित रूप से स्थानीय लोगों के बीच ही आयोजित किया जाता था। अब इसे एक विशाल आयोजन के रूप में विकसित करने की योजना बनाई गई जिसमें भारत और विदेश के विभिन्न भागों से आये लोग शामिल हो सकें।

विस्तृत योजना–इन उद्देश्यों को ध्यान में रखकर उड़ीसा राज्य सरकार ने यात्रा की एक विस्तृत योजना बनाई। इस यात्रा का मूल उद्देश्य उड़ीसा और बाली के बीच होने वाली समुद्री यात्रा को पुनर्जीवित करना था। इसी उद्देश्य को ध्यान में रखते हुए भारत और इण्डोनेशिया में छोटे और बड़े आयोजन किये गये।

इस प्रकार की महत्त्वाकांक्षी परियोजना का नियोजन और कार्यान्वयन सहज कार्य नहीं था। राज्य सरकार के पास इस प्रकार की लंबी समुद्री यात्रा के लिए आवश्यक साधन उपलब्ध नहीं थे। अतः उड़ीसा तट से बाली तक आने–जाने के लिए भारतीय नौ सेना से एक पालयुक्त जहाज उपलब्ध कराने का अनुरोध किया गया। छह हजार समुद्री मील की इस यात्रा को संपन्न करने के लिए भारतीय नौ सेना ने फाइबर ग्लास से बने 13 मीटर लंबे दोहरे पालयुक्त जहाज आइ.एन.एस.वी. समुद्र की सेवा उपलब्ध करायी। इसमें चालक और सहायक

सहित सात सदस्य शामिल थे। यह निर्णय लिया गया कि यह जहाज 10 नवम्बर 1992 को पाराद्वीप बंदरगाह से प्रस्थान करेगा और रास्ते में गोपालपुर, विजाग और मद्रास में भी रूकेगा। इसके बाद यह कैपबेल खाड़ी (निकोबार द्वीप) के लिए प्रस्थान करेगा और रास्ते में नागपट्टनम होते हुए बेनोआ बंदरगाह पहुँचेगा। इस जहाज को इण्डोनेशिया के पेडांग, जकार्ता और सुराबया बंदरगाहों से होकर गुजरना था। यह भी निर्णय लिया गया कि यात्रा के प्रथम चरण की समाप्ति पर बाली में इस यात्रा का भव्य स्वागत किया जायेगा और बड़े स्तर पर सांस्कृतिक कार्यक्रम आयोजित किये जायेंगे।

यात्रा—1992 की कार्तिक पूर्णिमा (10 नवम्बर) को पाराद्वीप बंदरगाह पर कलिंग–बाली यात्रा उत्सव का आरंभ धूमधाम से 20,000 लोगों के विशाल जनसमुदाय की उपस्थिति में हुआ। स्वयं उड़ीसा के मुख्यमंत्री बीजू पटनायक ने पाराद्वीप और विजाग में आइ.एन.एस.वी. समुद्र की यात्रा का शुभारंभ करते हुए उन्हें झंडी दिखाई। इस अवसर पर वाइस एडमिरल बी. गुहा और इण्डोनेशिया के दूतावास के प्रतिनिधि वहाँ मौजूद थे। इस अवसर पर ओडिसी, छाऊ और संभलपुरी नृत्य पेश किया गया और आर्द्र बंदरगाह को परंपरागत उड़ीया शैली में सजाकर उसे दुल्हन की तरह संवारा गया। "बोयता बंदना" नृत्य द्वारा जहाज को आनुष्ठानिक तरीके से विदा किया गया। इससे पुराने जमाने की समुद्र यात्रा की याद ताजा हो गई।

विज़ाग में आंध्र प्रदेश की पर्यटन मंत्री डॉ. (श्रीमती) गीता रेड्डी, उड़ीसा के पर्यटन मंत्री श्री ए.यू. सिहं देव और वाइस एडमिरल बी. गुहा विशिष्ट अतिथि के रूप में उपस्थित थे। मद्रास में तमिलनाडु के राज्यपाल ने जहाज को विदा किया। गोपालपुर में उड़ीसा के सांस्कृतिक मंत्री एस.के. कार और उड़ीसा के मत्स्य और पशुपालन विभाग के मंत्री श्री एस.एन. पात्रा विशिष्ट अतिथि के रूप में उपस्थित थे।

मद्रास से निकोबार द्वीप समूह की यात्रा—28 नवम्बर 1992 को 25 नॉट (समुद्री दूरी नापने की इकाई) वायु और तेज वर्षा के बीच जहाज मद्रास से आगे बढ़ा। समुद्री तूफान से बचने के लिए जहाज को दक्षिण की ओर से ले जाया गया। निकोबार द्वीप समूह की ओर जाते समय जहाज दो सप्ताह तक 20–25 नॉट के वेग से बहती हवा और 4/5 समुद्री स्थिति के बीच चलता रहा।

द्वीप के निवासियों के अनुरोध पर स्कूल के सभागार में "समुद्री–जहाज यात्रा" पर चालक दल ने व्याख्यान दिया। इसमें लोगों ने बड़ी संख्या में भाग लिया। चालक दल के लिए इंदिरा प्वांइट तक 20 किलोमीटर की ट्रैकिंग की व्यवस्था की गई। वन अधिकारी के कार्यालय में पर्यावरण तथा लुप्त होती हुई पक्षी जाति "मेगापोडे" पर एक फिल्म दिखाई गई। 16 दिसम्बर 1992 को पूर्वी कमान के कमांडर ने जहाज को विदा किया। इस विदाई समारोह में भूतपूर्व सैनिक बड़ी संख्या में उपस्थित थे।

निकोबार द्वीप समूह से पेडांग की यात्रा—बंदरगाह से बाहर आते ही जहाज को 20–25 नॉट की गति से चलती हवा का सामना करना पड़ा। दूसरे दिन पाल फट गया और

मरम्मत करने के लिए उसे नीचे उतारना पड़ा। तीसरे दिन यह जहाज सुमात्रा के पहाड़ों के बीच की ऊँची लहरों के बीच पहुँचा और इसकी गति अचानक काफी धीमी हो गई। फलत: पेडांग जाने में दो सप्ताह लगे।

जहाज का बोजो द्वीप की तरफ जाना— 26 दिसम्बर 1992 की रात में जब यह जहाज संकरे जलमार्ग से गुजर रहा था तो इंजन में खराबी आ गई और इसने काम करना बंद कर दिया। इंजन से काफी धुँआ निकलने और अचानक इंजन बंद हो जाने के बाद जहाज के अभियंता ने इंजन की जाँच की और पाया कि इसका इंजेक्टर खराब हो गया है। हवा बिल्कुल नहीं चल रही थी। पश्चिमी लहर की वजह से जहाज बोजो द्वीप की ओर जाने लगा। जैमिनी में हवा भर गई और सी.बी.एम. को चलाकर जहाज को बोजो द्वीप से बचाकर सुरक्षित स्थान पर ले जाने का प्रयत्न किया गया।

दुर्भाग्यवश ओ.बी.एम. को चलाते समय चालक तार टूट गया जिसे ठीक भी नहीं किया जा सकता था। अंतिम विकल्प के रूप में लंगर डालने का विचार किया गया और एक लंबा लंगर डालना पड़ा (यहाँ समुद्र की गहराई 100-150 मीटर थी)। इसी समय धीरे-धीरे हवा बहने लगी जिसकी सहायता से जहाज को खतरे से बाहर निकाला गया। चालक दल ने आपस में मिलकर सूझबूझ और हिम्मत से काम लिया और इस समय उनकी मिलकर काम करने के प्रशिक्षण की परीक्षा हुई। जहाज पेडांग की ओर चल पड़ा और दो सप्ताह समुद्र में रहने के बाद 29 दिसम्बर 1992 की रात में इसने इस क्षेत्र में प्रवेश किया। जकार्ता स्थित भारतीय नौसेना सहायक दल ने इसका स्वागत किया।

प्रश्न 7. कलिंग-बाली यात्रा के कार्यक्रम के प्रचार के लिए क्या प्रयत्न किये गए।

उत्तर— कलिंग-बाली यात्रा कार्यक्रम का विभिन्न संचार माध्यमों, विज्ञापनों, प्रेस विज्ञप्तियों, प्रचार पुस्तिकाओं तथा पर्चों, आदि के माध्यम से व्यापक प्रचार किया गया। भारत और इण्डोनेशिया के राष्ट्रीय संचार माध्यमों ने इस कार्यक्रम को पर्याप्त स्थान दिया। भारतीय समाचार पत्रों में इस यात्रा का विवरण लगातार छपता रहा। इस कार्यक्रम को केंद्र में रखकर अनेक फीचर और लेख भी लिखे गए। कलिंग-बाली यात्रा उत्सव को केंद्र में रख कर पर्यटन विभाग ने भी अनेक परिचयात्मक पुस्तिकाएँ, फोल्डर और पोस्टर प्रकाशित किये। अंतर्राष्ट्रीय स्तर को ध्यान में रखते हुए इन फोल्डरों को विशेष ढंग से तैयार किया गया। इसमें शामिल थे—

(1) उड़ीसा के प्रसिद्ध कलाकार स्वर्गीय गोपाल कानूनगो के चित्रों का पोस्टर।

(2) जगन्नाथ पुरी मंदिर के भोग मंडप से गृहीत नौका यात्रा के कलिंग-बाली यात्रा प्रतीक चिह्न (logo) को प्रदर्शित करता हुआ पोस्टर।

(3) कलिंग-बाली यात्रा के सांस्कृतिक महत्त्व को दर्शाता कलिंग-बाली यात्रा पर फोल्डर। इसमें पाराद्वीप में हुए बाली यात्रा के कुछ क्षणों को भी वर्णित किया गया था।

(4) कलिंग-बाली शास्त्रीय कला प्रदर्शनी की विषय सूची।

(5) कलिंग नृत्यायन पर आधारित पुस्तिका, जिसमें नृत्य संबंधी विस्तृत जानकारी थी।

(6) कलिंग–बाली यात्रा प्रतीक चिह्न का स्टिकर।

(7) दशावतार पट्टा चित्रकला को प्रस्तुत करता पोर्टफोलियो।

(8) मूरीन लिबेल द्वारा लिखित पुस्तक "ए गाइड टू उड़ीसा"।

(9) उड़ीसा (भारत का गंतव्य स्थल) पर विशेष लेख की प्रतियाँ।

(10) उड़ीसा पर पुस्तिका जिसे भारत सरकार के पर्यटन विभाग द्वारा प्रकाशित किया गया था तथा उड़ीसा सरकार के पर्यटन विभाग ने उसे पुनः मुद्रित किया था।

(11) कलिंग–बाली यात्रा महोत्सव के संपूर्ण कार्यक्रम की विवरणिका।

(12) आधुनिक उड़ीसा राज्य के इतिहास, संस्कृति तथा वर्तमान स्थिति की विस्तृत जानकारी से परिपूर्ण सूचना विभाग द्वारा प्रकाशित पुस्तिका ऐन आई टू उड़ीसा।

(13) पर्यटन साहित्य से संबंधित बोमकई वस्त्र प्रारूप के साथ एक पाउच फोल्डर।

इसके अलावा बाली के सम्मानित व्यक्तियों को उपहार देने के लिए बाली–यात्रा प्रतीक चिह्न वाले कोट पिन और लॉकेट का भी निर्माण किया गया। इनकी काफी प्रशंसा की गई।

प्रश्न 8. पैलेस ऑन व्हील्स (Palace on Wheels) की परियोजना की उत्पत्ति तथा निर्माण का संक्षिप्त वर्णन करो।

उत्तर– पैलेस ऑन व्हील्स की परियोजना की उत्पत्ति 1980 के अंत में बी.बी.सी. ने विश्व की महान् रेल यात्राएँ, नाम से एक रेडियों–शृंखला आरंभ की। इस शृंखला पर बाद में संचार माध्यमों की प्रतिक्रिया जानने से पता चला कि भारतीय रेल ने लोगों को काफी आकर्षित किया। संचार माध्यमों की रिपोर्ट का सार यह था कि भारतीय रेल के रोमांच, आकार, रास्तों की विविधता, आकर्षण और रेल पटरियों की विविधता, आदि की तुलना विश्व की किसी अन्य रेल व्यवस्था से नहीं की जा सकती है। परिणामस्वरूप, भारत आने वाले पर्यटकों में रेल यात्रा के प्रति आकर्षण बढ़ा। उनकी इच्छा भारत में रेल यात्रा का लुत्फ उठाने की होती है, चाहे वह कितनी ही छोटी क्यों न हो। कई पर्यटक पहाड़ियों पर चढ़ती छुक–छुक करती छोटी रेलगाड़ियाँ, जो कि अब लुप्त सी हो चुकी है, को देखकर मुग्ध हो जाते हैं। उन्होंने इस विषय में अफसोस व्यक्त किया कि उन्हें भारत आने के पूर्व इस अद्भुत यात्रा की कोई जानकारी नहीं थी।

भारतीय रेल मंत्रालय ने उनके इस रूझान पर ध्यान दिया और इन पर्यटकों, विशेषकर ब्रिटेन से आने वाले पर्यटकों, के लिए विशेष पर्यटन योजना बनाने पर विचार किया। यह सोचा गया कि कुछ इस प्रकार की योजना बनाई जाए जिससे विशेषकर ब्रिटेन के पर्यटकों को आकर्षित किया जा सके। इसके पीछे यह विचार था कि ब्रिटेन तथा अन्य देशों की पर्यटन संबंधी आवश्यकताओं के अनुसार रेल को केंद्र में रखकर ऐसी योजना बनाई जाये जो अनूठी हो।

रेल मंत्रालय (रेलवे बोर्ड) ने 1981 में भारत–ब्रिटिश आर्थिक सहयोग के लिए दिल्ली में होने वाली भारत सरकार के व्यापार मंत्रालय और ब्रिटेन सरकार के व्यापार मंत्रालय की बैठक में विचार करने के लिए एक परियोजना वाणिज्य मंत्रालय के पास भेजी। इन वार्ताओं के

दौरान रेल मंत्रालय की इस परियोजना पर भी चर्चा हुई। यद्यपि इस बातचीत के दौरान इस परियोजना को कोई ठोस आयाम नहीं दिया जा सका किन्तु यह निश्चित हुआ कि आगे इस पर बातचीत की जायेगी। इस वार्ता के तुरंत बाद प्रस्ताव पर पूरी तरह से विचार–विमर्श करके वाणिज्य मंत्रालय और वित्त मंत्रालय के आर्थिक मामलों के विभाग ने इसे ब्रिटेन सरकार के बोर्ड ऑफ ट्रैड के पास इसकी वाणिज्यिक संभावना पर विचार करने के लिए अग्रसरित कर दिया। बोर्ड ऑफ ट्रेड की टिप्पणी काफी सकारात्मक रही। इसके बाद मई 1981 में उस समय के केन्द्रीय रेल मंत्री और रेलवे बोर्ड के अध्यक्ष ब्रिटेन गये और ब्रिटेन स्थित भारतीय उच्चायोग, एयर इंडिया, भारतीय पर्यटन कार्यालय, राष्ट्रमंडल सचिवालय के निर्यात बाजार विकास प्रभाग के निदेशक और लंदन स्थित प्रमुख यात्रा एजेंटों से मुलाकात और बातचीत की। इन सभी लोगों से बातचीत करने पर यह आम धारणा सामने आई कि भारतीय रेल की इस योजना के प्रति ब्रिटिश मूल के पर्यटक काफी आकर्षित होंगे।

बाजार से सकारात्मक प्रतिक्रिया मिलते ही भारत सरकार के पर्यटन विभाग के साथ मिलकर भारतीय रेल ने इस योजना को ठोस रूप देने की दिशा में काम करना शुरू कर दिया। परियोजना की अवधारणा को इस प्रकार परिभाषित किया गया कि यह एक गतिमान होटल होगा जो रात में यात्रा करेगा और दिन में पर्यटक स्थलों पर रूकेगा ताकि पर्यटक उन स्थलों को देख सकें। इस प्रकार यात्रा और विश्राम की सुविधा एक ही जगह उपलब्ध कराई जा सके। विचार किया गया कि कई दौरों में इसके माध्यम से भारत के पर्यटक स्थलों को एक शृंखला में बाँधा जा सकता है। इस दिशा में पहला प्रयत्न पैलेस ऑन व्हील्स (चलता–फिरता राजमहल) था। यह महसूस किया गया कि यह योजना कम समय में कार्यान्वित की जा सकती है। यह पाया गया कि राजस्थान में किलों की बहुतायत, समृद्ध विरासत और मनमोहक प्राकृतिक स्थलों के कारण पर्यटन की अपार संभावनाएँ हैं। इस परियोजना को सबसे पहले राजस्थान में लागू करना सर्वथा उपर्युक्त समझा गया। राजस्थान में अधिकांश लाइनें मीटर गेज की हैं (भरतपुर–सवाई माधोपुर–कोटा मार्ग को छोड़कर) जो दिल्ली–बंबई के ट्रंक मार्ग पर पड़ती हैं। अतः यह विशेष पर्यटक गाड़ी भी मीटर गेज की ही होनी चाहिए। इस विशेष गाड़ी के लिए डिब्बों का भी चुनाव करना था। एक यह विचार सामने आया कि पुराने राजा–महाराजाओं तथा वायसराओं के इस्तेमाल के रेल डिब्बों का नवीनीकरण किया जाए और इन्हें सजाकर उपयोग में लाया जाये। पुरानी यादों को ताजा करने के लिए ट्रेन को भाप के इंजन से चलाया जा सकता है और पर्यटक पुरानी यादों में पूरी तरह खो सकते हैं। व्यापार की दृष्टि से भी यह उचित था क्योंकि संपूर्ण रेल के डिब्बों को बनाने की जगह पुराने डिब्बों का मात्र जीर्णोद्धार किया जा रहा था और उसे सजाया जा रहा था। रेल के नये डिब्बों के निर्माण में काफी लागत बैठती और कदाचित परियोजना असफल होती तो सारी लागत डूब जाती। इस यात्रा कार्यक्रम का नाम रखा गया पैलेस ऑन व्हील्स। पैलेस ऑन व्हील्स को चलाने का निर्णय जून 1981 में लिया गया।

परियोजना निर्माण—राजपूताना और गुजरात के महाराजाओं और पुराने राज्यों (Princely States) की शाही रेलगाड़ियों के डिब्बों को आंतरिक सज्जा विशेषज्ञ की सहायता से पुनर्निर्मित और अलंकृत किया गया। यह कार्य अजमेर स्थित रेलवे कोच कारखाने में संपन्न किया गया। पुरानी विरासत को जिंदा रखने के लिए पुराने रेलगाड़ी के डिब्बों की, जो पचास वर्ष या उससे भी अधिक समय के थे, आंतरिक सज्जा के मूल स्वरूप को कम से कम छेड़ने की कोशिश की गई। निश्चित रूप से, पर्यटकों की सुविधा के लिए शौचालयों और स्नानगृहों में विद्युत गीजर और आराम करने के लिए फोम के गद्दों जैसी आधुनिक सुविधाएँ उपलब्ध कराई गई। पर्यटन के राज्य सूची में शामिल होने के कारण रेल मंत्रालय और भारत सरकार के पर्यटन विभाग ने इस परियोजना में राजस्थान सरकार को भी शामिल किया। इस प्रकार राजस्थान पर्यटन विकास निगम (रा.प.वि.नि.) को भी इस परियोजना में शामिल किया गया। भारतीय रेल और रा.प.वि.नि. के बीच एक समझौता हुआ जिसके अनुसार रा.प.वि.नि. को आरक्षण, प्रोत्साहन, संगठन, भोजन, स्थल भ्रमण, सांस्कृतिक कार्यक्रम और विभिन्न स्थानों पर नौका, ऊँट और हाथी यात्रा एवम् अन्य सभी प्रकार की व्यवस्थाओं की देखभाल करनी थी। भारतीय रेलवे पर ट्रेनों को चलाने और उसके रखरखाव का दायित्व सौंपा गया।

निर्णय लिया गया कि आरंभ में 7 दिन/8 रातों, 4 दिन/4 रातों और 2 दिन/3 रातों का यात्रा कार्यक्रम बनाया जायेगा। 25 फरवरी 1982 को संसद में रेल बजट प्रस्तुत करते हुए रेल मंत्री ने इस परियोजना की उद्घोषणा की। 26 जनवरी 1982 से मार्च 1982 तक प्रायोगिक तौर पर ट्रेन चलाई गई। इस दौरान कुल मिलाकर 5 प्रायोगिक यात्राएँ संपन्न की गई। इस प्रायोगिक यात्रा की समाप्ति पर विभिन्न यात्रा कार्यक्रमों की समीक्षा की गई और यह निश्चित किया गया कि 7 दिन/8 रातों वाला कार्यक्रम जारी रखा जाए।

इस परियोजना के निम्नलिखित उद्देश्य थे—

(1) पर्यटन को बढ़ावा देना,

(2) पुरानी अमूल्य विरासत की रक्षा करना। यथा: पिछली शताब्दी के राजाओं और वायसराओं के लिए प्रयुक्त रेलगाड़ी के डिब्बों को सुरक्षित रखना,

(3) एक विशिष्ट प्रकार के पर्यटन का विकास कर पर्यटकों को आकर्षित करना जो अंतर्राष्ट्रीय पर्यटन बाजार में चर्चा का विषय बन जाये, तथा

(4) देश के लिए बहुमूल्य विदेशी मुद्रा अर्जित करना।

प्रश्न 9. पैलेस ऑन व्हील्स की परियोजना प्रदर्शन तथा यात्रा कार्यक्रम की व्याख्या कीजिए।

उत्तर— भारत में पर्यटन के अन्य आयामों की तरह इस रेल में अतीत और वर्तमान का सुंदर समन्वय हुआ है। यह मीटर गेज पर चलती है और अधिकांश यात्रा में वाष्प इंजन ही इसे खींचता है। गाड़ी में जगह काफी कम है और पाँच सितारा होटल का आराम उपलब्ध नहीं है।

प्रत्येक डिब्बे के जीर्णोद्धार के समय उसकी मौलिकता को बचाये रखने की कोशिश की गई है। स्नानगृह में गर्म और ठंडे पानी की व्यवस्था है। प्रत्येक डिब्बे में 3 या 4 कूपे है और प्रत्येक कूपे में दो शायिकाएँ (बर्थ) हैं। इस प्रकार एक डिब्बे में 6 या 8 शायिकाएँ है। इस गाड़ी के डिब्बों में ड्योढ़ी की व्यवस्था नहीं है। जिसके जरिए एक डिब्बे से दूसरे डिब्बे में जाया जाता है। इसलिए सैलून कैप्टन और सैलून सेवक को हमेशा उपस्थित रहना पड़ता है। उनकी तत्परता और सेवा भावना से यात्री प्रभावित होते है और उनकी प्रशंसा किया करते हैं। दो भोज यानों में यूरोपीय और भारतीय भोजन परोसा जाता है। एक भोजन यान में शाम के भोजन के बाद नृत्यगान की भी व्यवस्था है। इसके अलावा वातानुकूलित लाउंज में मदिरापान और पुस्तकालय की भी व्यवस्था है, जिसमें 200 पुस्तकें हैं। भोजन के समय से पूर्व रेलगाड़ी निर्धारित स्टेशन पर रुकती है ताकि लोग बार या रेस्तरां यानों में जा सकें। यह रेलगाड़ी साल में छह महीनें, अक्तूबर से मार्च, तक चलती है। इस दौरान यह 7 दिन और 8 रातों की 26 यात्राएँ करती हैं। यह प्रत्येक बुधवार को दिल्ली से प्रस्थान करती है और एक सप्ताह में जयपुर, चित्तौड़गढ़, उदयपुर, जैसलमेर, जोधपुर, भरतपुर, फतेहपुर सीकरी और आगरा होती हुई पुनः दिल्ली लौटती है। यात्रा कार्यक्रम का समय और अन्य सूचना परिशिष्ट–2 में उल्लिखित है। परिशिष्ट–3 में इस यात्रा कार्यक्रम पर एक संक्षिप्त लेख उद्धत किया गया है। यात्रा कार्यक्रम इस प्रकार नियोजित किया गया है कि दिन में पर्यटक भ्रमण करें और भोजन के लिए राजमहल होटलों में जाए। रात होते ही यह ट्रेन दूसरे गंतव्य स्थान के लिए रवाना हो जाती है। अतः यात्रियों को बहुत सुबह उठकर आगे की यात्रा करने अथवा असमय (देर रात या बहुत सुबह) होटल में जाने और होटल खाली करने तथा विभिन्न प्रकार के दलालों की छीना–झपटी के तनाव से मुक्ति मिल जाती है।

भारतीय रेलवे और राजस्थान पर्यटन विकास निगम के आपसी समझौते के अनुसार दोनों सर्वप्रथम विभिन्न स्थानों के लिए वांछित अपना–अपना किराया निर्धारित कर लेते हैं और फिर उन्हें जोड़कर यात्रा का कुल किराया निर्धारित किया जाता है। भारतीय रेलवे ने अपनी विशेषज्ञ समिति (रेल कर जाँच समिति) की अनुशंसा पर किराया तय किया है जबकि राजस्थान पर्यटन विकास निगम ने इसके लिए लागत और मूल्य निर्धारण की विधि अपनायी है। 1982–83 से कुल किराये में प्रतिवर्ष प्रतिव्यक्ति 108 रुपये की वृद्धि हुई है।

Feedback is the breakfast of Champions.

Ken Blanchard

Be the first one to report any mistake in Gullybaba Books.

You can Help other students.
"Inform any error or mistake in this book."

We and Universe will reward you for Your Kind act.

Email at : feedback@gullybaba.com
or
WhatsApp on 9350849407

अध्याय 7

प्रोत्साहनमूलक कौशल : स्थिति अध्ययन–2

प्रश्न 1. पाटा के उद्‌भव और संरचना पर प्रकाश डालिए तथा पाटा यात्रा हाट पर चर्चा कीजिए।

उत्तर– पाटा (प्रशांत एशिया यात्रा संगठन) का गठन 1952 ई. में किया गया था। इसने शीघ्र ही प्रशांत एशिया पर्यटन के क्षेत्र में अपना महत्त्वपूर्ण स्थान बना लिया और इस दिशा में नेतृत्व प्रदान किया है। इसमें सार्वजनिक और निजी उद्यम दोनों शामिल हैं। इसके सदस्यों में राष्ट्रीय पर्यटक संगठन, होटल मालिक, यात्रा एजेंट, यात्रा संचालक, वायु सेवाएँ और यात्रा तथा पर्यटन से संबद्ध अन्य संस्थाएँ शामिल हैं।

PATA®

(प्रशांत एशिया यात्रा संगठन)

1993 में 37 देशों, 40 सह सरकारों 60 से ऊपर अंतर्राष्ट्रीय वाहक और 1800 उद्योग सह सदस्यों को इसकी सदस्यता प्राप्त थी। 40 देशों में पाटा की 77 शाखाएँ है और इसके शाखा सदस्य की संख्या 17,000 है।

पाटा का मुख्यालय सैन फ्रांसिस्को में है। इसके दैनिक कार्यों का निष्पादन एक प्रशासकीय उपाध्यक्ष तथा उसके कुछ सहयोगी कर्मचारियों के द्वारा किया जाता है। पाटा PATA के चार प्रभागीय दफ्तर हैं।

(1) मोनाको – यूरोप क्षेत्र के लिए

(2) सिंगापुर – एशिया क्षेत्र के लिए

(3) सिडनी – प्रशांत क्षेत्र के लिए

(4) सैन फ्रांसिस्को – अमरिकी क्षेत्र के लिए

ये कार्यालय अपने सदस्यों के घनिष्ट संपर्क में होते हैं। संगठन, नीति और प्रगति की देखभाल निदेशक मंडल द्वारा की जाती है।

पाटा की गतिविधियों में विभिन्न मुद्दे शामिल हैं। उदाहरण के लिए अन्य अंतर्राष्ट्रीय यात्रा संगठनों और अपनी शाखाओं की सहायता से यह विश्व भर में कई प्रकार के कार्यक्रम आयोजित करता है, जैसे–

(1) पर्यटक शोध मंच,

(2) विरासत सम्मेलन,

(3) रोमांच पर्यटन सम्मेलन,

(4) मानव संसाधन विकास, मुक्त आकाश नीति सदृश विभिन्न विषयों पर गोष्ठियाँ,

(5) प्रशांत एशिया पर्यटन आदि में उभरती नई प्रवृत्तियों को पहचानना।

पाटा दीर्घकालिक पर्यटन के उत्थान और विकास पर विशेष बल देता है। इसने अपना कोड या नियम बनाया है जिसके अंतर्गत पर्यावरण को ध्यान में रखते हुए पर्यटन के विकास पर बल दिया गया है।

1976 में पहली बार मनीला में पाटा द्वारा यात्रा हाट लगाया गया। नई दिल्ली हाट (अप्रैल 30,1993) का उद्घाटन करते हुए पाटा के अध्यक्ष ने कहा–

"पाटा संपूर्ण विश्व में अपने नीतिगत और विपणन समर्थन को बनाए रखने के क्रम में अपने वार्षिक यात्रा हाट के द्वारा पूरे विश्व में विपणन कार्यक्रम सामने रखता है। यूरोप के ट्रैवेल रोड़ शो, यूरो डिज्नी का ट्रेवल मोर्ट, आई.टी.बी. बर्लिन और वर्ल्ड ट्रैवेल मार्ट लंदन सदृश बड़े आयोजनों में पाटा की उपस्थिति का एहसास कराना भी इसका उद्देश्य है।"

पाटा यात्रा हाट–पाटा यात्रा में पाटा के सदस्य संगठनों के प्रतिनिधियों की प्रमुख खुदरा विक्रेताओं, थोक विक्रेताओं, यात्रा संचालकों, यात्रा आयोजकों, विशेष रुचि को ध्यान में रखने वाले यात्रा संचालकों तथा विश्व के कई भागों में यात्रा आयोजित करने वाले संचालकों से व्यक्तिगत व्यापारिक माहौल में मुलाकात होती है। वस्तुतः यात्रा हाट के दौरान हजारों आपसी व्यक्तिगत बैठकें आयोजित की जाती हैं और लाखों डालर का व्यापारिक लेन–देन और समझौता होता है।

क्रेता और विक्रेता की दृष्टि से हाट का संक्षिप्त विवरण इस प्रकार है–

विक्रेता–यह विश्व भर के विक्रेताओं के लिए अपना माल और सेवा बेचने का उत्तम स्थल है। पाटा क्षेत्र में कार्यरत यात्रा एजेंसियों के प्रबंधक, मालिक, संचालक और निर्णयकर्त्ता विक्रय की नई प्रवृत्तियों और विकास को जानने के लिए यहाँ इकट्ठे होते हैं और अपनी सेवाएँ बेचते हैं।

क्रेता—क्रेताओं के लिए यह हाट पूरे एशिया प्रशांत क्षेत्र के आपूर्तिकर्त्ताओं को एक जगह इकट्ठा होने का मौका देता है। क्रेताओं को एशिया प्रशांत क्षेत्र के आगामी वर्षों के उत्पादों, कार्यक्रमों और यात्रा आयोजनों का पता चलता है।

कार्यविधि—इस हाट में भाग लेने के लिए एशिया प्रशांत यात्रा उत्पादों और सेवाओं के खरीददारों और विक्रेताओं को पहले पंजीकरण करवाना पड़ता है। उन्हें भाग ले रहे संगठनों की सूची मिलती है। प्रतिभागी इस सूची में शामिल प्रतिनिधियों से मुलाकात का समय पहले से निर्धारित कर लेते हैं। पाटा उनकी मुलाकात का निर्धारण कंप्यूटर की सहायता से करता है। एक मुलाकात निर्देशिका और प्रतिभागी सूची मुद्रित कर हाट के दौरान बाँटी जाती है। प्रतिभागी मौके पर भी मुलाकात के लिए समय माँग सकते हैं और इसके लिए आरक्षण करवा सकते हैं।

शामिल होने की योग्यता—इस हाट में पाटा के सदस्य शामिल हो सकते हैं। किंतु उनके लिए भी यह आवश्यक है कि हाट में उनकी अपनी दुकान भी अवश्य लगी हो वस्तुतः विभिन्न गतिविधियों के लिए पहले से ही समय तालिका निर्धारित कर ली जाती है।

प्रश्न 2. पाटा द्वारा आयोजित विपणन सम्मेलन का विवरण दीजिए।

उत्तर— पाटा के वार्षिक यात्रा हाट के साथ-साथ नई दिल्ली के ताज पैलेस और अशोक होटल में पहला वार्षिक विपणन सम्मेलन भी आयोजित किया गया।

पाटा के विपणन सम्मेलन का उद्देश्य पाटा क्षेत्र में पर्यटन को अधिक से अधिक बढ़ावा देना था और विभिन्न क्षेत्रों में विपणन कौशल को विकसित करना था। पाटा ने इस संदर्भ में शोध पर बल दिया और विकासात्मक जिम्मेदारी को ध्यान में रखते हुए, पेशेवर पर्यटन प्रबंध का ऊँचा मानक स्थापित करने का उद्देश्य सामने रखा।

इस संदर्भ में 1993 के पाटा विपणन सम्मेलन में एक शैक्षणिक बैठक आयोजित की गई जिसमें विचार और ज्ञान का आदान-प्रदान किया गया। इस विचार-विमर्श में एशिया/प्रशांत क्षेत्र को केंद्र में रखा गया और इसमें विपणन संबंधी सूचनाओं का आदान-प्रदान हुआ। इससे व्यापार को सही परिप्रेक्ष्य में रखने, समझने तथा विकसित करने में सुविधा हुई।

1993 के पाटा विपणन सम्मेलन में भाग ले रहे प्रतिभागियों में विज्ञापन, यातायात, जनसंपर्क और मुद्रण के क्षेत्र के विपणन और विक्रेता अधिकारी के साथ-साथ वायुसेवा, होटल, सरकारी पर्यटक संगठनों, यात्रा संचालकों, यात्रा थोक विक्रेताओं और ऑटो किराया कंपनियों के प्रतिनिधि भी शामिल थे।

पाटा विपणन सम्मेलन 1993 के निम्नलिखित उद्देश्य थे—

(1) आज विश्व में तेजी से उभरते क्षेत्र एशिया/प्रशांत पर ध्यान केंद्रित करना।

(2) एशिया/प्रशांत क्षेत्र में यात्रा करने सम्बन्धी विभिन्न मुद्दों का अध्ययन करना।

(3) एशिया/प्रशांत के परिप्रेक्ष्य में पर्यटन विपणन और विकास की विशेषताओं का विश्लेषण करना।

(4) एशिया/प्रशांत में व्यापार को विकसित करने और आगे बढ़ाने के लिए इस क्षेत्र के विशेष राष्ट्रीय बाजारों का अध्ययन करना।

(5) एशिया/प्रशांत क्षेत्र में व्यापार को बढ़ाने के लिए व्यापार प्रदर्शन भागीदार, विज्ञापन तथा जनसंपर्क जैसे विपणन औजारों के उपयोग पर विचार विमर्श करना।

प्रश्न 3. भारतीय पर्यटन पर पाटा के प्रभावों का उल्लेख कीजिए।

उत्तर— देश में फैली अशांति के कारण यात्रा हाट और विपणन सम्मेलन की तिथि में फेरबदल किया गया। इस फेरबदल को आलोचना का सामना करना पड़ा।

1993 में आयोजित पाटा हाट के माध्यम से भारत में अंतर्राष्ट्रीय पर्यटन को तेजी से आगे बढ़ाने का सुनहरा अवसर प्राप्त हुआ। इस प्रकार के प्रयत्न की चर्चा 1992 में पर्यटन के लिए बनाई गई राष्ट्रीय कार्यान्वयन योजना में पहले ही की जा चुकी थी।

पाटा हाट एशिया की तरफ पर्यटकों को आकर्षित करने का एक सार्थक प्रयत्न था। यह विश्व का एक महत्त्वपूर्ण और वृहद यात्रा व्यापार आयोजन था। इससे यूरोप, उत्तरी अमेरिका और इस क्षेत्र के बीच पर्यटन संबंध विकसित करने में पर्याप्त सहायता मिली। पर्यटन की दृष्टि से एशिया/प्रशांत क्षेत्र सर्वाधिक विकासोन्मुख क्षेत्र है। इस हाट के आयोजन से इस क्षेत्र में अंतर्राष्ट्रीय पर्यटन को विशेष रूप से बढ़ावा मिलेगा। आज के वर्तमान सामाजिक राजनैतिक परिवेश में क्या भारत पर्यटकों को आकर्षित करने की स्थिति में हैं?

भारत में पहली बार पाटा हाट का आयोजन किया गया है जो इस क्षेत्र के लिए पर्यटन की दृष्टि से एक महत्त्वपूर्ण आयोजन था। पूरे विश्व में और भारत में पर्यटन के क्षेत्र में एक नाटकीय बदलाव आया है, ऐसी स्थिति में पाटा हाट के आयोजन से भारत में पर्यटकों के आगमन में बढ़ोत्तरी हुई।

प्रश्न 4. आपरेशन ब्रिटेन पर टिप्पणी कीजिए।

उत्तर— ब्रिटेन भारत के लिए एक प्रमुख पर्यटन बाजार रहा है। अतीत के पुराने गठबंधन का पर्यटन पर प्रभाव पड़ा है। 1992 में इस बाजार में भारत का हिस्सा 6 प्रतिशत था। यदि संयुक्त राज्य अमेरिका को हटा दिया जाए अर्थात् स.रा.अ. के अलावा अन्य देशों में जाने वाले पर्यटकों में भारत जाने वाले पर्यटकों का हिस्सा 17 प्रतिशत होता है।

तालिका 1	
देश	प्रतिशत
स.रा.अ.	66
सिंगापुर	7
जमाइका	2
हांगकांग	7
आस्ट्रेलिया	7
भारत	6
अन्य	5
	100

तालिका 2	
देश	प्रतिशत
आस्ट्रेलिया	21
हांगकांग	21
जमाइका	6
सिंगापुर	20
भारत	17
अन्य	15
	100

इंग्लैंड में की गई बाजार समीक्षा से व्यापार के लिए कठिनाई पैदा करने वाले निम्न तथ्यों की जानकारी प्राप्त हुई।

(1) विरोधाभासपूर्ण आर्थिक संकेत
(2) निम्न बाजार दर/अधिक कर
(3) निम्न मुद्रा स्फीति/जीवनयापन की ऊँची कीमत
(4) उच्च बेरोजगारी
(5) निम्न मजदूरी मुद्रास्फीति

इन तथ्यों के बावजूद 1991 की अपेक्षा 1992 में ब्रिटेन से भारत आने वाले पर्यटकों की संख्या में 11 प्रतिशत की वृद्धि हुई (जबकि 1986 में ब्रिटेन से आने वाले पर्यटकों की संख्या 1,60,685 थी जो 1992 तक 52% बढ़कर 2,44,262 हो गई। इस वृद्धि के लिए निम्नलिखित तीन कारक जिम्मेदार थे—

(1) यात्रा संचालक सहयोग
(2) अधिकाधिक प्रोत्साहन
(3) स्थिर मुद्रा

टेलीविजन—ABC श्रेणी (इस श्रेणी में 25-54 वर्ष आयु समूह का ऐसा सामाजिक वर्ग आता है जो साल में दो बार अपनी छुट्टियों में 1000 पौंड प्रतिव्यक्ति खर्च करता है) के 7.3 मिलियन दर्शकों के लिए 1TV चैनल 4 के राष्ट्रीय परिदृश्य पर चार फिल्में दिखाई गई।

रेडियो—क्लासिक एफ एम विज्ञापन प्रचार।

समाचार पत्रों में रंगीन पृष्ठ—आंतरिक भारत और भारत का सूर्योदय पक्ष "शीर्षक से तीन पृष्ठों का लेखन तथा आधे पृष्ठ में **इण्डियन—आह—आह** का नारा प्रकाशित किया।"

सादा प्रकाशन—जनवरी 1994 में योजनाबद्ध ढंग से समाचार पत्रों में छोटे कॉलमों का उपयोग किया गया।

अधिकांशत—रविवारीय पत्रिकाओं में इस प्रकार के प्रचार–प्रसार के विज्ञापन प्रकाशित किए गए। यद्यपि यह खर्चीला साधन था तथापि इसके द्वारा अपेक्षित पाठकों/दर्शकों के पास सीधे पहुँचा जा सकता था। प्रायोजित लेखों द्वारा भी प्रचार–प्रसार किया जाता है। अपने प्रतिद्वन्द्वियों द्वारा किए जा रहे विज्ञापन और प्रचार पर भी दृष्टि रखी जाती है। इसके अतिरिक्त प्रदर्शनियों का आयोजन/प्रतियोगिता और पुरस्कार की व्यवस्था तथा अन्य गतिविधियाँ की जाती हैं। साथ ही भारत में छुट्टी बिताने के सुनहरे अवसरों की जानकारी भी दी जाती है।

1994 से पर्यटन की संभावनाएँ बढ़ीं। इसमें अपेक्षाकृत कम खर्च पर 8 से 9 प्रतिशत की वृद्धि हुई। भारत की भागीदारी को बढ़ाने के लिए बढ़े यात्रा संचालकों की सहायता ली गई और प्रतियोगियों की बढ़ती गतिविधियों को भी निरंतर ध्यान में रखा गया। इस रणनीति के तहत पर्यटन आधार को बड़ा बनाया गया अर्थात् नवीन पर्यटन स्थलों/गतिविधियों का विकास किया गया। अब ABC I श्रेणी के पर्यटकों का ध्यान दक्षिण भारत, मध्य भारत तथा पूर्वी भारत की ओर आकर्षित करना होगा। इसके लिए निम्नलिखित संचार–नीति बनानी होगी—

(1) राष्ट्रीय टी.वी. प्रसारण

(2) प्रमुख क्षेत्रों में सिनेमा विज्ञापन

(3) समाचार पत्रों में रंगीन पृष्ठ

(4) समाचार पत्रों में सादे विज्ञापन, यात्रा निर्देश

(5) यात्रा संचालकों से मिलकर (रेडियों/प्रेस) में संयुक्त प्रयास

(6) ग्रीष्म यात्राओं का विज्ञापन आदि।

कार्यवाही योजना के तीन चरण होते हैं—

(1) पिछले वर्ष की समीक्षा

(2) चालू वर्ष की प्रवृत्तियों का मूल्यांकन

(3) आगामी वर्ष के लिए भावी योजनाएँ

प्रश्न 5. आपरेशन यूरोप पर एक विस्तृत नोट प्रस्तुत कीजिए।

उत्तर— संपूर्ण विश्व में 30 देश ऐसे हैं जहाँ से सबसे ज्यादा पर्यटक देश के बाहर जाते हैं। इनमें से 15 देश यूरोप में स्थित हैं। आपरेशन यूरोप के तहत यूरोपीय महाद्वीप में पर्यटन विपणन किया जाता है। परंपरागत रूप से भारत आने वाले पर्यटकों में यूरोपवासियों की संख्या काफी बढ़ी है। आपरेशन यूरोप के अंतर्गत 23 देश शामिल हैं और इस बाजार से लाभ उठाने के लिए फ्रेंकफर्ट, पेरिस, जनेवा, एमस्टर्डम, मिलान, स्टॉकहोम और मेड्रिड में सात कार्यालय खोले गए हैं। ये कार्यालय विभिन्न यूरोपीय भाषाओं के माध्यम से भारतीय पर्यटन का प्रचार–प्रसार करते हैं। इसके लिए निम्नलिखित कदम उठाये जाते हैं—

(1) इन देशों की आर्थिक परिस्थिति को समझना

(2) वर्तमान बाजार स्थिति को जानने के लिए पर्यटन घटाव–बढ़ाव का निरीक्षण करना

(3) यूरोपीय पर्यटन बाजार की विशेषताओं को समझना

(4) पर्यटकों में कमी और बढ़ोत्तरी के कारणों की जानकारी तथा वर्तमान पर्यटन उद्योग संरचना पर ताजी जानकारी रखना, और

(5) भारत की छवि का मुआयना करना।

यूरोपीय पर्यटन बाजार की प्रमुख विशेषताएँ निम्नलिखित है—

(1) गैर–जातीयता—यूरोप से आने वाले पर्यटक गैर–जातीय है। अतः भारत भ्रमण के लिए उन्हें ज्यादा प्रेरित करने की जरूरत पड़ती हैं।

(2) प्रतियोगिता—पर्यटन के क्षेत्र में प्रतियोगिता तेजी से बढ़ रही है। विश्व के लगभग सभी देशों, विशेषतः विकासशील देशों ने अपनी पर्यटन अधिसंरचना तैयार कर ली है और वे अपने देश में अधिक से अधिक पर्यटकों का आगमन चाहते है और इसके लिए वहाँ पर्याप्त रियायतें देने का प्रचलन शुरू हो गया है।

(3) जटिलता—यूरोप एक जटिल बाजार है जहाँ अलग–अलग भाषाएँ हैं, अलग–अलग संस्कृति है और विभिन्न आर्थिक व्यवस्थाएँ हैं।

(4) मौसम का बंधन—आपरेशन यूरोप के संदर्भ में मौसम का बंधन एक प्रमुख समस्या है। इसके लिए हम स्वयं उत्तरदायी हैं क्योंकि हम पिछले 30–40 वर्षों से यह कहते आ रहे हैं कि भारत भ्रमण करने का सबसे अनुकूल मौसम अक्तूबर से मार्च तक का महीना है। फलतः जाड़े में हमें अपनी सुविधाओं को अधिकाधिक बढ़ाना पड़ता है, जबकि गर्मी में इन सुविधाओं का पर्याप्त उपयोग नहीं हो पाता है। यूरोप से आने वाले पर्यटकों की संख्या पूरे वर्ष एक–सी नहीं रह पाती।

(5) भारत की छवि—पश्चिमी संचार माध्यमों के उद्देश्य और प्राथमिकताएँ अलग हैं। उनके पास तीसरी दुनिया के देशों के लिए समय नहीं होता। इस तरफ उनका ध्यान युद्ध, अकाल, दंगे, त्रासदी या राजनैतिक अस्थिरता होने पर ही जाता है। इसके अलावा सीमा–रेखा से भी उलझन पैदा होती है। दिल्ली से श्री आशीष रे.सी.एन.एन. बांग्लादेश में फैले हैजा की रिपोर्ट पेश कर रहे थे जबकि पृष्ठभूमि में भारतीय उपमहाद्वीप का नक्शा था। इससे दर्शक समझ रहे थे कि महामारी भारत में फैली है। वस्तुतः इन संदर्भों में कभी–कभी किसी समाचार का नहीं होना ही हमारे लिए एक अच्छा समाचार होता है।

(6) वर्तमान उद्योग संरचना—यूरोप के पर्यटन उद्योग में कंपनियाँ एक दूसरे में समाहित होती रहती हैं और उनका स्वामित्व बदलता रहता है। अभी यूरोपीय उद्योग में जर्मनी की बड़ी कंपनियों का बोलबाला है। यूरोप के 50 यात्रा संचालकों में 12 पर जर्मन कंपनियों का और 10 पर ब्रिटिश कंपनियों का अधिकार है। इटली और फ्रांस के पास क्रमशः 6 और 5 कंपनियाँ हैं।

जर्मन कंपनियों का वर्चस्व स्वाभाविक है। उनके पास सबसे बड़ा घरेलू बाजार और उत्पाद बहुलता भी है। उन्होंने फ्रांसीसी और ब्रिटिश कंपनियों की अपेक्षा बाजार में ज्यादा पूँजी

निवेशित की है।(हालाँकि स्वीस, स्वीडन, या इटली की कुछ कंपनियों की अपेक्षा उनका निवेश कम है)। जर्मन समूह आमतौर पर होटलों और उभरती एजेंसियों में भी बड़ी मात्रा में पूँजी निवेश करते हैं।

विपणन नीति—कुछ घटनाएँ और स्थितियाँ हमारे नियंत्रण में नहीं है। इसके बावजूद बदलते परिवेश के अनुरूप हमें अपनी नीतियों और प्राथमिकताओं को बदलते रहना होगा। इसके लिए निम्नलिखित रणनीति अपनानी होगी—

(1) नए बाजारों की पकड़ और विकास—पर्यटन और नागरिक उड्डयन मंत्री के नेतृत्व में एक पर्यटन प्रतिनिधिमंडल ने सितम्बर में CIS देशों का और हाल ही में पूर्वी अफ्रीकी देशों का दौरा किया। इससे इन देशों में भारत के प्रति रुचि जागृत हुई। पिछले जून महीने में राज्य मंत्री के नेतृत्व में पर्यटन प्रतिनिधिमंडल इस्रायल गया और वहाँ से भी पर्यटकों के आने की संभावना बढ़ी।

हाल ही में पर्यटन महानिदेशक के नेतृत्व में एक प्रतिनिधिमंडल ग्रीस गया और वहाँ के बाजार में भारत के लिए नई संभावनाएँ पैदा हुई। स्थानीय यात्रा संचालक हम से कहीं ज्यादा भारत के बाजार को विकसित करने का प्रयास कर रहे हैं।

इन परंपरागत बाजारों में उपभोक्ता संरक्षण अधिनियम काफी सख्त है। अतः यात्रा संचालक थोड़ी-सी भी गड़बड़ी वाले इलाके में यात्रियों को भेजने का जोखिम नहीं उठाते हैं। अतएव हमें एक तरफ परंपरागत बाजारों पर अपनी पकड़ मजबूत बनाएँ रखनी होगी और दूसरी तरफ नए बाजारों पर भी दृष्टि रखनी होगी। परंपरागत बाजारों से अगले 3 वर्षों में यात्रियों की संख्या में 50% से 100% तक वृद्धि होने की गुंजाइश है, पर केवल इन्हीं परंपरागत बाजारों पर निर्भर नहीं रहा जा सकता है। अगर कभी इस बाजार का स्रोत सूखा या कम हुआ तो हमारे यहाँ पर्यटन उद्योग संकट में पड़ जायेगा। अतः नए स्रोतों और बाजारों की लगातार खोज की जानी चाहिए। एक पुरानी कहावत "सयाना चूहा सौ बिल बनाकर रहता है" हमारे लिए सर्वथा उपर्युक्त है।

(2) ग्रीष्मकालीन पर्यटन प्रोत्साहन—गर्मी के मौसम में पर्यटन को प्रोत्साहित करना हमारी रणनीति में शामिल है ताकि पर्यटन उद्योग साल के बारह महीने सक्रिय और गतिशील रह सके। पिछले तीन वर्षों से हम ग्रीष्मकालीन भारी बचत पर्यटन योजना को प्रोत्साहित कर रहे हैं और इसका परिणाम उत्साहवर्द्धक है। निश्चित रूप से, पिछले वर्ष मार्च से मई मध्य तक यूरोप के लिए एयर इंडिया की उड़ानों के रद्द होने के कारण इस योजना को धक्का पहुँचा पर इस वर्ष यात्रा संचालकों का रवैया उत्साहवर्द्धक है। इनमें से कुछ ने अपनी पुस्तिका में अभी से आगामी ग्रीष्मकालीन पर्यटन का कार्यक्रम शामिल कर लिया है। ग्रीष्मकालीन पर्यटन के लिए विज्ञापन अभियान की तैयारी लगभग पूरी हो चुकी है।

हमें ट्रेकिंग में रुचि रखने वाले यात्रियों को भी आमंत्रित करना चाहिए। यह यूरोप के ग्रीष्मकालीन महीनों जुलाई और अगस्त में शुरू होता है जो हमारे लिए काफी अनुकूल है।

हमें इंटरलाइन ट्रैफिक और PEP ट्रैफिक को भी गर्मी के दिनों में भ्रमण करने के लिए प्रोत्साहित करना चाहिए।

हमें प्रोत्साहनमूलक यात्राओं और सम्मेलनों का आयोजन गर्मी के मौसम में ही करना चाहिए ताकि व्यस्त पर्यटन मौसम में होटल के कमरे उपलब्ध रह सकें। फ्रांस और इटली काफी अच्छे प्रोत्साहनमूलक बाजार हैं।

(3) यात्रा संचालकों का भारत में विश्वास जगाना—कुछ वर्षों से भारत को एक समस्यामूलक गंतव्य स्थान कहा गया। यात्रा संचालकों को मुकदमों में उलझाना पड़ा, इंडियन एयरलाइंस के पायलटों की हड़ताल से उन्हें वित्तीय घाटा हुआ और वर्ष (1993) के आरंभ में कई प्रतिकूल घटनायें हुई।

अत: 1994 में मजबूत जनसंपर्क और नजदीकी संपर्क द्वारा हमें यात्रा संचालकों का भारत में विश्वास जगाना पड़ेगा। इसके लिए क्षेत्रीय निदेशक या निदेशक (पर्यटन) और एयर इंडिया के प्रबंधक या ब्रिकी प्रबंधक का एक दल है जो संयुक्त रूप से प्रमुख यात्रा संचालकों से मिल रहा है। इसके परिणाम उत्साहवर्द्धक हैं।

भारतीय यात्रा संचालकों को भी सतर्क रहना होगा। जैसे ही उन्हें पता लगे कि उनका कोई साथी भारत को अपनी सूची से हटा रहा है वैसे ही उसकी सूचना हमें दे। हम तत्काल उससे मिलकर भारत को सूची में बनाए रखने का आग्रह करेंगें।

(4) वितरण प्रणाली को मजबूत करना—भारतीय पर्यटन उत्पादों के लिए अधिक से अधिक वितरण केंद्रों का निर्माण हमारी रणनीति में शामिल हैं। हम यह भी चाहते हैं कि इन वितरण केंद्रों पर भारतीय पर्यटन उत्पादों की बिक्री गर्व और भरोसे के साथ की जाए। हमारी इस रणनीति में यूरोप के यात्रा संचालक भी मदद पहुँचा रहे हैं। क्योंकि विभिन्न कंपनियों के कार्यक्रम विवरणों को ट्रैवल एजेंसियों के बिक्री पटल पर रखने के स्थान को लेकर भी भारी प्रतियोगिता का सामना करना पड़ता है।

एक सुखद समाचार यह है कि जर्मन यात्रा संचालक संघ, जो अब एक पंजीकृत संस्था है, भारत के पर्यटन को बढ़ावा देने में मदद कर रहा है और सक्रिय रूप से कार्यशालाओं और गोष्ठियों का आयोजन कर रहा है। पिछले सप्ताह लुफ्तहन्सा प्रशिक्षण संस्थान में 130 एजेंसियों के कर्मचारियों के लिए एक गोष्ठी का आयोजन किया गया था। इसी प्रकार भारत के पर्यटन को बढ़ावा देने के लिए फ्रांस में भी यात्रा संचालकों का एक भारतीय क्लब स्थापित किया गया है।

पिछले वर्ष IATO के साथ यूरोप में एक सफल गोष्ठी का आयोजन किया गया था। हम इस वर्ष भी इस प्रकार के आयोजन का स्वागत करेंगे लेकिन हमें जल्द ही उनके कार्यक्रम की जानकारी मिल जानी चाहिए ताकि हम उसी के अनुसार अपना कार्यक्रम बना सकें।

(5) विशेष उड़ानों को बढ़ावा—जिन स्थानों से भारत के लिए सीधी उड़ान सेवा उपलब्ध नहीं है या जहाँ से काफी मात्रा में लोगों के आगमन की उम्मीद हो वहाँ से विशेष

विमान सेवा उपलब्ध करना लाभप्रद होगा। 1993–94 के शीतकाल में निम्नलिखित बाजारों से विशेष उड़ान की व्यवस्था की गई थी–

देश	गंतव्य	अवधि	वायुयान प्रकार
जर्मनी	गोवा	1 सप्ताह	बी 767
फिनलैंड	गोवा	1 सप्ताह	डी.सी. 10
स्वीटजरलैंड	गोवा	1 सप्ताह	एयरबस

प्रश्न 6. "महाराष्ट एक पर्यटक स्थल है" इस कथन की समीक्षा कीजिए।

उत्तर– 1960 में महाराष्ट राज्य का जन्म हुआ और इसे भारत संघ के अलग राज्य के रूप में स्थापित किया गया। इसके पश्चिम में अरब सागर है और यह गुजरात, मध्यप्रदेश, आंध्र प्रदेश और कर्नाटक राज्यों से घिरा हुआ है। राज्य की राजधानी मुंबई को भारत की वाणिज्यिक राजधानी भी कहा जाता है। इस राज्य की कुछ प्रमुख विशेषताएँ इस प्रकार हैं–

जनसंख्या	7,89,37,187 (1991 जनगणना)
क्षेत्रफल	3,07,762 वर्ग कि.मी.
राजधानी	मुंबई
भाषा	मराठी
मुख्य उद्योग	कपड़ा, चीनी, विद्युत सामान
मुख्य फसलें	कपास, गन्ना, गेहूँ, चावल, ज्वार बाजरा आदि
मुख्य नदियाँ	ताप्ती, भीमा, गोदावरी

संक्षिप्त इतिहास–महाराष्ट्र के आरंभिक इतिहास को देखने से पता चलता है कि कोंकण प्रदेश मौर्य साम्राज्य के अधीन था। इस काल में इस क्षेत्र में बौद्ध धर्म का प्रचार–प्रसार हुआ। महाराष्ट्र पर प्रत्यक्ष रूप से सर्वप्रथम सातवाहन शासकों (लगभग 230 ई.पू. से 225 ई. तक) ने राज्य किया। हाल प्रतिष्ठान (सम्प्रति पैठान) इनकी राजधानी थी।

सातवाहन शासन के बाद यहाँ वाकाटकों (250 ई. से 525 ई. तक) का राज्य रहा। वाकाटकों ने विदर्भ को भी अपने साम्राज्य में मिला लिया।

चालुक्यों ने दो बार इस क्षेत्र पर शासन किया पहली बार 550 ई. से 760 ई. तक और दुबारा 973 ई. से 1180 ई. तक। आरंभिक चरण में बादामी (बीजापुर) राजधानी थी। बाद में पुलकेसिन द्वितीय ने नासिक को अपनी राजधानी बनाया।

12वीं शताब्दी के अंत में देवगिरि के यादवों ने इस क्षेत्र पर शासन किया। उनका शासन लगभग सौ वर्षों तक चला। 1310 ई. में खिलजी तुर्कों ने उन्हें हराकर इस क्षेत्र पर अपनी सत्ता स्थापित की। जब मुहम्मद तुगलक अपनी राजधानी दिल्ली से देवगिरि ले गया तब उसने महाराष्ट्र के बड़े हिस्से पर अपना नियंत्रण स्थापित कर लिया।

14वीं शताब्दी के मध्य में बहमनियों ने स्वतंत्र शासक के रूप में दक्खन और दक्षिण भारत के बड़े हिस्से पर अपना नियंत्रण स्थापित कर लिया। 15 वीं शताब्दी के अंत तक बहमनी राज्य पाँच राज्यों–गोलकुंडा, अहमदनगर, बरार, बीदर, और बीजापुर में विभक्त हो गया। महाराष्ट्र के बंदरगाहों पर अलग–अलग राजवंशों का अधिकार था और 17 वीं शताब्दी तक ये सभी राज्य मुगल शासन के अधीन हो गये।

17वीं शताब्दी के मध्य में शिवाजी के नेतृत्व में मराठे महाराष्ट्र में एक राजनैतिक शक्ति के रूप में उभरने लगे। अल्प समय में ही मराठों ने एक स्वतंत्र राज्य की स्थापना कर ली। 18 वीं शताब्दी में मराठा शक्ति का महाराष्ट्र के बाहर भी प्रसार होने लगा। पाँच प्रमुख राज्यों पुणे के पेशवा, नागपुर के भौसले, ग्वालियर के सिंधिया, बड़ौदा के गायकवाड़ और इंदौर के होलकर का उदय हुआ। महाराष्ट्र के अधिकांश क्षेत्र पर पेशवा और भौंसले का अधिकार था।

19वीं शताब्दी के आरंभ में अंग्रेजों ने मराठों को हराकर महाराष्ट्र के अधिकांश हिस्सों पर अधिकार कर लिया। पूरे ब्रिटिश काल में महाराष्ट्र के किसान, मजदूर, मध्य वर्ग और कबीले ब्रिटिश–साम्राज्यवाद के विरुद्ध संघर्ष करते रहे। राष्ट्रीय आंदोलन में इस राज्य की भूमिका अहम् रही। भारतीय राष्ट्रीय कांग्रेस का प्रथम अधिवेशन 1885 ई. में बंबई में ही आयोजित हुआ। दादा भाई नौरोजी फिरोजशाह मेहता, दीनशा वाचा, बाल गंगाधर तिलक, गोपालकृष्ण गोखले तथा दूसरे नेताओं की राष्ट्रीय आंदोलन में अग्रणी भूमिका रही।

महाराष्ट्र इस युग में सामाजिक सुधार आंदोलन का एक प्रमुख केंद्र था। सामाजिक सुधार के नेताओं में गोपाल हरि देशमुख, ज्योतिराव गोविंद राव फूले, रामकृष्ण गोपाल भंडारकर, न्यायमूर्ति महादेव गोविंद रानाडे, गोपाल गणेश आगरकर और केशव कर्वे प्रमुख थे।

उन्होंने सती–प्रथा की आलोचना की, बालिकाओं की हत्या की निंदा की और नारी शिक्षा, शोषित जातियों के कल्याण आदि के लिए काम किया। डॉ. भीमराव अंबेडकर ने शोषित और वंचित जातियों के उत्थान के लिए कार्य किया। वे स्वतंत्र भारत के संविधान निर्माताओं में से एक थे।

1947 में स्वतंत्रता प्राप्ति के बाद महाराष्ट्र व गुजरात को मिलाकर एक संयुक्त राज्य बना किंतु 1960 ई. में महाराष्ट्र राज्य का अलग से निर्माण किया गया।

सांस्कृतिक विरासत–महाराष्ट्र की सांस्कृतिक विरासत काफी समृध्द है। शताब्दियों से धर्म, कला, साहित्य, रंगमंच और संगीत के क्षेत्र में समृद्धि की लंबी परंपरा रही है। अभी भी इस राज्य में ये परंपराएँ जीवित हैं और इन क्षेत्रों में इनका योगदान महत्त्वपूर्ण है। आधुनिक संगीत और सिनेमा के आ जाने से इसमें एक नया आयाम जुड़ गया है।

धर्म के क्षेत्र में भी यहाँ विविध रंग–रूप देखने को मिलता है। बारह प्रमुख ज्योतिलिंगों (हिंदुओं के लिए पूज्य) में से पाँच महाराष्ट्र में स्थित है। दसवें सिक्ख गुरू, गुरू गोविंद सिंह का अवशेष महाराष्ट्र में नानदेड़ में दफन किया गया था। यहाँ सिक्ख तीर्थयात्री दर्शनार्थ आते हैं। गणपति त्यौहार (भगवान गणेश की पूजा) यहाँ का प्रमुख और लोकप्रिय त्यौहार है और सभी समुदाय के लोग इसमें भाग लेते हैं।

पूरे महाराष्ट्र में सूफी संतों के मजार स्थित हैं। यहाँ भारत के विभिन्न भागों से विभिन्न धर्मों, विशेषकर इस्लामधर्म, के लोग दर्शनार्थ आते हैं।

भारतीय साहित्य और रंगमंच के क्षेत्र में आधुनिक मराठी साहित्य भी काफी विकसित है। इसी प्रकार मराठी रंगमंच में भी नए–नए प्रयोग होते रहे हैं।

पिछले साठ वर्षों से मुंबई सिनेमा का प्रमुख केंद्र रहा है। प्रति वर्ष बड़े पैमाने पर यहाँ फिल्मों का निर्माण होता है। फिल्म उद्योग के कारण भारत के कई हिस्सों से लोग यहाँ आते हैं।

ऐतिहासिक स्थल और स्मारक–महाराष्ट्र स्थित पहाड़ों को काट कर बनाये गये गुफा–मंदिर और बिहार भारतीय स्थापत्य और मूर्ति कला के उत्तम उदाहरण हैं। यहाँ ऐसी गुफाएँ और विहार लगभग एक हजार है। इनका निर्माण ई.पू. दूसरी शताब्दी से नवीं शताब्दी ई. के बीच हुआ। ये ब्राह्मण, बौद्ध और जैन धर्मों से जुड़े हुए हैं। संरचना के अलावा इनमें मूर्तिकला और चित्रकला के भी अनुपम नमूने देखने को मिलते हैं। कुछ उदाहरण निम्नलिखित है–

(1) भज गुफाएँ–भज गुफाएँ सभी गुफाओं में सबसे पुरानी हैं। इनका निर्माण ई.पू. दूसरी शताब्दी में चैत्य और विहार के रूप में हुआ था। यहाँ बौध भिक्षु और साधु रहा करते थे। भज गुफाओं में बुद्ध की मूर्ति नहीं हैं बल्कि प्रतीकों (बोधि वृक्ष) के रूप में वे उपस्थित हैं। इन मूर्तिकलाओं पर शुंग कला का प्रभाव हैं।

(2) कोंडण–यह पश्चिमी घाट पर निर्मित है। इन बौद्ध स्तूपों और विहारों का निर्माण 40 ई. से 100 ई. के बीच किया गया था।

(3) बेद्रे—बेद्रे की प्रमुख विशेषता यहाँ स्थित लंबे खंभे है जिसके शीर्ष पर पशु की आकृति उकेरी गई है। घोड़े की आकृति में ग्रीक मूर्ति कला के प्रभाव की झलक मिलती है।

(4) कार्ले—कार्ले को सर्वश्रेष्ठ बौद्ध विहार गुफा का दर्जा मिला हुआ है। खंभों के शीर्ष पर मिथुन की वास्तुकला अनुपम है।

(5) कन्हेरी—इनका निर्माण दूसरी शताब्दी से पाँचवी शताब्दी ई. के बीच हुआ था। यहाँ भी चैत्य और विहार है। यहाँ की मूर्ति कला पर गांधार और कुषाण कला का प्रभाव है। यहाँ पर बुद्ध की दो बड़ी मूर्तियाँ भी है।

(6) एलिफेंटा—एलिफेंटा में पहाड़ को काट कर बनाए गए विशाल हिंदू शैव परंपरा के मंदिर हैं। इनका निर्माण छठी शताब्दी में किया गया था। यहाँ पत्थर को काट कर शिव की विशाल मूर्ति बनाई गई है। इस पर कन्हेरी मूर्तिकला का प्रभाव स्पष्ट है।

(7) अजंता—अजंता के प्रसिद्ध चैत्यों और गुफाओं का निर्माण ई.पू. दूसरी शताब्दी से ई.पू. छठी शताब्दी के बीच हुआ था। इन गुफाओं में सुंदर आकृतियाँ उकेरी गई है। अजंता की चित्रकला बेजोड़ हैं। ये चित्र जातक कथाओं और अन्य विषयों को निरूपित करते हैं। इससे पहले इस प्रकार के चित्र नहीं मिलते हैं।

(8) संरचनात्मक स्थापत्य—पहाड़ को काट कर बनाए गए चैत्यों और गुफाओं के अतिरिक्त महाराष्ट्र में पत्थर और ईंट से बने भवनों की भी एक लंबी परंपरा मिलती है। इस प्रकार के स्थापत्य की शुरूआत गुप्त काल से होती है।

(9) रामटेक—रामटेक में पाँचवी शताब्दी में बने हुए कई संरचनात्मक पूजा स्थल देखने को मिलते हैं। इस प्रकार के मंदिरों में कई प्रकार की योजनाएँ दृष्टिगोचर होती हैं और इसमें उत्तर और दक्षिण का अद्भूत संगम मिलता है।

(10) ईंट का मंदिर—दूसरी शताब्दी में निर्मित ईंट के एक स्तूप का अवशेष मिला है। ईंट से बना सबसे पहला मंदिर पाँचवी शताब्दी का है। यह टेर में स्थित है। उत्तरेश्वर और कालेश्वर के मंदिर बाद के बने हुए हैं।

(11) स्मारक—महाराष्ट्र के दक्कन क्षेत्र में किलों की भरमार है। इनमें से कई मध्य काल के हैं। वे पहाड़ों पर, मैदानी इलाकों में और समुद्र तट पर बने हुए हैं।

सह्याद्रि पहाड़ी क्षेत्र में सिहंगढ़, पुरंदर (पूणे के समीप), सतारा, पन्हाला आदि प्रमुख दुर्ग है। सामरिक और सुरक्षा की दृष्टि से इन्हें पहाड़ी के ऊपर बनाया गया था। मुगलों के खिलाफ संघर्ष करने में मराठों ने इन किलों का प्रभावी प्रयोग किया।

मैदानी इलाकों में बने किलों की स्थापत्य संरचना विविधतापूर्ण है। बांदा का किला, रत्नगिरि में सावंतगाड़ी की गढ़ियाँ तथा शोलापुर का किला इसके कुछ उदाहरण है।

समुद्र तट और द्वीपों पर बने किले अत्यंत मनोरम दृश्य प्रस्तुत करते हैं। बांकेत, गोपालजेआं, जयगढ़, देवगढ़, अरनाला, जंजीरा (कोलाबा) में और सिंधु दुर्ग (मालव में) इसके कुछ उदाहरण है।

औरंगाबाद शहर से 13 कि.मी. दूर स्थित दौलताबाद के किले का निर्माण 12वीं शताब्दी में हुआ था। इसमें कई शासक वंशों का निवास रहा। पाँच किलोमीटर की मजबूत दीवार, कृत्रिम नुकीलापन और सुरक्षा के कई पेंचीदे उपायों के कारण यह दुर्ग लगभग अभेद्य था। इसमें एक 30 मीटर ऊँची मीनार थी जिसे चांद मीनार कहा जाता है।

(12) मकबरा—शासकों और संतों के मकबरे महाराष्ट्र में बहुतायत मात्रा में मिलते हैं। ताजमहल की नकल में बनाया गया बीबी का मकबरा (औरंगाबाद) स्थापत्य का बेजोड़ नमूना है। इसे औरंगजेब की एक पत्नी बेगम रबिया दुर्रानी के लिए बनाया गया था। औरंगजेब का मकबरा सादगीपूर्ण है। यह खुल्दाबाद (औरंगाबाद के समीप) में है।

(13) प्राकृतिक सौंदर्य—महाराष्ट्र में समुद्र है, समुद्र तट है और पहाड़ियों की शृंखलाएँ हैं। इनसे महाराष्ट्र का प्राकृतिक सौंदर्य निखर उठा है। मुंबई के समुद्र तट आकर्षण के प्रमुख केंद्र हैं। हाल में, पर्यटकों को आकर्षित करने के लिए पहाड़ी स्थलों को विकसित किया जा रहा है।

(14) पन्हाला—पन्हाला 977 मीटर ऊँचाई पर स्थित है। मराठों का इतिहास यहाँ के कण–कण में व्याप्त हैं, यहाँ असंख्य रुचि के स्थान हैं जो मन में बस जाने वाले जीवन के किस्सों से जुड़े है। जैसे सजा कोठी–जहाँ संभाजी को बंदी बनाकर रखा गया था, अंबा बाई मंदिर–जहाँ शिवाजी प्रत्येक अभियान के पूर्व भवानी का आशीर्वाद लेने के लिए आते थे, पवन खिंड जहाँ बाजी प्रभु ने शिवाजी के प्राण बचाने के लिए अपने प्राणों की बलि दे दी थी।

(15) महाबलेश्वर—महाबलेश्वर भूतपूर्व मुंबई प्रेसिडेंसी की ग्रीष्मकालीन राजधानी था। 1372 मीटर की ऊँचाई पर बसा यह लोकप्रिय शहर अपने अनुपम सौंदर्य के लिए प्रसिद्ध है। पाँच किलोमीटर में फैला यह शहर पग–पग पर सौंदर्य बिखेरता है। मनोहर वेन्ना झील में

नौकायन या मछली पकड़ना भी काफी लोकप्रिय है। यहाँ से घाटी और समुद्र का सुंदर नजारा दीखता है। यहाँ के जलप्रपात आकर्षण के केंद्र है। प्रतापगढ़ का किला यहाँ से 24 किलामीटर दूर है जहाँ शिवाजी ने अफजल खाँ को मारा था। यहाँ का गोल्फ का मैदान भी सुंदर और आकर्षक है।

(16) पंचगढ़ी—पाँच पहाड़ियों से घिरे होने के कारण इस स्थान का नाम पंचगढ़ी पड़ा है। 1344 मीटर की ऊँचाई पर बसा यह शहर महाबलेश्वर से मात्र 38 मीटर नीचे है। किन्तु 38 मीटर की कमी 18 किलोमीटर की दुर्गम यात्रा पूरी कर देती है। ऊपर चढ़ते वक्त नीचे का ढलान मन को रोमांचित कर देता है। एक तरफ नीचे बहती कृष्णा नदी होती है। दूसरी तरफ तटीय प्रदेश होते हैं। पंचगढ़ी सर्वोत्कृष्ट आवासीय पहाड़ी आरामगाह (हिल स्टेशन) है। यहाँ स्थित पुराने ब्रिटिश कालीन भवन, पारसी घर और आवासीय विद्यालय ब्रिटिश शासन की उपस्थिति का एहसास कराते हैं।

(17) मठेरान—आठ सौ मीटर की ऊँचाई पर स्थित यह पहाड़ी क्षेत्र घने वृक्षों से आच्छादित है। धुक–धुक करती रेलगाड़ी में दो घंटे की गुदगुदाने वाली यात्रा इसका एक प्रमुख आकर्षण है। घाटी के अंदर जैसे–जैसे प्रवेश करते हैं दृश्य मनोरम होता जाता है। खाने–पीने की चीजें बेचते लोग और इधर–उधर उछलते बंदर इस दृश्य को जीवंत बना देते हैं। जैसे–जैसे मठेरान की ओर बढ़ते हैं, नीचे का दृश्य रोमांचकारी होता जाता है। ऐसा लगता है हम बिल्कुल सीध में ऊँचाई पर चढ़े जा रहे हैं। ये अनुपम और रोमांचकारी दृश्य मन को सुकून पहुँचाते हैं। रात में हार्ट प्वांयट से मुंबई का जगमगाता रूप दृष्टिगोचर होता है। मठेरान में एकांत स्थानों की कमी नहीं है। यहाँ आप आराम से पिकनिक मना सकते हैं और रात में आग जलाकर उसका आनंद ले सकते हैं। चारलौटे झील पैन्थर्स की गुफा और पे मास्टर पार्क बच्चों के आकर्षण के प्रमुख केंद्र है। अंग्रेजी और पारसी घरों का अस्तित्व यहाँ अभी भी मौजूद है।

(18) लोनावाला और खंडाला—मुंबई पूणे राष्ट्रीय मार्ग से 5 किलोमीटर दूर सह्याद्रि की पश्चिमी ढलान पर 625 मीटर की ऊँचाई पर लोनावाला और खंडाला दो प्रमुख पहाड़ी विश्राम–स्थल, है। यहाँ काफी लोग स्वास्थ्य लाभ के लिए आते हैं। अतः यहाँ कई स्वास्थ्य गृह भी हैं।

खंडाला छोटा और अपेक्षाकृत शांत शहर है पर लोनावाला बाजार में चहलकदमी करना भी एक अनोखा अनुभव है। चारों और पहाड़ियों से घिरे ये शहर मनोरम दृश्य उपस्थित करते हैं। बरसात की रिमझिम यहाँ के मौसम को रोमानी बना देता है।

(19) कला और हस्तशिल्प—महाराष्ट्र की कलाओं और हस्तशिल्प का इतिहास काफी पुराना है। इनमें से अनेक आज भी जीवित हैं। राज्य में कई संग्रहालय हैं। मुंबई स्थित प्रिंस आफ वेल्स संग्रहालय समृद्ध विरासत का दस्तावेज है। पत्थर, मिट्टी और पीतल से बनी मूर्तियों, लघु चित्रकारी, संगीत वाद्य, घरेलू सामान और यंत्र विभिन्न प्रकार के लैंप आदि कला के कुछ बेहतरीन नमूने है।

जीवंत शिल्पों में कुछ इस प्रकार हैं–

(1) विभिन्न कबीलों की कबीलाई चित्रकला और कशीदाकारी

(2) बेंत और बाँस की बनी वस्तुएँ

(3) धातु की वस्तुएँ और धातु पर बिद्री का काम बिद्री बर्तन में जिंक और ताँबे का मिश्रण किया जाता है इसमें शुद्ध चाँदी पर सूक्ष्म काम किया जाता है और उनके सतह पर खुदाई या नक्काशी की जाती है अथवा ऊपर से चित्र बनाया जाता है।

(4) पैठानी रेशमी साड़ियाँ/पैठानी साड़ियों की परंपरा 2000 साल पुरानी है। इसमें रेशम में सोने की जरी का काम होता है।

(5) चमड़े का सामान, विशेषकर कोल्हापुरी चप्पल और

(6) परंपरागत मराठी गहने।

प्रश्न 7. महाराष्ट्र में पर्यटन की स्थिति तथा नई योजनाओं का विश्लेषण कीजिए।

उत्तर– महाराष्ट्र की वृहद पर्यटन क्षमता के प्रमुख पहलू निम्नलिखित हैं–

(1) बंबई शहर–भारत की व्यापारिक राजधानी,

(2) अजंता, एलोरा और एलिफेंटा जैसे विश्व के प्रमुख पर्यटन स्थल

(3) भारत के गुफा मंदिरों का 80 प्रतिशत

(4) 720 किलोमीटर लंबा तटीय प्रदेश और यहाँ स्थित सुंदर समुद्र तट और राष्ट्रीय पार्क

(5) तीन सौ से अधिक किले और पहाड़ी क्षेत्र

(6) ठंडे पहाड़ी विश्राम–स्थल (हिल स्टेशन)

(7) लगभग सभी धर्मों के तीर्थ स्थल, और

(8) औद्योगिक विकास, सहकारी आंदोलन, शिक्षा और चिकित्सा सुविधाओं से युक्त राज्य।

महाराष्ट्र में पर्यटन की मौजूदा स्थिति–राजस्थान, गोवा या कश्मीर के समान पहले महाराष्ट्र को महत्त्वपूर्ण पर्यटन क्षेत्र नहीं माना जाता था। इस तथ्य के बावजूद आठवें दशक में भारत आने वाले कुल विदेशी पर्यटकों का कम से कम 46 प्रतिशत (आते या जाते समय) बंबई अवश्य जाता था। नवें दशक में आने वाले पर्यटकों का प्रतिशत घटकर 33 रह गया। 1991 में सात लाख विदेशी पर्यटक बंबई आए। इनमें से लगभग 10 प्रतिशत अर्थात् 70,000 पर्यटक अजंता एलोरा गए। राज्य के अन्य क्षेत्रों में पर्यटकों के जाने का आँकड़ा उपलब्ध नहीं है किंतु पुणे, किहिम, गणपति फले और गणेशपुरी ने विदेशी पर्यटकों को आकर्षित किया। प्रत्येक वर्ष देश के पर्यटक बहुतायत मात्रा में बंबई आते हैं किंतु वे अपने मित्रों और संबंधियों के यहाँ ठहरते हैं और हवाई जहाज से नहीं आते हैं। अतः उनकी संख्या बताना संभव नहीं है। मथेरान, लोनावाला, महाबलेश्वर, पंचगढ़ी के पहाड़ी विश्राम–स्थल,

तीर्थ–स्थल, तथा औरंगाबाद–एवं कोकण समुद्र तट पर काफी संख्या में पर्यटक आते हैं। हालाँकि बंबई को छोड़कर पुणे और औरंगाबाद में होटल पर्यटन उद्योग में कोई उल्लेखनीय प्रगति नहीं हुई है। बंबई–पुणे और बंबई–अहमदाबाद राष्ट्रीय मार्ग के किनारे मोटल और रेस्तरां का निर्माण तेजी से हो रहा है। पर्यटन स्थल की ओर जाने वाले अन्य राज्य या राष्ट्रीय मार्गो पर पर्याप्त सुविधाएँ उपलब्ध नहीं है।

कई घरेलू उड़ानों और विशेष उड़ानों के उपलब्ध होने तथा मुंबई में किसी विशेष आकर्षण के अभाव में पर्यटक मुंबई जाने में उत्सुकता नहीं दिखाते है। ऐसी स्थिति में पर्यटकों को महाराष्ट्र के अंदरूनी पर्यटक स्थलों की ओर आकर्षित करना मुश्किल होता है। अतः मुंबई के प्रति पर्यटकों का आकर्षण बढ़ाना जरूरी है। व्यापार के लिए आए यात्रियों के लिए सभा स्थलों, प्रदर्शनी स्थलों, शाम का मनोरंजन, खुले मैदान में मनोरंजन की व्यवस्था करने का उपाय करना चाहिए और शहर के बाहर दिन ही दिन में पर्यटन की व्यवस्था करनी चाहिए।

महाराष्ट्र की पर्यटन संबंधी कमियाँ निम्नलिखित हैं–

(1) राज्य का क्षेत्रफल बहुत ज्यादा है यहाँ न तो सड़क की स्थिति अच्छी है, न हवाई अड्डों की अच्छी व्यवस्था है जबकि नौका सेवाओं का तो पूरा अभाव है।

(2) पर्यटन उद्योग पर लगाया गया कर भी काफी अधिक है।

(3) राज्य स्तर पर प्रचार की समुचित व्यवस्था न होने के कारण महाराष्ट्र के पर्यटक स्थलों की पूरी जानकारी पर्यटकों को नहीं मिल पाती।

(4) इस राज्य में अन्य राज्यों की तरह सुसंगठिक पर्यटन विभाग या पर्यटन निदेशालय का भी अभाव है।

(5) पर्यटन उद्योग की प्रगति का पूर्ण दायित्व महाराष्ट्र पर्यटन विकास निगम (मपविनि) पर है। पहले म.प.वि.नि. को राज्य या केंद्र से पर्याप्त वित्तीय सहायता नहीं मिल पाती थी। हालाँकि 2–3 सालों से इस सहायता राशि में बढ़ोत्तरी हुई है फिर भी इस क्षेत्र में काफी बाधाएँ है। सरकारी जमीन के हस्तांतरण में विलंब, जल निकायों के उपयोग की अनुमति में विलंब, प्रचार के लिए पर्याप्त वित्त की कमी, पर्यटन उद्योग की बढ़ोत्तरी के लिए किसी एकीकृत कार्यक्रम और योजना का अभाव तथा बिजली व पानी जैसे अधिसंरचनात्मक सहयोग की अपर्याप्तता पर्यटन क्षेत्र की कुछ प्रमुख बाधाएँ रही हैं। पर्यटन उद्योग में पर्याप्त कर्मचारी भी नहीं है और यहाँ तक कि कई वर्षों से वरिष्ठ पद भी रिक्त पड़े है। इसके अलावा पर्यटन विभाग के पास पर्याप्त पेशेवर कर्मचारी भी नही हैं।

नए विचार—पर्यटन के महत्त्व को महसूस करते हुए राज्य सरकार ने 1989 से कुछ सुधारात्मक कदम उठाए हैं। रोजगार, विदेशी मुद्रा अर्जन, अंदरूनी इलाकों के विकास, सांस्कृतिक और प्राकृतिक संसाधनों की सुरक्षा, कला और शिल्प के विकास तथा विभिन्न लोगों के बीच सांस्कृतिक आदान–प्रदान की दृष्टि से पर्यटन का विशेष महत्त्व है। यह निर्णय लिया गया है कि अधिसंरचनात्मक सहयोग का भार–राज्य पर होगा जबकि जहाँ तक संभव हो

होटल और यातायात व्यवस्था का भार निजी क्षेत्र पर होगा। पहले अवकाश गृहों और बसों को चलाने का दायित्व महाराष्ट्र पर्यटन विकास निगम पर था। अब उसकी भूमिका बदल दी गई है और उसका मुख्य कार्य पर्यटन विकास में उत्प्रेरक की भूमिका निभाना है। अपनी नई भूमिका में महाराष्ट्र पर्यटन विकास निगम निम्नलिखित गतिविधियों में संलग्न हैं–

(1) पर्यटन विकास के लिए, वृहद योजनाएँ बनाना, अजंता–एलोरा, झील जिलों, चुने हुए तीर्थ स्थलों और पहाड़ी विश्राम–स्थलों का विकास करना।

(2) निजी क्षेत्र के निवेश के लिए भूमि हस्तगत करना।

(3) निजी क्षेत्रों को वित्तीय प्रोत्साहन देना।

(4) अधिसंरचनात्मक विकास का संयोजन करना।

(5) सूचना और प्रचार को व्यापक बनाना।

(6) विशेषकर युवा और बजट पर्यटकों के लिए कैंपिंग ग्राउंड, जल क्रीडा, कारवां, टेंट–कैंप जैसी नई अवधारणाओं का विकास करना,

(7) जिन सुविधाओं को निजी क्षेत्र को नहीं सौंपा जा सकता, उनका विकास करना।

(8) पर्यटन व्यापार, केंद्रीय और राज्य अभिकरणों के बीच संयोजन करना।

(9) पर्यटकों की समस्याओं का निवारण करना।

(10) उन क्षेत्रों का विकास करना जिन में निजी क्षेत्र की रुचि नहीं है।

वृहद योजनाएँ–राष्ट्रीय और अंतर्राष्ट्रीय विशेषज्ञों की सहायता से अगले दस वर्षों के लिए महाराष्ट्र के लिए पर्यटन संबंधी वृहद योजनाएँ बनाई गई हैं। ये निम्नलिखित हैं–

(1) समुद्र तटों का विकास–32 स्थल

(2) सड़कों के किनारे मोटर और अन्य सुविधाएँ–64 स्थल

(3) जल क्रीडा सुविधाएँ–54 स्थल

(4) किले–35 स्थल

(5) रोमांचकारी पर्यटन–ग्लाइडर, उड़ान, पहाड़ों और दुर्गों पर चढ़ाई

(6) आधुनिक नौकाएँ–बंबई बंदरगाह

(7) अजंता एलोरा विकास योजना–196 करोड़ रुपये।

(8) झील जिला विकास–10 स्थल

(9) कला और शिल्प ग्राम–4 (औरंगाबाद, पुणे, बंबई, नागपुर)

(10) दिन में घूमने की सुविधा–12 स्थल

(11) तीर्थ स्थान–8 स्थल

(12) नए पहाड़ी विश्राम–स्थलों का विकास–4 स्थल

(13) जंगली कारवां–6 स्थल

(14) ज्वालामुखी

(15) एलिफेंटा द्वीप

(16) खुला आकाश मनोरंजन—5 स्थल
(17) सभागार और प्रदर्शनी मैदान—2, बंबई और पुणे
(18) विशेष पर्यटन क्षेत्र—विजय दुर्ग से सिंधु दुर्ग किला—84 किलोमीटर और 9 जिलों में राज्य विशेष पर्यटन क्षेत्र।
(19) भारत सरकार द्वारा घोषित रायगढ़ जिले में यात्रा सर्किट
(20) पर्यटन को प्रोत्साहन देने के लिए एक मास्टर प्लान को ध्यान में रखकर वर्ष 1993 में राज्य ने पर्यटन विकास के लिए एक नीति बनायी।

प्रश्न 8. पर्यटन के विकास के लिए महाराष्ट्र सरकार द्वारा प्रस्तावित नीति की व्याख्या कीजिए।

अथवा

एक राज्य सरकार पर्यटन का नियोजन और प्रोत्साहन कैसे करती है।

उत्तर— राज्य, अपने आर्थिक विकास के लिए पर्यटन क्षेत्र के विकास को काफी महत्त्व दे रहा है। महाराष्ट्र राज्य अपनी वृहद योजना के अनुरूप अगले दस वर्षों में पर्यटन के कुछ खास क्षेत्रों के विकास का प्रयास करेगा। शेष क्षेत्रों के लिए यह उद्यमियों को प्रेरित करेगा। इसे आकर्षक और स्वच्छ बनाने के लिए विशेषज्ञों की भी सहायता लेगा।

पर्यटन नीति के उद्देश्य निम्नलिखित हैं—

(1) विशेषज्ञों और स्थानीय सहयोग से नियोजित पर्यटन का विकास करना।
(2) पर्यटन आकर्षण केंद्रों पर सूचना प्रदान करना और पर्यटकों को घूमने के स्थलों की पर्यटन सुविधाएँ उपलब्ध कराना।
(3) वर्तमान पर्यटन सुविधाओं का विकास करना।
(4) कुछ चुने हुए क्षेत्रों में अंतर्राष्ट्रीय स्तर की पर्यटन सुविधाएँ उपलब्ध कराना।
(5) युवा और सीमित बजट पर्यटकों के लिए सुविधाएँ उपलब्ध कराना।
(6) प्रमुख व्यापारिक, औद्योगिक और नगरीय केंद्रों के पास मनोरंजन की सुविधा जुटाना।
(7) देश के लिए अधिक विदेशी मुद्रा अर्जित करना।
(8) विशेषकर राज्य के आंतरिक क्षेत्रों में रोजगार पैदा करना।
(9) इसके प्राकृतिक और सांस्कृतिक संसाधनों का संरक्षण और पर्यावरण को ध्यान में रखते हुए एकीकृत विकास करना।
(10) कला, हस्तकला, हस्तशिल्प, हाथ से बने कपड़े और लोक कला को प्रोत्साहन देना।

राज्य सरकार अपनी गतिविधियों को अधिसंरचनात्मक विकास, सूचनाओं के प्रचार–प्रसार और विभिन्न क्षेत्रों के संयोजन तक सीमित रखेगी जिससे पर्यटन उद्योग में निजी क्षेत्र के निवेश को अधिकाधिक आमंत्रित किया जा सके। होटल निर्माण या पर्यटन–बस चलाना राज्य

का काम नहीं राज्य स्वयं को इन क्षेत्रों से क्रमशः अलग करेगा और इसे पर्यटन उद्योग के क्षेत्र में लगे हुए पेशेवर लोगों के हाथ में सौंप देगा। राज्य का कार्य वित्तीय प्रोत्साहन देना उपयुक्त स्थल प्रदान करना और अधिसंरचनात्मक विकास में पड़ने वाली बाधाओं को दूर करना होगा। साथ ही मानव संसाधन का विकास, पर्यटकों के हितों का सरंक्षण, प्रशिक्षण संस्थाओं की स्थापना करना अथवा स्थापना करने में सहायता करना तथा पर्यटन सेवाओं में एक स्तर बनाए रखने का प्रयास करना होगा। इसके अलावा पर्यटकों को बेहतर सुविधा प्रदान करने के लिए स्वायत्त संस्थाओं, होटल मालिकों के संगठनों, यात्रा व्यापार और यात्रा संचालकों की भागीदारी को भी राज्य प्रोत्साहित करेगा। राज्य इसका भी ध्यान रखेगा कि पर्यटन गतिविधियों की सहायता से प्राकृतिक और सांस्कृतिक संसाधनों का विकास हो किन्तु इससे किसी भी प्रकार पर्यावरण संतुलन न बिगड़े।

नीति कार्यान्वयन की प्रमुख विशेषताएँ इस प्रकार है—

(1) प्रशासनिक तंत्र—बृहद योजनाओं का निर्माण, निजी क्षेत्र के लिए भूमि का चयन और आवंटन, प्रचार और निवेशकों को प्रोत्साहन देने का कार्य महाराष्ट्र पर्यटन विकास निगम करेगा। महाराष्ट्र पर्यटन विकास निगम के वर्तमान कर्मचारियों को नई परिस्थिति और वातावरण के अनुरूप कार्य करने के लिए पर्याप्त प्रशिक्षण दिया जायेगा। प्रशिक्षण और पुनः प्रशिक्षण कार्यक्रमों के अलावा उन्हें पर्यटन के क्षेत्र में हुए अद्यतन परिवर्तनों से भी अवगत कराया जायेगा। पर्यटन निदेशक और उपनिदेशक के पद काफी समय से रिक्त हैं। इन पर नियुक्तियाँ की जायेगी। अक्तूबर 1990 में विभिन्न क्षेत्रों के विशेषज्ञों को शामिल कर महाराष्ट्र पर्यटन सलाहकार परिषद का निर्माण किया जा चुका है। यह राज्य सरकार को केंद्र सरकार की एजेंसियों से संपर्क स्थापित करने और पर्यटन तथा पर्यटन व्यापार से संबद्ध सुझाव देती रहेगी।

अप्रैल 1990 से ही जिलों में जिलाधिकारियों की अध्यक्षता में समितियाँ कायम की गई हैं। पर्यटन विभाग इस बात का ध्यान रखेगा कि तीन महीने में कम से कम एक बार इन समितियों की बैठक हो और स्थानीय स्तर की समस्याएँ जिलाधिकारी द्वारा ही सुलझा ली जाए। विशेष क्षेत्र विकास योजनाओं के संबंध में क्षेत्रीय कमिश्नर की अध्यक्षता में समिति की स्थापना की जायेगी। अजंता—एलोरा योजना में इस प्रकार की समिति की स्थापना हो चुकी है। इसमें महाराष्ट्र पर्यटन विकास निगम और कार्यान्वयन एजेंसियों के सदस्य भी शामिल होते हैं। यह समिति सूक्ष्मता से योजनाएँ बनायेगी और प्रगति का अवलोकन करेगी।

भविष्य में महाराष्ट्र पर्यटन विकास निगम अपनी वाणिज्यिक गतिविधियाँ कम कर देगा और सिंगापुर तथा ब्रिटेन की भाँति पर्यटन विकास बोर्ड की तरह काम करेगा। यह बोर्ड ही पर्यटन निदेशालय तथा महाराष्ट्र पर्यटन विकास निगम का दायित्व वहन करेगा तथा सरकार के प्रतिनिधि के रूप में कार्य करेगा। इसके लिए महाराष्ट्र पर्यटन विकास निगम को अपनी वाणिज्यिक गतिविधियों का अधिकांश दायित्व निजी क्षेत्रों को सौंपना होगा।

(2) विकास योजनायें—नगर विकास विभाग अपने नगर योजना विभाग के माध्यम से यह ध्यान रखेगा कि भविष्य में बनाए गए नगर और क्षेत्रीय योजनाओं में महाराष्ट्र पर्यटन विकास निगम की सलाह से पर्यटन विकास क्षेत्रों का उल्लेख अवश्य करे। पर्यावरण पारिस्थितिकी और पर्यटन की दृष्टि से संवेदनशील स्थानों के लिए वे स्थापत्यगत निर्देश देंगे और पर्यटन के लिए जमीन का मूल्य निर्धारित करेंगे।

(3)

(क) भूमि हस्तांतरण—राजस्व विभाग जिलाधिकारियों को स्पष्ट निर्देश जारी करेगा कि वे मूल्य निर्धारण की बिना प्रतीक्षा किये पर्यटन के लिए महाराष्ट्र पर्यटन विकास निगम को अविलंब भूमि हस्तांतरित करें। एक ओर मूल्य निर्धारण होता रहेगा दूसरी ओर परियोजना रिपोर्ट तैयार करने और निविदाएँ आदि आमंत्रित करने का कार्य निर्बाध चलता रहेगा। आरंभ में राजस्व विभाग मुंबई शहर, पूणे के झील जिलों, औरंगाबाद जिला और कोंकण के चार जिलों में भूमि की पहचान करेगा और उन्हें आवंटित करेगा।

(ख) नगर भूमि अधिग्रहण अधिनियम के अंतर्गत अधिशेष भूमि—1993 की नई उद्योग नीति के अनुसार नगर भूमि (सीमाबंदी और कानून) अधिनियम 1976 के अंतर्गत घोषित अधिशेष भूमि का उपयोग होटल परियोजनाओं के लिए किया जायेगा। इसके लिए मुंबई और पूणे में भूमि हस्तांतरण के लिए भूमि के विक्रय मूल्य का 25 प्रतिशत और अन्य स्थानों में 15 प्रतिशत लिया जायेगा।

(4) प्रोत्साहन—महाराष्ट्र पर्यटन विकास निगम पर्यटन उद्योग के लिए नई प्रोत्साहन योजनाएँ बनायेगा जो पहली अक्तूबर 1993 से प्रभावी होंगी। पहले से चल रही योजनाओं SICOM के द्वारा प्रोत्साहन दिया जाता रहेगा। पर्यटन विभाग पर्यटन को आगे बढ़ाने और कर्मचारियों को प्रशिक्षित करने के लिए महाराष्ट्र पर्यटन विकास निगम को वित्तीय सहायता प्रदान करेगा।

(5) प्रचार और सूचना—सूचनात्मक पुस्तिकाएँ, फिल्म स्लाइड, नक्शा आदि उपलब्ध कराने के लिए राज्य सरकार म.प.वि.नि. को पर्याप्त वित्त उपलब्ध करायेगी। म.प.वि.नि. विभिन्न चरणों में पर्यटन केंद्रों, महत्त्वपूर्ण रेलवे स्टेशनों और हवाई अड्डों पर सूचना केंद्र खोलेगा। विभिन्न पर्यटन स्थलों को लोकप्रिय बनाने के लिए म.प.वि.नि. मेंलों, उत्सवों प्रदर्शनियों आदि का आयोजन करेगा। इसके लिए राज्य सरकार वित्तीय सहायता प्रदान करेगी।

(6) अधिसंरचनात्मक विकास—म.प.वि.नि. सड़क, बन्दरगाह, हवाई अड्डे के विकास की एक क्रमवार सूची बनायेगा जिसे मुख्य सचिव की अध्यक्षता में गठित अधिकृत सीमित के समक्ष रखा जायेगा। इस समिति का कार्य संबद्ध एजेंसियों के बीच अधिसंरचनात्मक समन्वय स्थापित करना है। विशेष क्षेत्र विकास योजनाओं को छोड़कर शेष मदों के लिए राशि उनके

अपने विभाग के बजट से आवंटित की जायेगी। स्थानीय पर्यटन के लिए सुविधा उपलब्ध कराने का दायित्व स्थानीय निकायों को सौंपा जायेगा। इन क्षेत्रों में जिला योजना और विकास परिषद अधिसरंचनात्मक विकास का कार्य करेगी। स्थानीय निकायों के प्रयासों को समर्थन देने के लिए पर्यटन विभाग अलग से कोष की व्यवस्था रखेगा। योजना बनाने और जल–क्रीड़ा के साधन उपलब्ध कराने, तंबू आदि उपलब्ध कराने में पर्यटन विभाग उनकी मदद करेगा।

(7) यातायात और संचार–पर्यटन स्थलों पर आराम और सुविधा से पहुँचने के लिए राजकीय और राष्ट्रीय मार्गों तथा पर्यटन स्थलों तक जाने वाली सड़कों को ठीक रखने की आवश्यकता है। अजंता–एलोरा विकास योजना में सड़क मरम्मत को प्राथमिकता दी गई है। राज्य और केंद्र द्वारा प्रायोजित विशेष पर्यटन क्षेत्रों में भी इस प्रकार की प्राथमिकता रखी गई है और इसके लिए विशेष पर्यटन क्षेत्र के बजट में व्यवस्था की गई है। सरकार शीघ्र ही शिरडी और सिंधु दुर्ग राज्य में, राष्ट्रीय हवाई अड्डा प्राधिकरण की सहायता से नए हवाई अड्डों के निमार्ण का प्रयत्न करेगी। राज्य सरकार पर्यटन क्षेत्रों के विकास के लिए रत्नगिरि, अकेला और अमरावती में भी हवाई अड्डों के निर्माण का प्रत्यन करेगी। आशा की जाती है कि वर्तमान नीति के अंतर्गत नागरिक उड्डयन और पर्यटन मंत्रालय इन स्थानों के लिए विशेष उड़ानों और हवाई टैक्सी का प्रबंध करेंगे और इसकी सेवाएँ लगातार उपलब्ध होंगी।

(8) पर्यटन स्थलों का दायित्व लेना–सभी पर्यटन स्थलों पर अधिसंरचनात्मक सुविधाएँ उपलब्ध कराना राज्य सरकार के लिए संभव नहीं है अतः कुछ चुनी हुई परियोजनाओं का दायित्व कुछ एजेंसियों को सौंपना होगा। मंदिर न्यास इसका एक उदाहरण है। वे अपने कोष का इस्तेमाल होटल निर्माण के लिए न कर अपने शहर की सफाई, रोशनी, शौचालय, सामान घर, स्नानघर आदि की व्यवस्था के लिए करेगी। कुछ परियोजनाओं जैसे मुंबई के कुछ स्मारकों के अलंकरण का दायित्त्व व्यापारिक घरानों को सौंपा जायेगा।

(9) वन पर्यटन–वनों और खेल अभयारण्यों में विशेष पर्यटन सुविधाएँ उपलब्ध कराने पर विशेष ध्यान दिया जाना चाहिए। कुल मिलाकर यह कार्यान्वयन विभाग के तत्त्वावधान में संपन्न किया जाना चाहिए। जहाँ तक संभव हो निजी वाहनों/बसों को वन क्षेत्रों में प्रवेश की अनुमति नहीं दी जानी चाहिए और वन विभाग के वाहनों और प्रशिक्षित गाइडों/बसों को वन क्षेत्रों में प्रवेश की अनुमति नहीं दी जानी चाहिए और वन विभाग के वाहनों और प्रशिक्षित गाइडों की सहायता से वन यात्रा का कार्यक्रम बनाया जाना चाहिए। अनावश्यक दुहरे प्रयास से बचने के लिए वन विभाग महाराष्ट्र पर्यटन विकास निगम की सलाह से वन पर्यटन से संबद्ध वार्षिक योजनाएँ बनायेगा।

(10) कला और शिल्प को प्रोत्साहन–कुछ विशेष पर्यटन स्थलों के प्रचार के लिए उदयपुर के शिल्प ग्राम या सूरजकुंड मेला की भाँति म.प.वि.नि. सांस्कृतिक विभाग और अन्य राज्य प्राधिकरणों की सहायता से वार्षिक उत्सवों और प्रदर्शनियों का आयोजन करेगा। स्थानीय कला, ग्राम कला और शिल्प को प्रोत्साहित करने तथा पर्यटकों को इससे अवगत कराने के

लिए राज्य पाँच या छह स्थलों पर शिल्पग्राम या आगंतुक स्वागत केंद्रों की स्थापना करेगा। इसके लिए राज्य सरकार वित्त उपलब्ध करायेगी।

(11) मुंबई शहर—मुंबई शहर में घरेलू और अंतर्राष्ट्रीय पर्यटन को बढ़ावा देने के लिए मनोरंजक स्थलों का निर्माण किया जाये। इसके लिए निम्नलिखित कदम उठाये जायेंगे—

शिल्पग्राम, पुरातन कार संग्रहालय, यूनिवर्सल स्टूडियों की ही तरह फिल्म स्टूडियो, मुक्तावकाश मनोरंजन सुविधाएँ, स्वास्थागार, टूरिस्ट प्लाजा, प्रदर्शनी स्थल, शॉपिंग कांप्लेक्स, सभागार, नौका सेवा का आधुनिकीकरण, जूहू तट पर स्थित होटलों में सांस्कृतिक कार्यक्रम, कन्हेरी गुफाओं का विकास और नैरिमन प्वाइंट, चौपाटी और जूहू पर जल–क्रीड़ा व्यवस्था तथा तैरते होटल और रेस्तरां का निर्माण किया जायेगा।

सभी प्रमुख शहरों के समान म.प.वि.नि. यहाँ भी दुकानदारी और होटल गाइड प्रकाशित करेगा। हवाई अड्डों पर आगमन और प्रस्थान की सूचना देने, हवाई टैक्सियों की उपलब्धता, सौहार्द्रपूर्ण और मित्रतापूर्ण व्यवहार करने, होटल संबंधी और पर्यटन स्थलों संबंधी सूचनाएँ प्रदान करने के लिए कार्यरत विभिन्न एजेंसियों को नए ढंग से प्रशिक्षित करना होगा। किसी हवाई अड्डे पर तीन घंटे से ज्यादा रुकने की स्थिति में पर्यटक को वर्तमान नियम के अंतर्गत बिना वीजा के शहर घूमने की अनुमति दी जा सकती है। यह कार्य भारत सरकार के पर्यटन कार्यालय और अप्रवासन अधिकारियों से सयुंक्त तत्वाधान में किया जायेगा। शहर को खूबसूरत बनाने और आकर्षक पर्यटन स्थलों के निर्माण के लिए पर्यटन उद्योग, व्यापारिक घरानों तथा चैंबर आफ कॉमर्स को आमंत्रित किया जायेगा।

दूसरों से सीखिए

प्रश्न 1. सीटा के संगठनात्मक ढाँचे तथा कर्मचारियों की नियुक्ति और प्रशिक्षण पर चर्चा कीजिए।

उत्तर— सीटा एक वृहद् संगठन है तथा विशाल कार्य और कार्य क्षेत्र के अनुरूप इसका संगठनात्मक ढाँचा अर्थात् कार्यालय और प्रबंधन का विस्तार भी वृहद् पैमाने पर हुआ है।

संगठनात्मक ताना-बाना—कंपनी का ताना-बाना भारत के साथ-साथ विश्व भर में फैला हुआ है। इसका मुख्यालय दिल्ली में है। कंपनी का ढाँचा चार भागों में विभक्त है जो निम्नलिखित है—

(1) **मुख्यालय—**इसका मुख्यालय दिल्ली में स्थित है जो प्रमुख केंद्र है। नीति संबंधी सभी निर्णय यहीं लिए जाते हैं।

(2) **क्षेत्रीय कार्यालय—**कार्यकुशलता, प्रभावी विपणन, उत्तरदायित्व और कार्य संचालन की दृष्टि से पूरे भारत को चार क्षेत्रों यथा उत्तर, दक्षिण, पूर्व और पश्चिम तथा दिल्ली में विभक्त किया गया है।

(3) **शाखा कार्यालय-भारत—**भारत में आगरा, अहमदाबाद, कानपुर, लखनऊ, त्रिची, बंगलोर, वाराणसी, भुवनेश्वर, बंबई, कलकत्ता, कोचिन, दिल्ली बड़ौदा, गोवा, हैदराबाद, जयपुर, मद्रास पुणे, वेल्लोर, श्रीनगर और सिकंदराबाद में इसकी शाखाएँ है।

विदेशों में नेपाल, श्रीलंका, फ्रांस, जर्मनी, इटली, इंग्लैण्ड और अमरीका में इसकी शाखाएँ है।

(4) **काम संभालने वाले एजेंट—**नियमित शाखाओं के अलावा सीटा ने कई शहरों की एजेंसियों को अपना एजेंट बना रखा है। इनके माध्यम से भारत के प्रत्येक कोने तक इस कंपनी की पहुँच है।

संगठनात्मक प्रबंधन—कंपनी के इतने व्यापक संगठनात्मक ताने–बाने को संभालने के लिए आवश्यक है कि विभिन्न स्तर पर इसकी जिम्मेदारियाँ और कार्य सुपरिभाषित हों। अतः प्रत्येक स्तर पर प्रबंधन और उनके कार्यों का उल्लेख करना आवश्यक है। मुख्यालय, शाखाओं और एजेंटों के बीच उनके उत्तरदायित्वों और कार्यों का विभाजन किया गया है।

प्रबंधन और इसमें लगे कर्मचारियों का संगठनात्मक विवरण निम्नलिखित है—

(1) केंद्रीय नीति और निर्णय निर्धारण,

(2) केंद्रीयकृत विपणन,

(3) भारत और विदेश दोनों जगह विभिन्न सरकारी एजेन्सियों, ट्रैवेल एजेंटों और होटलों आदि के साथ गठबंधन,

(4) विदेशी कार्यालयों और उनके द्वारा शाखा कार्यालयों का आम पर्यवेक्षण,

(5) विभिन्न क्षेत्रों में कंपनी के कार्य संचालन के लिए रणनीति निर्धारण, और

(6) प्रबंधन सूचना व्यवस्थाओं का निर्माण और सभी मातहत कार्यालयों के साथ तालमेल।

प्रत्येक क्षेत्रीय कार्यालय में एक निदेशक या उपाध्यक्ष होता है जिसके अधीन कई स्तरों पर विभिन्न प्रकार के कर्मचारी कार्य करते हैं। क्षेत्रीय कार्यालय का मुख्य कार्य अपने अधीनस्थ शाखाओं का पर्यवेक्षण और संयोजन करना होता है इसके अलावा क्षेत्रीय कार्यालय के माध्यम से कंपनी की नीतियों का कार्यान्वयन होता है।

शाखा कार्यालय का मुख्य कार्य सीधे उपभोक्ताओं की देखरेख करना और उन्हें सुविधा उपलब्ध कराना होता है। ये शाखाएँ स्थानीय ग्राहकों की पर्यटन संबंधी आवश्यकताओं को अपने स्तर पर पूरा करती हैं। इनमें से अधिकांश स्वयं अपने संसाधन जुटाती हैं और एक स्वतंत्र मुनाफा केंद्र के रूप में कार्य करती हैं। वे अपने स्तर पर ग्राहक भी जुटाती हैं और कई क्षेत्रों की जरूरतों को पूरा करती हैं। घरेलू पर्यटन का केंद्रीकृत संचालन इसके मुख्यालय दिल्ली से होता है और जरूरत पड़ने पर उन्हें संबद्ध शाखाओं को हस्तांतरित कर दिया जाता है। प्रत्येक शाखा में एक शाखा प्रबंधक होता है। शाखाएँ अपनी गतिविधियों की छमाही रिपोर्ट मुख्यालय को भेजती हैं। इस रिपोर्ट में आवासीय क्षेत्र में अद्यतन जानकारी, पर्यटन अधिसरंचना में विकास और अन्य ऐसी जानकारियाँ शामिल होती हैं जिनकी विपणन की दृष्टि से मुख्यालय को जरूरत होती है।

विदेश स्थित कार्यालय सीधे ग्राहकों से संपर्क नहीं करते हैं बल्कि विपणन औजार के रूप में कार्य करते हैं और विदेशी ट्रैवेल एजेंसियों और अधिकृत ट्रैवल एजेंसियों के जरिए भ्रमण करने जा रहे ग्राहकों की मदद करते हैं। इन विपणन कार्यालयों के विभिन्न प्रकार के प्रयासों से एक ट्रैवल एजेंसी के रूप में सीटा के प्रचार–प्रसार में मदद मिलती है। आने वाले पर्यटकों की जरूरतों को पूरा करने में एजेंटों की प्रमुख भूमिका होती है। प्रत्येक स्थान पर अपना कार्यालय खोलना किसी भी ट्रैवल एजेंसी के लिए संभव नहीं होता। इस स्थिति में ये एजेंट महत्त्वपूर्ण भूमिका अदा करते हैं। सीटा ने भी अपने ग्राहकों की सेवा के लिए कई एजेंटो और

स्थानीय एजेंसियों से गठबंधन कर रखा है। ये एजेंट, शाखा कार्यालयों की कमी को पूरा करते हैं। होटल और हवाई यात्रा की व्यवस्था, आगमन और प्रस्थान के समय यात्री से मुलाकात, स्थानीय स्थलों को दिखाना और वाहन की व्यवस्था करना आदि इसके कुछ प्रमुख कार्य है। ये एजेंट आमतौर पर कमीशन के आधार पर काम करते हैं।

कर्मचारियों की नियुक्ति और प्रशिक्षण—कंपनी के विस्तार और इसके व्यापार के फैलाव के साथ–साथ कर्मचारियों की संख्या भी बढ़ी। कंपनी मुख्य रूप से भ्रमण और पर्यटन क्षेत्र से जुड़े पेशेवर व्यक्तियों को पसंद करती है।

नियुक्ति के लिए कंपनी दो प्रविधियों का इस्तेमाल करती हैं—

(1) नौकरी की खोज में लोग कंपनी में पहुँचते रहते हैं। कंपनी उनकी योग्यता देखती है। और अगर वे कंपनी की जरूरतों के अनुरूप लगते हैं तो उन्हें रोजगार फार्म भेजा जाता है। विशेषज्ञता के अनुसार इन भरे हुए फार्मों को अलग–अलग रखा जाता है। जरूरत पड़ने पर ऐसे लोगों को बुलाकर साक्षात्कार लिया जाता है और उन्हें नियुक्त किया जाता है।

(2) कंपनी अपनी जरूरतों का विवरण देती हुई विज्ञापन भी निकालती है। आवेदकों को साक्षात्कार के लिए बुलाया जाता है और कंपनी की जरूरत के अनुरूप उन्हें नियुक्त किया जाता है। इस प्रकार की कंपनी में किसी खास कार्य के लिए किसी व्यक्ति को प्रशिक्षित करना अति आवश्यक होता है। अतः नये नियुक्त व्यक्तियों को कंपनी में काम कर रहे अनुभवी व्यक्ति के साथ जोड़ दिया जाता है। वे काम भी करते हैं और प्रशिक्षित भी होते जाते हैं। कंपनी की विभिन्न गतिविधियों से अवगत होने और अनुभव प्राप्त करने के लिए उन्हें एक विभाग से दूसरे विभाग में स्थानांतरित किया जाता है। इसके अलावा कंपनी ने सीटा ट्रैवल और टूरिज्म एकेडमी की भी स्थापना की है। इसके द्वारा अधिक व्यवस्थित और संगठित प्रशिक्षण प्रदान किया जाता है। इसके अलावा कंपनी अपने कर्मचारियों को वाटा, (WATA) पाटा (PATA) आदि द्वारा आयोजित पाठ्यक्रमों मे शामिल होने के लिए भी भेजती है। कंपनी अपने कर्मचारियों को पदोन्नति देकर भी प्रोत्साहित करती है।

प्रश्न 2. सीटा की संचालन विधि का वर्णन करते हुए उसकी विपणन रणनीति का विश्लेषण कीजिए।

उत्तर— किसी भी भ्रमण या यात्रा एजेंसी के लिए संचालन की भूमिका महत्त्वपूर्ण होती है। कंपनी कई क्षेत्रों और विभिन्न प्रकार की जरूरतों को पूरा करती है। विभिन्न विभागों की संचालन विधि का वर्णन निम्नलिखित है—

(1) भ्रमण विभाग—इस विभाग के दो भाग हैं—घरेलू और अंतर्राष्ट्रीय। घरेलू विभाग देश के पर्यटकों की जरूरतों की देखभाल करता है। यह देश के भीतर हवाई, रेल, सड़क परिवहन और ठहरने की व्यवस्था करता है।

अंतर्राष्ट्रीय विभाग विदेश से आने वाले पर्यटकों के लिए उपर्युक्त सेवाएँ उपलब्ध कराता है। इसके अलावा यह एजेंसी उन्हें भ्रमण संबंधी कागजात, स्वास्थ्य प्रमाण–पत्र, वीजा प्राप्ति

और अन्य सुविधाएँ प्रदान करने में भी सहायता करती है। इन सेवाओं के लिए नाम मात्र का शुल्क लिया जाता है।

(2) यात्रा विभाग—यह सीटा का सर्वाधिक महत्त्वपूर्ण क्षेत्र है क्योंकि यह कंपनी का मुख्य वित्तीय आधार है इसे दो भागों में विभक्त किया जा सकता है—

(क) **आंतरिक यात्राएँ**—यह विभाग विदेशी मुद्रा अर्जन करने का मुख्य स्रोत है। यह एजेंसी विभिन्न प्रकार की यात्राएँ आयोजित करती है। ये इस प्रकार हैं—

(i) **ब्रोशर यात्राएँ**—इसके अंतर्गत कंपनी लोकप्रिय क्षेत्रों में नियमित यात्राएँ आयोजित करती है और इसे थोक विक्रय कहा जा सकता है। इन्हें ब्रोशर के माध्यम से बेचा जाता है इस प्रकार की यात्राएँ एक वर्ष पूर्व नियोजित की जाती है।

(ii) **निर्मित यात्राएँ**—जो लोग ब्रोशर में दिए कार्यक्रम के अनुसार यात्रा नहीं करना चाहते हैं उनके लिए इस प्रकार की यात्राएँ आयोजित की जाती है। इसमें पर्यटकों की इच्छाओं के अनुसार यात्रा कार्यक्रम तय किया जाता है।

(iii) **विशेष यात्राएँ**—इस प्रकार की यात्राओं का आयोजन विशेष रुचि को ध्यान में रखकर किया जाता है। कई बार इस प्रकार की यात्राओं का आयोजन उन कंपनियों के लिए किया जाता है जो अपने कर्मचारियों के मनोरंजन के लिए यात्रा कार्यक्रम बनाती हैं। इसमें भ्रमण, आवास, स्थल दर्शन, भोजन आदि सेवाएँ उपलब्ध करायी जाती हैं।

(iv) **सम्मेलन यात्राएँ**—आज सम्मेलन और गोष्ठियाँ पर्यटन का एक प्रमुख हिस्सा बन गई हैं। सम्मेलन यात्राओं के अंतर्गत प्रतिभागियों के भ्रमण, पंजीकरण, आवास, सम्मेलन सुविधाओं, मनोरंजन सुविधाओं और खाली समय में होने वाली गतिविधियों का आयोजन किया जाता है।

(v) **यात्रा योजना**—प्रत्येक यात्रा योजना का निर्माण सावधानीपूर्वक किया जाता है। सभी प्रकार के यात्रा कार्यक्रमों में निम्नलिखित बातों को ध्यान में रखा जाता है—

- विपणन रणनीति का विकास,
- संचालन योजना का निर्धारण,
- प्रत्येक यात्रा कार्यक्रम की क्षमता का निर्धारण,
- थोक या खुदरा में बुकिंग के लिए होटलों से समझौता, तथा
- यात्राओं के लिए निर्देशिकाओं और अन्य कागजातों का मुद्रण।

इस पूरे संचालन में सबके सहयोग की आवश्यकता होती है और यह सभी अंगों के सफलतापूर्वक संयोजन और समन्वय पर निर्भर करता है।

(ख) बाहरी यात्राएँ—यह विभाग विदेश जाने वाले पर्यटकों के लिए सामूहिक यात्राओं का आयोजन करता है। बाहरी यात्राओं में प्रतिवर्ष 10-15% की वृद्धि हो रही है। इस विभाग का आधारभूत कार्य आन्तरिक यात्रा विभाग के ही समान है। लोगों की छुट्टियों आय आदि को ध्यान में रखते हुए विभिन्न प्रकार की यात्राओं का आयोजन किया जाता है। इनका विपणन परिचय पुस्तिकाओं, विज्ञापनों या एजेंटों के माध्यम से किया जाता है। इस विभाग की गतिविधियों का संचालन मुख्य रूप से बंबई और दिल्ली से होता है।

(3) माल वाहक विभाग—अंतर्राष्ट्रीय व्यापार और वाणिज्य के विकास के साथ-साथ हवाई मालवाहक व्यापार भी तेजी से विकसित हो रहा है। सीटा हवाई जहाज से माल लाने जाने की भी व्यवस्था करता है। इस क्षेत्र की प्रमुख गतिविधियाँ इस प्रकार हैं—

(क) माल को पैक करना और उन्हें ढोना,
(ख) समुद्र/वायु मार्ग से भेजना,
(ग) आयात संबंधी कार्य,
(घ) सीमाशुल्क संबंधी कार्य,
(ङ) तीव्र डाक सेवा,
(च) माल ले जाने के रास्ते, भारवाहक शुल्क के बारे में जानकारी देना, बीमा सुरक्षा और तीव्र गति से वायु मार्ग से माल ढोने संबंधी परामर्श।

विपणन रणनीति—पर्यटन विपणन अन्य उत्पादों के विपणन से भिन्न होता है। इसमें विविध गतिविधियाँ शामिल होने के कारण यह एक जटिल उद्योग है। ग्राहक को संतुष्ट करने के लिए कई एजेंसियाँ एक साथ कार्यरत रहती है। बहुत से ऐसे कारक भी इसमें क्रियाशील होते हैं, जिन पर कंपनी का कोई नियंत्रण नहीं होता है। विपणन नीति बनाते समय इन बाहरी कारकों पर भी विचार किया जाता है। अतः इसके लिए नियोजित और स्पष्ट विपणन नीति की आवश्यकता होती है। सीटा द्वारा अपनाई गई प्रमुख रणनीतियाँ निम्नलिखित हैं—

(1) प्रतियोगी मूल्य बनाए रखना,
(2) मूल्य गारंटी प्रदान करना (हवाई टिकट और विदेशी विनिमय दर को छोड़कर)
(3) यथासंभव बिचौलियों या एजेंटों की अपेक्षा ज्यादा से ज्यादा अपनी व्यवस्था पर निर्भर करना।
(4) एजेंटों से अच्छा काम लेने के लिए उदार कमीशन की व्यवस्था।
(5) निम्नलिखित माध्यमों से विज्ञापन और प्रोत्साहन—

(क) मुद्रण, दृश्य-श्रव्य माध्यम और व्यक्तिगत संपर्क
(ख) जन संपर्क गतिविधियाँ
(ग) विशेष प्रोत्साहन रियायतें आदि।

(6) ITB-बर्लिन, BIT-मिलान, FITUR-मैट्रिड, वर्ल्ड ट्रैवेल मार्ट–लंदन, EIBTM-जैनेवा सदृश अंतर्राष्ट्रीय मेलों आदि और सम्मेलनों में शामिल होना।

(7) भ्रमण और पर्यटन से जुड़े सभी प्रमुख राष्ट्रीय और अंतर्राष्ट्रीय संगठनों जैसे ASTA, AFTA, COTAL, IATO, PATA, TAAI, WTO और WATA आदि से अपने को संबद्ध करना।

(8) इन विपणन नीतियों के अलावा सबसे महत्त्वपूर्ण नीति बेहतर सेवा और ग्राहकों की संपूर्ण संतुष्टि है।

प्रश्न 3. एयर इंडिया की संगठन तथा उड़ानों की समय तालिका और संचालन का विस्तार से वर्णन करें।

उत्तर– संगठन–एयर इंडिया एक सांविधिक निगम है। एयर कार्पोरेशन एक्ट 1963 के तहत इसका निर्माण हुआ था। 1 अगस्त 1963 को भारत के सभी वायु यातायात उद्योग का राष्ट्रीयकरण किया गया था।

राष्ट्रीयकरण के पूर्व भारत में सर्वप्रथम नियमित वायु यातायात सेवा की स्थापना जे.आर. डी. टाटा ने 15 अक्तूबर 1932 को टाटा एयरलाइन्स के नाम से की। 29 जुलाई 1946 को इसे सार्वजनिक उद्यम में परिणत कर दिया गया और इसका नाम एयर इंडिया रखा गया। 8 मार्च 1948 को इसे एयर इंडिया इंटरनेशनल बना दिया गया जिसमें 49% साझेदारी सरकार की थी। 8 जून 1962 को एयर कार्पोरेशन एक्ट में संशोधन कर "अंतर्राष्ट्रीय" शब्द हटा दिया गया और इसे एयर इंडिया के नाम से जाना गया। इस निगम की स्थापना खासतौर पर अंतर्राष्ट्रीय बाजार की जरूरतों को पूरा करने के लिए की गई और आज तक यह इस दिशा में कार्यरत है।

संगठनात्मक ढाँचा–एक सांविधिक निगम होने के कारण एयर इंडिया नागरिक उड्डयन मंत्रालय के माध्यम से संसद में अपनी गतिविधियों की छमाही रिपोर्ट पेश करती है। यह एक स्वायत्त संस्था है। इसमें निदेशक मंडल की देख–रेख में अध्ययक्ष और प्रबंध निदेशक, प्रबंधन का कार्य सँभालते हैं। सरकार प्रति दो वर्ष बाद निदेशक मंडल का पुनर्गठन करती है। निदेशक मंडल एयर इंडिया का सर्वोच्च शासकीय निकाय है। अध्यक्ष और प्रबंध निदेशक इस निगम का प्रधान कार्यकारी होता है।

नीति निर्धारण मुख्यालय स्तर पर होता है और इसका कार्यान्वयन कई कार्यक्षेत्र और शाखाओं में होता है। भारत के कई शहरों और विदेशों में बड़ी संख्या में इसके फील्ड स्टेशन और शाखाएँ स्थापित हैं। प्रबंध निदेशक के अधीन उप प्रबंध निदेशक और कई निदेशक विभिन्न प्रकार के कार्यों और विभागों को सँभालते हैं। प्रस्तुत चार्ट में संगठनात्मक ढाँचे को दर्शाया गया है।

कुछ विभागों के प्रमुख कार्य इस प्रकार हैं—

(1) संचालन विभाग—इस पर उड़ान संचालन की जिम्मेदारी है। इसके अलावा वायुमार्ग संबंधी समस्याओं, वायु परिचालकों/परिचारिकाओं के प्रशिक्षण और लाइसेंस प्रदान करने का उत्तरदायित्व इसी विभाग का है।

(2) इंजिनियरिंग विभाग—वायुयानों के रखरखाव, मरम्मत और उन्हें ठीक-ठाक रखने का काम करता है। यह वायुयान के लिए आवश्यक साधारण कल पुर्जों का भी निर्माण करता है।

(3) वाणिज्य विभाग—राजस्व, बिक्री, प्रोत्साहन, प्रचार, विज्ञापन और जनसंचार का काम सँभालता है।

(4) कार्मिक विभाग—नियुक्ति, प्रशिक्षण और कर्मचारियों के रिकार्ड के रखरखाव का काम करता है।

(5) भंडार और खरीद विभाग—इस पर सभी प्रकार की खरीदों और भंडार के रखरखाव का उत्तरदायित्व है।

(6) पर्यटन विभाग—पर्यटन के बढ़ावे के लिए एक अलग सेल है।

इसके अलावा वित्त और लेखा, योजना और गुणवत्ता, विकास, निगरानी और सुरक्षा, नागरिक कार्य तथा संपत्ति जैसे अनेक विभाग हैं। जिनके कार्य इनके नाम से ही स्पष्ट है।

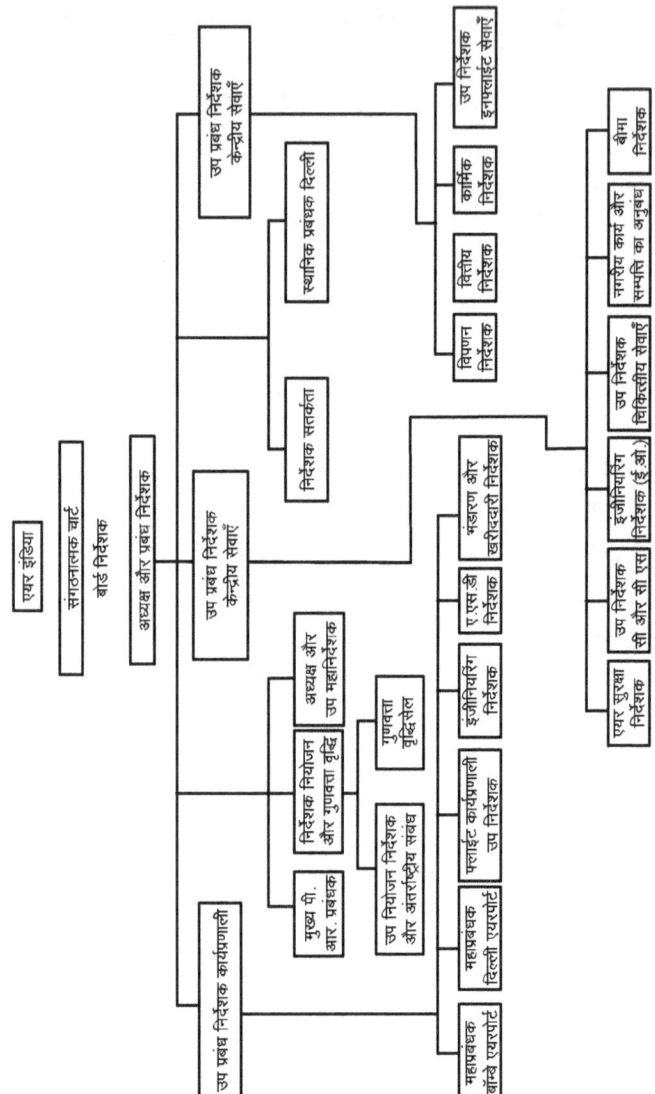

विमानों का बेड़ा और इसका उपयोग—राष्ट्रीयकरण के समय एयर इंडिया के बेड़े में 4 वायुयानों का समूह था जिसमें 60 लोगों के बैठने की क्षमता थी। ये वायुयान अंतर्राष्ट्रीय उड़ानें भरा करते थे। आज एयर इंडिया के बेड़े में 23 जेट वायुयान शामिल हैं (नये वायुयानों की खरीद से यह संख्या बदलती रहती है।)

तालिका 8.1

वायुयान प्रकार	संख्या	पहले वायुयान का आगमन	दूरी कि.मी. में कुल	बैठने की क्षमता	माल ढोने की क्षमता	कुल भार
बोइंग–747 (जंबो)	9	18/1/71	9,600	एफ–16 सी–40 वाई–338	15,600	54,000
बोइंग–747 (कोंबी)	2	23/10/88	10,006	एफ–16 सी–40 वाई–227	42,100	68,000
एयर बस (ए–300)	3	11/10/82	5,200	सी–22 वाई–216	8,900	31,600
एयर बस (ए–310)	8	20/04/86	7,041	सी–25 वाई–181	8,400	28,700
बोइंग–747 (डेश 400)	1	15/08/93	14,800	एफ–16 सी–42 वाई–359	36,000	62,000

(नवंबर–दिसंबर 1993 और जून 1994 में तीन और शामिल) किलोग्राम में

एफ–फर्स्ट क्लास,

सी–क्लब क्लास, वाई–इकोनोमी क्लास

बेड़े का उपयोग—एयर इंडिया के बेड़े के उपयोग की तुलना विश्व की अन्य वायुसेवाओं से की जा सकती है। हालाँकि राष्ट्रीयकरण के पहले एयर इंडिया के हवाई बेड़ों का उपयोग मात्र 1,000 घंटा प्रति वर्ष था, (जो काफी कम था) जबकि विश्व में यह औसत 2,000 घंटे का था। 1991–92 और 1992–93 में किस्म के आधार पर वायुयानों के उपयोग का ब्योरा तालिका में दिया गया है।

तालिका 8.2

वायुयान प्रकार	वायुयान उपयोग घंटा/वायुयान/दिन		
	1992–93	1991–92	परिवर्तन%
बी 747–200	8.84	9.52	7.1
बी 747–300 (कोंबी)	9.23	9.38	1.6
एयरबस ए 300 (बी 4)	9.07	6.42	41.3
एयर बस ए 310	9.96	9.48	5.1
कुल प्रतिशत	9.33	9.16	1.8

अप्रैल 1992 से फरवरी 1993 के बीच वायुयान की उपयोगिता में 5.7% की वृद्धि प्रदर्शित की गई है। IFEA की हड़ताल के कारण वायुयानों के उड़ान न भरने से 27 फरवरी 1993 के बाद पिछले वर्ष की तुलना में नाममात्र की वृद्धि हुई।

(1) यातायात वृद्धि और

(2) बेड़ा और परिचालकों का अधिक से अधिक उपयोग प्रत्येक सेवा का मार्ग निर्धारण करते समय और विभिन्न मार्गों पर उड़ानों के दिन तय करने के लिए भारत से आने–जाने वाले यातायात और एंटलांटिक (यह एयर इंडिया का प्रमुख प्रवेशद्वार है) पार जाने वाले यातायात और अन्य ऐसी ही बातों का ध्यान रखा जाता है। एयर इंडिया की उड़ान सेवा को तय करने के लिए निम्नलिखित तथ्यों का भी ध्यान रखा जाता है।

समय सारणी की स्थिरता–तकनीकी, संचालन या वाणिज्यिक जरूरतों के अनुसार उड़ान के दिन, मार्ग तथा अतिरिक्त सेवाओं को बनाए रखना।

प्रत्येक स्टेशन की जरूरतों को देखते हुए विभिन्न स्टेशनों के माध्यम से सेवा का विस्तार।

उड़ानों के आगमन और प्रस्थान समय में यात्रियों की पसंद।

समय सारणी बनाते समय इस बात का ध्यान रखना चाहिए कि एक ही जगह से एक ही स्थान के लिए लगातार उड़ाने न हों बल्कि उनके समय में थोड़ा अंतराल हो। इसके लिए भारत से होकर जाने वाले विदेशी वायुसेवा पूल साझेदारों से तालमेल स्थापित किया जाना चाहिए। इससे गैर साझेदारी के लिए दो देशों के बीच यातायात के उपयुक्त साझा और अन्य विदेशी उड़ानों से तालमेल स्थापित करने में सुविधा होगी। भाड़े का ढाँचा भी एक महत्त्वपूर्ण मुद्दा है।

समय तालिका बनाते समय कई अन्य बातों का ध्यान रखना पड़ता है। कई स्थानों से रात में जाने पर प्रतिबंध होता है। आय भार उपलब्धता के अनुसार सही प्रकार के साजो–सामान उपलब्ध कराना, जहाज का रखरखाव और मरम्मत तथा परिचारकों के काम करने की सीमा का भी ध्यान रखना चाहिए।

हवाई अड्डों पर भीड़ रोकने के लिए समय–सारणी बनाते समय हवाई अड्डे/सरकारी अधिकारियों से तालमेल स्थापित करना पड़ता है।

संचालन की नियमितता–किसी भी वायु सेवा की साख उसकी संचालन नियमितता से बनती है। समय से उड़ान भरने और पहुँचने पर सख्त नियंत्रण लगाता है। विलंब होने पर एक उच्च समिति इसकी जाँच पड़ताल करती है। एयर कार्पोरेशन एक्ट के अनुसार बंबई–न्यूयार्क उड़ान सेवा, जिसमें 22 घंटे लगते हैं, जैसी लंबी दूरी की उड़ानों में अगर 2 घंटे से ज्यादा विलंब होता है तो इसकी रिपोर्ट भारत सरकार के समक्ष पेश करनी होती है। एयर इंडिया की उड़ानें 90% सही समय पर होती हैं।

उड़ान सेवा में विलंब होने के मुख्य कारण हैं–

(1) मशीनी खराबी, भोजन–पानी, यातायात, भूतल सेवायें आदि संबंधी बाधाएँ

(2) सुरक्षा और सरकार की औपचारिकताएँ, तथा

(3) मौसम

भारत सरकार के नागरिक उड्डयन के तत्त्वावधान में विलंब, बड़ी खराबियों और अन्य घटनाओं की गहराई से छानबीन की जाती है। वायुयानों की सुरक्षा और भरोसे के लिए, गुणवत्ता नियंत्रण की उच्च तकनीकी और सांख्यिकीय विधि अपनाई जाती है। यह वायुयानों की गुणवत्ता बनाए रखने के लिए आवश्यक होता है। अमरीका और जापान नागरिक उड्डयन प्राधिकार ने एयर इंडिया को बोइंग 747 वायुयान, इंजन और अन्य पुर्जों की मरम्मत के लिए एक विदेशी केंद्र के रूप में मंजूरी दी है।

उत्पादकता–एयर इंडिया में 18000 कर्मचारी कार्यरत हैं। 31.3.93 को प्रति कर्मचारी उत्पादकता 1,30,400 ATKM (available tonne kilometer) था। राष्ट्रीयकरण के समय इसमें 4000 कर्मचारी कार्यरत थे और इसकी उत्पादकता प्रति कर्मचारी 19,700 ATKM थी। कुल खर्च में कर्मचारियों का खर्च मात्र 21% है। निम्नलिखित ग्राफ में एयर इंडिया की क्षमता, उपयोगिता उत्पादकता को दर्शाया गया है।

मार्ग विवरण–

(1) भारत/उत्तर अमेरिकी–एयर इंडिया की कुल क्षमता का 32.6% हिस्सा संयुक्त राज्य अमेरिका और कनाडा की ओर जाने वाले उड़ानों का है। एयर इंडिया की बी 747–200 की उड़ान संयुक्त राज्य अमेरिका के लिए प्रतिदिन तथा कनाडा के लिए सप्ताह में दो बार उपलब्ध है। मार्च 1993 में औद्योगिक विवाद के कारण सं.रा.अ./कनाडा की उड़ानों के रद्द होने की वजह से सीट क्षमता में 2.3% की कमी होने के बावजूद इस मार्ग पर यात्री यातायात को बनाए रखा गया। इसका प्रमुख कारण यात्रियों की संख्या में 1.6% की वृद्धि थी जो 67.8% से बढ़कर 69.4% हो गई।

(2) भारत/यूरोप–इंग्लैण्ड, यूरोप और रूस की ओर इंडिया की उड़ानों का हिस्सा कुल उड़ान का 20.4% है। IFEA की हड़ताल के कारण उड़ानों का स्थगन हुआ और पिछले वर्ष की तुलना में इसकी क्षमता में 5.1% की कमी आई। हालाँकि यात्री यातायात में केवल 2.6% की गिरावट आई, इस मार्ग पर यात्रियों के जाने का प्रतिशत 60.2% रहा।

(3) भारत/पूर्व और दक्षिण पूर्व एशिया–इस मार्ग पर एयर इंडिया जापान, थाईलैंड, हांगकाँग, सिंगापुर और ढाका की ओर उड़ान भरता है। 1992 के शीतकाल में बैंकॉक की ओर जाने वाले द्विसाप्ताहिक ए 310–300 उड़ानों को रद्द कर दिया गया। ए 310–300 उड़ान सेवा भारत/ढाका मार्ग पर सप्ताह में दो बार उपलब्ध कराई गई।

यात्रियों के बैठने की क्षमता में 13.8% की वृद्धि हुई जबकि यात्री यातायात 12.5% बढ़ा। इस कारण यात्री भार 62.3% से घटकर 62% हो गया।

(4) भारत/खाड़ी/मध्यपूर्व/अफ्रीका–इस मार्ग से सबसे ज्यादा लाभ होता है और एयर इंडिया की कुल क्षमता में इसका हिस्सा 30.0% है। एयर इंडिया ने यात्री क्षमता में 7.2% की वृद्धि की। इस मार्ग पर यात्री यातायात में 12.8% की वृद्धि हुई और यात्री भार 61.6% से बढ़कर 64.8% हो गया।

प्रश्न 4. पर्यटन प्रोत्साहन के लिए किए गए एयर इंडिया के प्रयत्नों का संक्षिप्त विवरण दीजिए।

उत्तर– एयर कार्पोरेशन एक्ट 1953 में दो सांविधिक निगमों–एयर इंडिया और इंडियन एयरलाइन्स (घरेलू उड़ान सेवा) के कार्यों का उल्लेख किया गया है।

इसी के अनुसार एयर इंडिया के उद्देश्यों का निर्धारण किया गया। इसमें भारत के अंतर्राष्ट्रीय पर्यटन के प्रोत्साहन और विदेशी मुद्रा अर्जन की वृद्धि का उद्देश्य भी शामिल है। इस उद्देश्य की पूर्ति के लिए 1955 में एयर इंडिया में एक पर्यटन सेल की स्थापना की गई। 1981 में इसे एक प्रभाग में बदल दिया गया जिसका मुख्यालय नई दिल्ली में स्थापित किया गया।

पर्यटन प्रभाग–इसके चार प्रमुख कार्य हैं यथा–पर्यटन प्रोत्साहन, सम्मेलन और सभा, रोमांचक पर्यटन और सामूहिक आवागमन। यह प्रभाग भारत आने वाले पर्यटकों को प्रोत्साहित करने में वर्षों से प्रमुख भूमिका निभाता रहा है। इस कार्य को उचित तरीके से संपन्न करने के लिए प्रभाग के चार मुख्य विभाग हैं–

(1) पर्यटन,
(2) जन–संपर्क,
(3) पर्वतारोहण और ट्रैकिंग तथा
(4) सभा और सम्मेलन।

इन सभी विभागों का उद्देश्य भारत में पर्यटन को बढ़ावा देना और एयर इंडिया के लिए अतिरिक्त यात्रियों को जुटाना है। इस उद्देश्य की प्राप्ति के लिए प्रत्येक विभाग अपने क्षेत्र विशेष पर तन्मयता से काम करता है। भारत में पर्यटन को बढ़ावा देने के लिए विपणन नीति तैयार करते समय यह प्रभाग भारत सरकार के पर्यटन विभाग और विदेश स्थित इसके कार्यालयों से तालमेल स्थापित करता है।

पर्यटकों, विशेष रुचि के समूहों, सभा और सम्मेलनों तथा रोमांच–प्रिय आदि लोगों को आकृष्ट करने के लिए एयर इंडिया अनेक प्रकार की गतिविधियाँ करता है और इन प्रतिनिधियों के उद्देश्य का वर्णन निम्नलिखित है–

(1) भारत को एक आकर्षक पर्यटन स्थल के रूप में पेश करना, तथा
(2) एयर इंडिया द्वारा पर्यटन के विकास में समुचित और अर्थपूर्ण सहयोग देना एवं पर्यटकों को अधिक से अधिक सुविधा प्रदान करना।

इन गतिविधियों को मुख्य रूप से दो श्रेणियों में विभक्त किया जा सकता है–
(1) मुख्य गतिविधियाँ   (2) सहयोगी गतिविधियाँ

(1) मुख्य गतिविधियाँ–प्रमुख अंतर्राष्ट्रीय यात्रा व्यापार, प्रदर्शनियों और बैठकों में भाग लेना। उदाहरणार्थ–ITB-बर्लिन, WTM- लंदन, JATA-जापान, FITUR-स्पेन और EIBTM-स्वीटजरलैंड आदि की बैठकों में प्रोत्साहनमूलक साहित्य वितरित किया जाता है। श्रव्य–दृश्य

कार्यक्रम सुनाए, दिखाए जाते हैं, प्रेस को संबोधित किया जाता है और समकालीन विश्व पर्यटन प्रवृत्तियों से संबद्ध सूचनाएँ प्राप्त की जाती है।

(क) हमारे देश के प्रति विदेशी पर्यटकों को आकर्षित करने और उनकी रुचि जगाने के लिए ट्रैवेल एजेंट और लेखकों को भारत की मुफ्त यात्रा कराई जाती है।

(ख) विदेश में भारतीय संस्कृति से लोगों को अवगत कराने के लिए वहाँ भारतीय सांस्कृतिक कार्यक्रम भोजनोत्सव और दुकानों की प्रदर्शनियाँ आदि आयोजित की जाती है। सिंगापुर और मलेशिया में आयोजित गोवा भोजनोत्सव और सांस्कृतिक उत्सव काफी लोकप्रिय हुआ और आने वाले महीनों में इसी प्रकार के अन्य कार्यक्रमों का भी आयोजन होने वाला है।

(ग) भारत में उपलब्ध विशेष रुचि की गतिविधियों जैसे–मछली मारना, वन्य जीवन और गोल्फ आदि का विदेशों में प्रचार करना और उसके प्रति लोगों में रुचि पैदा करना। इसके अलावा क्रेता–विक्रेता हाटों का आयोजन करना जिसमें विदेशी एजेंट तथा स्थानीय यात्रा संचालक भाग ले सकें।

(घ) सभा और सम्मेलनों के वृहद् और बढ़ते बाजार में प्रवेश करने के लिए इंटरनेशनल कांग्रेस एंड कन्वेन्शन एसोसिएशन (ICCA) से बराबर संपर्क बनाये रखना।

(ङ) राज्य सरकारों को उनके पर्यटन विकास के प्रोत्साहन में सहयोग प्रदान करना तथा विदेशी पर्यटकों को आकृष्ट करने के लिए उनका उचित प्रचार–प्रसार करना।

(2) सहयोगी गतिविधियों का वर्णन निम्नलिखित है–

(क) पर्यटन विभाग द्वारा यात्रा एजेंटों, यात्रा लेखकों और संचार प्रतिनिधियों को मुफ्त यात्रा कराने में सहयोग करना।

(ख) भारत के यात्रा व्यापार और पर्यटन उत्पाद की अद्यतन जानकारी प्रदान करने के लिए विदेशों में "भारत को जानो" सदृश सम्मेलनों का आयोजन करना।

(ग) भारत के कुछ विशिष्ट तथ्यों की जानकारी देने के लिए श्रव्य–दृश्य कैसेट की तैयारी और इनका प्रर्दशन कराना। ये कैसेट एयर इंडिया के विदेश स्थित अनेक कार्यालयों में भेजे जाते हैं। इनका उद्देश्य पर्यटन का विकास ही है इस प्रकार की फिल्मों में विविध पक्षों यथा गोल्फ, वन्य जीवन, ट्रेकिंग तथा परंपरा आदि की जानकारी दी जाती है।

(घ) एयर इंडिया के विदेश स्थित कार्यालयों में आपसी संचार स्थापित करने के लिए द्विमासिक न्यूजलेटर प्रकाशित करना। इसमें पर्यटन और यात्रा अवसरों का उल्लेख रहता है और लोगों में रुचि उत्पन्न करने के लिए इसमें विभिन्न प्रकार की सूचनाएँ दी जाती हैं। इस न्यूजलेटर का मुख्य उद्देश्य अधिक से अधिक विदेशी पर्यटकों को भारत की ओर आकर्षित करना होता है।

(ङ) एयर इंडिया के विदेश स्थित अधिकारियों को भारतीय पर्यटन उत्पाद, इसकी अधिसंरचना तथा प्रवृत्तियों की नवीनतम जानकारी देने के लिए प्रबोधन गोष्ठियों का आयोजन करना।

इन गतिविधियों से पर्यटकों को आकर्षित करने में सहायता मिलती है। इनके अलावा विशेष लक्ष्य समूह के लिए विशेष उपाय भी किए जाते हैं। कुछ महत्त्वपूर्ण उपायों का संक्षिप्त विवरण इस प्रकार है—

(1) सभा और सम्मेलन—एयर इंडिया के सभा और सम्मेलन प्रकोष्ठ की स्थापना 1976 में हुई। यह प्रति वर्ष लगभग 60 सम्मेलनों का आयोजन करता है। इसके अलावा इसका यह भी प्रयास रहता है कि भारत में सभा और सम्मेलन स्थल चुनने की ओर लोगों का रुझान बढ़े। इसे प्रोत्साहित करने के लिए यह प्रकोष्ठ अन्य अनेक आयोजन भी करता है।

इसके लिए यह प्रकोष्ठ भारतीय सभा प्रोत्साहन ब्यूरो (Indian Convention Promotion Bureau ICPB) और अन्य शीर्षस्थ यात्रा निकायों से घनिष्ठ संपर्क रखता है। यह अपनी विभिन्न गतिविधियों के द्वारा इस उद्योग में सहयोगी भूमिका भी निभाता है। यह प्रकोष्ठ सम्मेलन की आरंभिक अवस्था से लेकर प्रस्तुतीकरण, साहित्य–वितरण और ऑडियो/विडियो फिल्म दिखाने तक की भूमिका निभाता है। यह विज्ञापन और प्रचार संबंधी गतिविधियों में भी हिस्सा लेता है।

1992–93 में इस सभा और सम्मेलन प्रकोष्ठ ने 161 सम्मेलन और प्रदर्शनियाँ आयोजित कीं जिसमें विदेश से आए हुए 75,000 प्रतिभागी शामिल हुए। इनमें से 25,000 प्रतिभागी एयर इंडिया से आये।

1992–93 में एयर इंडिया ने 53 अंतर्राष्ट्रीय सम्मेलनों, सभाओं और प्रदर्शनियों की मेजबानी की जिसमें 8,300 विदेशी प्रतिभागी शामिल हुए। इनमें से 5,400 प्रतिभागी एयर इंडिया से आये।

प्रकोष्ठ की भविष्य योजनाओं में विभिन्न गतिविधियाँ शामिल हैं, यथा–विभिन्न जगहों पर बोली लगाना, वर्ष के कार्यक्रम का कंप्यूटरीकरण, आने वाले महीनों में निर्धारित सम्मेलनों का प्रचार–प्रसार, ऑडियो/विडियो को आधुनिक बनाये रखना और भारत को एक महत्त्वपूर्ण सम्मेलन स्थल बनाने के लिए प्रभावी विपणन योजना बनाना।

(2) रोमांच पर्यटन—एयर इंडिया के रोमांच पर्यटन प्रकोष्ठ की स्थापना का प्रमुख उद्देश्य पर्वतारोहण, ट्रेकिंग और रोमांचकारी गतिविधियों को प्रोत्साहन देना है। यह प्रकोष्ठ भारतीय पर्वतारोहण न्यास, पर्यटन मंत्रालय और भारत तथा विदेशों में स्थित रोमांच क्लबों और संगठनों से तालमेल रखता है। हिमालय की विभिन्न चोटियों पर पर्वतारोहण करने के लिए भारत के विभिन्न प्राधिकरणों से स्वीकृति लेने में यह सहायता करता है और इस प्रकार भारत के लिए बहुमूल्य विदेशी मुद्रा का अर्जन करता है।

यह प्रकोष्ठ विदेशों में लोकप्रिय रोमांचकारी खेलों जैसे जलक्रीड़ा, कार रैली, गुब्बारे उड़ाना, ऊँट सवारी, हेली आकाश यात्रा और हैंग ग्लाइडिंग को सक्रिय रूप से प्रोत्साहित करता है। भारत में खेल–कूद आयोजित कराने की काफी संभावनाएँ हैं, यह प्रकोष्ठ इन संभावनाओं को कार्यान्वित करने का भी प्रयत्न करता है। यह प्रकोष्ठ विदेशों में संचार से जुड़े लोगों और रोमांच यात्रा संचालकों को भारत से परिचित कराने के लिए आमंत्रित भी करता है।

प्रकोष्ठ की भविष्य की योजनाओं में उत्तर पूर्व, दक्षिण भारत और हिमाचल प्रदेश को पर्यटक स्थल के रूप में प्रचारित करना और राज्य पर्यटन के साथ मिलकर संयुक्त रूप से ऑडियो–विडियो का निर्माण करना भी शामिल है।

पर्यटकों को भारत की ओर आकर्षित करने के लिए एयर इंडिया समय–समय पर विशेष योजनाएँ बनाता रहता है। इनमें से दो योजनाएँ काफी सफल रही हैं—

(1) ठहराव—एयर इंडिया ठहराव, विशेषकर उन पर्यटकों और व्यापारी यात्रियों के लिए उपलब्ध कराया गया है। जो आमतौर पर भारत से होकर गुजरते हैं पर यहाँ रुकते नहीं है। इस कार्यक्रम के द्वारा उन्हें कम खर्च में छुट्टियों का पूरा आनंद उठाने की सुविधा उपलब्ध कराई जाती है। विदेश के कुछ चुने हुए शहरों में भी ठहराव पर्यटन कार्यक्रम उपलब्ध कराया गया है।

भारत में दिल्ली, बंबई, कलकत्ता और मद्रास में ठहराव पर्यटन कार्यक्रम उपलब्ध है। प्रत्येक शहर में कई वैकल्पिक यात्राएँ उपलब्ध हैं। उदाहरण के लिए कोई दिल्ली से आगरा और जयपुर या दिल्ली–जयपुर–आगरा का कार्यक्रम बना सकता है। बंबई से औरंगाबाद, अजंता और एलोरा का यात्रा कार्यक्रम बनाया जा सकता है। गोवा में आकर्षक समुद्र तट है और छुट्टी बिताने का यह मनोरम स्थल है। कलकत्ता से भुवनेश्वर, पुरी और कोर्णाक तथा हिमालय की गोद में बसे काठमांडू की यात्रा की जा सकती है। मद्रास से दक्षिण भारत के कई महत्त्वपूर्ण पर्यटक स्थलों, जैसे–महाबलिपुरम और कांचीपुरम तक की यात्रा की जा सकती है।

ठहराव यात्राएँ अधिक से अधिक तीन रातों के लिए आयोजित की जाती है और इसके लिए विदेश स्थित एयर इंडिया के किसी भी कार्यालय से अग्रिम आरक्षण कराया जा सकता है।

इस प्रकार के पर्यटन कार्यक्रम न्यूयार्क, लंदन, फ्रैंकफर्ट, दुबई, बैंकाक, क्वालालम्पुर, सिंगापुर और हांगकाँग जैसे शहरों में भी उपलब्ध है। इन तीनों ही श्रेणियों में होटलों के चुनाव द्वारा पैकेज को और आकर्षक बनाया जा सकता है।

(2) भारत ग्रीष्मकालीन सुपर बचत योजना—पूरे वर्ष भर भारत को पर्यटकों के आगमन का केंद्र बनाने के लिए एयर इंडिया ने अप्रैल से सितंबर तक के सुस्त महीनों के लिए 1992 में सुपर ग्रीष्म बचत योजना का शुभारंभ किया। इस विशेष योजना में पर्यटन विभाग, इंडियन एयरलाइन्स और प्रमुख होटलों का सहयोग लिया गया। इससे गर्मी के दिनों में खाली होटलों के कमरों का सही उपयोग भी हो सकेगा। इस योजना के अंतर्गत एयर इंडिया, इंडियन एयर लाइन्स और इसमें शामिल होटल रियायती दर की घोषणा करते हैं और पूरी योजना

अवधि (अप्रैल–सितंबर 1993-94) में किराए में किसी प्रकार की वृद्धि नहीं की गई। FITS और GITS दोनों रियायती दरें हासिल कर सकती है।

सुपर ग्रीष्मकालीन बचत योजना में भारत की ठंडी पहाड़ियों, रोमांचकारी पर्यटन, जलक्रीड़ा, डाइविंग आदि, ग्रीष्मकालीन उत्सव, भोजन और गोवा जैसी जगहों में मौसम के चमत्कार का प्रचार किया जाता है। ये पर्यटन कार्यक्रम काफी लोकप्रिय हुए हैं और इसके अंतर्गत 1992 में 10,000 अतिरिक्त पर्यटक भारत आये।

विशेष प्रोत्साहन—भारत को दुनिया के मानचित्र पर प्रदर्शित करने के लिए एयर इंडिया विशेष प्रकार के आयोजन करती है। ऐसे कुछ कार्यक्रमों का वर्णन निम्नलिखित है—

MTV प्रोत्साहन—एयर इंडिया ने पर्यटन विभाग और ताज बंगाल, कलकत्ता के साथ मिलकर MTV चैनल नेटवर्क पर एक प्रोत्साहनमूलक कार्यक्रम प्रायोजित किया। कार्यक्रम में कलकत्ता को केंद्र में रखा गया। प्रोत्साहन से उसका खूब प्रचार हुआ। भारत के पर्यटन मानचित्र पर इसकी स्थिति मजबूत हुई।

आस्ट्रिया में भारतीय शिल्प प्रदर्शनी—मध्य अप्रैल से सितम्बर 93 तक शैलेबर्ग कैसल निचला आस्ट्रिया में भारतीय जीवंत शिल्पों की एक बृहद् प्रदर्शनी लगाई गई। आस्ट्रिया में पहली बार भारत को प्रदर्शित करने वाली इतनी बड़ी प्रदर्शनी लगाई गई थी। भारत प्रदर्शित होने वाला पहला गैर यूरोपीय देश था। इस प्रदर्शनी में समकालीन भारतीय हस्तशिल्पों की प्रदर्शनी लगाई गई थी।

इसका आयोजन एयर इंडिया, भारतीय सांस्कृतिक संबंध परिषद, शिल्प संग्रहालय और पर्यटन विभाग ने संयुक्त रूप से किया था।

भोजन और सांस्कृतिक उत्सव—सिंगापुर और क्वालालम्पुर में 1992 में आयोजित गोवा भोजन और सांस्कृतिक उत्सव की लोकप्रियता के बाद एयर इंडिया इस प्रकार के अनेक आयोजन करने की योजना बना रही है। इन उत्सवों के माध्यम से राजस्थान सदृश दूसरे राज्यों से भी लोगों को परिचित कराया जायेगा और इसके लिए राज्य विशेष से भी सहयोग लिया जायेगा।

मैगासिन डू नार्ड इंडिया प्रमोशन—स्कैन्डिनीविया में मैगासिन डू नार्ड नामक दुकान समूह ने भारतीय हस्तशिल्प और वस्तुओं के प्रचार-प्रसार में काफी मदद की। 1994 में आयोजित इस प्रोत्साहन कार्य में ये दुकानें भारत निर्मित वस्तुएँ बेचेंगी। इस प्रोत्साहन कार्यक्रम को आरंभ करने के पूर्व फोटोग्राफरों का एक दल भारत के विभिन्न भागों में जाकर भारतीय शिल्पों पर फिल्म बनायेगा।

मुख्त गीत—एयर इंडिया ने अपना मुख्य गीत हिन्दी में बनाया है, इसे विडियो पर भी प्रसारित किया गया है। इसके अलावा इसे भारतीय जातीय समूहों को आकर्षित करने वाले केंद्रों में भी इसे वितरित किया गया है। एयर इंडिया ने नेहरू केंद्र, बंबई में "परिधानिका" शीर्षक से भारतीय परिधानों और साज-सज्जा के सामानों का प्रदर्शन किया था। इस प्रदर्शनी को देखने के लिए 5,000 लोग आये। इसमें प्रमुख कला विशेषज्ञ भी शामिल हुए थे।

विषय प्रचार—रंगीन विषय प्रचार "अपनों के साथ चलों" (FLY WITH YOUR VERY OWN) को एडवर्टाइजिंग क्लब और एडवर्टाइजिंग मैगजिन की ओर से भी पुरस्कार मिला था। इसके अलावा विज्ञापन देते समय एयर इंडिया केवल एयर लाइन की विशेषताओं की ही चर्चा नहीं करता है अपितु एक गंतव्य स्थल के रूप में भारत के विभिन्न आकर्षणों से भी परिचित कराता है।

प्रश्न 5. राजमार्ग सेवाओं के इतिहास पर संक्षिप्त टिप्पणी कीजिए।

उत्तर— भारत में आरंभ से ही राजमार्गों के निर्माण और उसके सुरक्षा प्रबंध का कार्य होता चला आया है। अशोक के जमाने में राजमार्गों के किनारे विश्राम स्थलों के निर्माण की स्पष्ट सूचना मिलती है। वर्तमान में कोटला–फिरोजशाह स्थित, दिल्ली–टोपरा स्तंभों पर अशोक का साँतवां स्तंभ अभिलेख खुदा हुआ है। इसमें लिखा है—

"सड़क के किनारे मैंने केले के पेड़ लगाए हैं। इससे पशु और मनुष्य दोनों को छाया मिलेगी। मैंने आम, अमरूद के पेड़ लगवाये हैं और प्रत्येक आठ कोस पर एक कुआँ खुदवाया है और सराय बनवाई है। मैंने पशु और मनुष्य के उपयोग के लिए हर जगह जल की व्यवस्था की है।"

मार्गों पर निर्जन स्थलों में विश्रामालय बनाने की परंपरा भारत में काफी पुरानी है।

शेरशाह सूरी ने भी इस दिशा में महत्त्वपूर्ण कार्य किया था। अभिलेखों में उसके द्वारा सड़कों के किनारे विश्रामालय बनवाने और अन्य सुविधाएँ उपलब्ध कराने का स्पष्ट उल्लेख मिलता है।

प्रश्न 6. पर्यटन में राजमार्ग सेवाओं का सोदाहरण वर्णन कीजिए।

अथवा

राजमार्ग सेवाओं से आप क्या समझते हैं? हरियाणा राज्य ने पर्यटन को प्रोत्साहित करने के लिए किस प्रकार इनका प्रयोग किया?

उत्तर— हरियाणा पर्यटन में राजमार्गों को एक सेवा के रूप में विकसित करने का विचार सत्तर के दशक के अंतिम वर्षों में आया।

एक बार तत्कालीन मुख्य मंत्री श्री बंसीलाल अपने अधिकारियों के साथ दिल्ली जा रहे थे। सड़क के किनारे गाड़ी खड़ी करके उन्हें चाय पीने की इच्छा हुई। किन्तु पूरे रास्ते उन्हें चाय पीने के लिए अनुकूल जगह नहीं मिली। उन्होंने अपने निजी सचिव एस.के. मिश्र से इस दिशा में कुछ करने के लिए कहा। उन्होंने आश्वासन दिया कि इसके लिए वित्त की रुकावट नहीं आयेगी। मिश्र तुरंत जगह की तलाश में जुट गए। वास्तुकार नियुक्त किए गए, राशि आवंटित की गई, एक समर्पित दस्ता तैयार किया गया और भारत में राजमार्ग सेवाओं का

शुभारंभ हुआ। हरियाणा को इस क्षेत्र में इस हद तक सफलता प्राप्त हुई कि दूसरे राज्यों ने उससे विशेषज्ञता हासिल करने का प्रयत्न किया।

हरियाणा पर्यटन सेवा—1966 में हरियाणा की एक अलग राज्य के रूप में स्थापना हुई। आरंभ से ही इसके महत्त्वपूर्ण सामरिक–भौगोलिक स्थिति के कारण यहाँ के राजमार्गों पर उद्योगपतियों और छुट्टी बिताने के लिए आने वाले लोगों का तांता लगना शुरू हो गया जिससे सड़क यातायात में काफी वृद्धि हो गई। हरियाणा पर्यटन ने भी तत्परता से कार्य किया। आरंभ में खूब सोच–समझकर दिल्ली के आसपास वाले क्षेत्रों में पिकनिक स्थलों का निर्माण किया गया। दमदमा, सोहना, सूरजकुंड और बड़खल जैसे पिकनिक स्थल और मोटलों का निर्माण किया गया। इनसें काफी मुनाफा प्राप्त होता है।

दूसरे चरण में, हरियाणा से होकर गुजरने वाले राजमार्गों के किनारे महत्त्वपूर्ण ठहराव स्थलों पर मोटल/होटल का निर्माण किया गया। डैब्चिक (होडल), किंगफिशर (अम्बाला) और मैग्पी (फरीदाबाद) इसी प्रकार के मोटल/होटल हैं।

1987 में हरियाणा पर्यटन ने विशेष पर्यटक सुविधाएँ प्रदान करने के लिए एक अन्य परियोजना शुरू की। राज्य बस स्टैण्डों पर राजमार्ग भोजन सेवा की शुरूआत इसी परियोजना का एक अंग है। इस परियोजना के अंतर्गत बस अड्डों से अस्वास्थ्यकर खाद्य केन्द्रों को हटा दिया गया और उनके स्थान पर नए होर्डिंग और संकेत बोर्ड लगाए गए। आम आदमी के लिए साफ सुथरा रेस्तरां, काऊंटर, स्वास्थ्यकर खाद्य पदार्थ, किताब की दुकानों तथा ऐसी ही अन्य सुविधाओं की व्यवस्था की गई। वल्लभगढ़, हिसार, सिरसा, और पानीपत में राजमार्ग भोजन सेवा उपलब्ध है।

यात्रा व पर्यटन पर आए लोगों को सस्ता और लोकप्रिय खाद्य पदार्थ उपलब्ध कराने के लिए हरियाणा पर्यटन के परिसरों में फास्ट फूड काउंटर स्थापित किए गए।

1991 में भजनलाल मुख्यमंत्री बने थे। उन्होंने 25 सूत्री तीव्रगामी योजना बनाई थी इस अवसर पर इस 25 सूत्री योजना की भी समीक्षा की गई।

इस योजना के अंतर्गत हरियाणा नगर विकास प्राधिकरण और हरियाणा पर्यटक निगम द्वारा निजी क्षेत्र की राजमार्ग सेवाओं के विकास के लिए आमंत्रित करना था। हरियाणा राज्य से होकर जाने वाले राजमार्गों के किनारे विश्राम और मनोरंजन स्थल के निर्माण में उनसे सहायता लेनी थी। निस्संदेह, इस तीव्रगामी योजना के पहले भी दिल्ली के दक्षिण में स्थित हरियाणा के क्षेत्रों के व्यवस्थित विकास के लिए राजधानी के बड़े आवास निर्माताओं पहल की थी।

यूनिटेक, डी.एल.एफ. और अंसल जैसी बड़ी कंपनियों ने नई–नई कालोनियों का निर्माण किया। उनमें सभी प्रकार की सुविधाएँ थी। वहाँ खेल–कूद सम्मेलन–सभा कक्ष, मधुशाला, रेस्तरां आदि सभी कुछ की व्यवस्था थी।

प्रश्न 7. विरासत होटलों से आप क्या समझते हैं तथा विरासत होटल के विकास के लिए पर्यटन विभाग ने क्या प्रोत्साहन दिए है चर्चा कीजिए।

उत्तर– संपूर्ण दुनिया विशेषकर यूरोप के लिए विरासत होटलों की अवधारणा नई नहीं है। फ्रांस में रेलैसिस एट शैटेक्स होटल श्रृंखला, ब्रिटेन में छोटे लग्जरी होटलों की श्रृंखला, स्पैनिश पैरेडोरेस और अन्य होटल ऐतिहासिक संपदाओं के ही बदले हुए रूप हैं। इस प्रकार के होटलों में दम्पति, परिवार और मित्रों का छोटा समूह ही आकर ठहरता है। इस प्रकार के होटलों में एक साथ ज्यादा पर्यटकों को ठहरने की सुविधा नहीं है। इसका यह उद्देश्य भी नहीं है। इनका निर्माण विशेष रुचि के पर्यटकों को ध्यान में रखकर ही किया गया है।

1947 में भारत को स्वतंत्रता प्राप्त हुई। पूर्व ब्रिटिश शासित भारतीय राज्य के राजा–महाराजाओं के राज्यों को एक में मिलाकर प्रजातांत्रिक भारत राष्ट्र का निर्माण किया गया।

स्वतंत्रता के बाद स्थितियों में परिवर्तन आरंभ हुआ। ब्रिटिश शासन के आधार–स्तंभ देशी रजवाड़े जो विदेशी शासन की कठपुतली के रूप में थे इन्हें स्वतंत्र भारत की नई सरकार ने पहले नजरअंदाज किया और इनकी अवहेलना की। पुनः 1950 में जागीरदारी व्यवस्था समाप्त कर दी गई जिससे पूर्व शासकों और सामंतों को अपनी रोजी–रोटी की चिंता करनी पड़ी। इसके बाद 1970 में प्रिवीपर्स समाप्त कर दिया गया जिसे राजशाही समर्थकों ने करार–भंग की संज्ञा दी। तभी कानून बनाकर देशी शासकों के सभी विशेषाधिकार छीन लिए गए। अब वे आम भारतीय नागरिक की कतार में खड़े हो गये।

शहर के अंदर और बाहर स्थित किले, राजमहल, शिकार बाड़ी, राजमहल के बाहर बने आवास, पहाड़ पर बने आवास और समुद्र तट पर बने आवास, की अवहेलना होने लगी और मरम्मत के अभाव में वे जर्जर होने लगे। अधिकांश पूर्व राजा इससे चिपके रहना अपनी प्रतिष्ठा समझते थे और इसका कोई रचनात्मक उपयोग नहीं करना चाहते थे। जब जयपुर के महाराजा मान सिंह द्वितीय (1922–1946) ने अपने रामबाग महल से ब्रिटिश रेजिडेंट के आवास में आकर रहने का निर्णय किया तो निश्चित रूप से उन्हें अपने परिवार के विरोध का सामना करना पड़ा।

8 दिसम्बर 1957 को औपचारिक रूप से राम बाग राजमहल होटल का शुभांरभ हुआ और जयपुर के महाराजा ऐसे पहले राजा थे जो सक्रिय होटल मालिक बने। उन्होंने जिस परंपरा की शुरूआत की वह आज तक कायम है।

1969 में रामबाग होटल का विस्तार किया गया और कमरों की संख्या आठ से बढ़ाकर छब्बीस कर दी गई। 1972 में ताज समूह होटल प्रबंधन ने इसे अपनी देख–रेख में ले लिया।

उदयपुर ने जल्द ही इसका अनुसरण किया और 1961 से 1969 के बीच ढहते हुए जग निवास महल को भव्य झील महल में परिवर्तित कर दिया गया। 1971 में भारत के

सबसे पुराने होटल ग्रुप टाटा ने ताज समूह होटल के प्रबंधन के तहत इसे अपने नियंत्रण में ले लिया। प्रारंभ में इसमें पीछे की तरफ 20 कमरे थे किन्तु बाद में उद्यान महल का पूरा हूलिया बदल दिया गया। ढहते हुए महल के पिछले हिस्से का उपयोग किया गया क्योंकि आगे का जर्जर महल किसी काम का नहीं था और इसका कोई रचनात्मक उपयोग नहीं किया जा सकता था। झील महल होटल में रहने वाले पर्यटकों को एक असीम आनंद और सुख की प्राप्ति होती है। यह सोचकर उनका सुख दोगुना हो जाता है कि यह स्थान पहले राजा–महाराजाओं के लिए सुरक्षित था। पिंचोला के विस्तृत जल क्षेत्र का सौंदर्य अद्भूत है। राणाओं द्वारा उपयोग में लाई जाने वाली इस विशेष सुविधा का आनंद लेना अपने आप में एक सुखद अनुभूति है।

विरासत की अवधारणा का दूसरे ढंग से भी उपयोग किया गया। उदाहरण के लिए एक होटल मालिक ने केरल के परंपरागत लकड़ी के घरों के मलबों को विभिन्न स्थानों से एकत्रित किया। इन्हें मिलाकर समुद्र तट के किनारे एक "कोकोनट लैगून" निर्मित किया। गोवा में भी पुर्तगाली अधिकारियों या भूमिपतियों के परंपरागत घरों को भी होटल में परिवर्तित कर दिया गया है।

योजना का विवरण—भारत के राजमहल, हवेलियाँ, महल, किले आदि यहाँ आने वाले पर्यटकों के लिए प्रमुख आकर्षण के केंद्र हैं। यहाँ कभी राजे–महाराजे और उनके वंशज रहा करते थे। इनमें से कुछ महलों को इसके मालिकों ने बड़े होटल समूहों के साथ मिलकर होटल में परिवर्तित कर दिया हैं। किन्तु अभी भी बहुत–सी ऐसी सम्पत्ति पुराने मालिकों के अधीन है जो जर्जर हो रही है। अभी हाल में राजस्थान स्थित महलों के मालिकों ने इन्हें होटल में परिवर्तित करने का निर्णय किया है। उन्होंने किसी स्थापित होटल समूह से अनुबंध नहीं किया है। अपितु परंपरागत जीवन–शैली की छाप को बनाए रखा है। केवल स्नानागार और शौचालय आदि का आधुनिकीकरण किया गया है शेष भवन अपने पुराने और मूल रूप में सुरक्षित है। इस प्रकार के आवास काफी लोकप्रिय हुए हैं। पर्यटक परंपरागत होटलों में रहने की अपेक्षा इस प्रकार के प्राचीन और पारंपरिक मूल्यों से जुड़े हुए आवास स्थलों में रहना अधिक पसंद करते हैं। इनमें भारत की परंपरा और विरासत की सुगंध व्याप्त है। अभी तक पर्यटन विभाग इन आवासीय स्थलों को किसी श्रेणी में वर्गीकृत नहीं कर सका था। फलतः परंपरागत होटलों पर लगाए जाने वाले नियम इन पर लागू नहीं किए जा सकते थे। किसी भी आवास को होटल में परिणित करने के लिए कुछ मानदंड बनाए जाते हैं, जैसे—

(1) कमरे का आकार

(2) शौचालय

(3) कार्पेटिंग और अन्य सुविधाएँ

परंपरागत होटलों के नियम इन पारंपरिक घरों, महलों, हवेलियों आदि पर लागू नहीं किए जा सकते है। यदि इन पर होटलों के नियम लागू किए गए तो इन आवास स्थलों की

मौलिकता नष्ट हो जायेगी। अतः इन आवास स्थलों की मौलिकता और पारंपरिक जीवन शैली को सुरक्षित रखने के लिए नए नियम बनाए जाने चाहिए। पर्यटक इनकी मौलिकता को देखकर ही आकृष्ट होते है। इस तथ्य को ध्यान में रखते हुए जनवरी 1991 में विरासत होटल नाम से इनकी एक नई श्रेणी बनाई गई। आरंभ में इसे राजस्थान स्थित होटलों के लिए लागू किया गया। नियम बनाते समय पर्यटन विभाग ने राज्य सरकार और राजस्थान के विरासत होटल संगठन से भी परामर्श किया। इस संगठन में इन परंपरागत संपत्तियों के मालिक शामिल थे। बाद में यह योजना दूसरे राज्यों में भी कार्यान्वित की गई। आंध्र प्रदेश, कर्नाटक, केरल आदि कई राज्यों ने इस श्रेणी को अपने-अपने राज्यों में लागू करने की इच्छा व्यक्त की। उड़ीसा और उत्तर प्रदेश जैसे राज्यों ने भी इस क्षेत्र में रुचि दिखाई है और वे मामले को आगे बढ़ाने के लिए प्रयत्नशील है। इस प्रकार की योजना से एक ओर जहाँ आर्थिक दृष्टि से लाभ होता है। वहीं दूसरी ओर हमारे स्मारक सुरक्षित रहते हैं।

पर्यटन प्रोत्साहन के विभाग—विदेशी पर्यटक भारतीय राजाओं और महाराजाओं की जीवन-शैली के प्रति सम्मोहित हैं। ये विरासत होटल उन्हें इस जीवन शैली से सीधा साक्षात्कार कराते हैं। यह सही है कि इस प्रकार का अनुभव केवल अमीर पर्यटकों को ही होता है क्योंकि ये महँगे आवास स्थल है। आठवीं योजना के तहत इस पर्यटन योजना का मुख्य उद्देश्य अमेरिका, यूरोप और जापान के पर्यटकों को आकृष्ट करना था। विरासत होटल की योजना से इस उद्देश्य की पूर्ति हो सकती है।

इस योजना को आगे बढ़ाने के लिए पर्यटन विभाग ने निम्नलिखित छूटें दी है—

(1) कर छूट—होटलों द्वारा अर्जित विदेशी मुद्रा का 50% सीधे आयकर से मुक्त है और यदि शेष 50% का पर्यटन उद्योग में पुनर्निवेश किया जाये तो इस शेष राशि पर भी आयकर नहीं देना पड़ता।

31 मार्च 1990 से 1 अप्रैल 1995 के बीच अनुशंसित किए गए होटलों पर कर अवकाश छूट मिलती है। इन्हें कुल लाभ पर 25% से 30% तक की छूट मिलती है और यह छूट दस वर्षों तक रहती है।

होटल उद्योग और अन्य पर्यटन संबंधी गतिविधियों में नई इक्विटी पर शेयर के मूल्य के 20% की कर छूट मिलती है। छूट की यह राशि अधिकतम 25,000 रुपये तक हो सकती है।

TFCI, IFCI, IDBI और ICICI विदेशी मुद्रा अर्जन पर 20% की ब्याज छूट देती है। पाँच सितारा होटलों में कुल आय में विदेशी मुद्रा का हिस्सा 50% होने और तीन या चार सितारा होटलों में यह हिस्सा 25% होने पर ही यह छूट दी जाती है।

पहाड़ी क्षेत्रों ग्रामीण इलाकों, तीर्थस्थलों और सरकार द्वारा निर्देशित स्थलों पर होटल खोलने पर 10 वर्षों तक (1 अप्रैल 91) से प्रभावी व्यय कर में छूट दी जायेगी। इन होटलों

को भी आयकर में 50% की छूट दी जायेगी। यह छूट 31 मार्च 1994 के पहले से कार्यरत अनुशंसित होटलों को प्रदान की जायेगी। (इससे संबंधित नियम अभी बनाए जा रहे हैं और बजट सूचना द्वारा इन्हें प्रभावी बनाया जायेगा)।

(2) अवमूल्यन—2 अप्रैल 1987 से होटल की इमारतों के लिए 20% की दर से अवमूल्यन (मूल्यांकन वर्ष 1988–89) लागू होगा। होटलों में उपयोग में लाए जाने वाले फर्नीचरों आदि पर 10% की जगह 15% की दर से अवमूल्यन दर लगाई जायेगी।

(3) ब्याज दर—अनुमोदित परियोजनाओं को भारतीय औद्योगिक वित्त निगम, भारतीय पर्यटन वित्त निगम और राज्य वित्त निगमों द्वारा दिए गये ऋणों पर ब्याज दर में छूट दी जाती है। 4 और 5 सितारा श्रेणी के होटलों को 1% की ब्याज रियायत दी जाती है। इसकी अधिकतम राशि 75 लाख रुपये होती है। 1 से 3 सितारा श्रेणी के होटलों को कुल आवंटित राशि पर 3% की छूट दी जाती है।

(4) विदेशी मुद्रा प्रोत्साहन कोटा—स्वीकृति प्राप्त होटलों को विदेशी मुद्रा प्रोत्साहन कोटा प्रदान किया जाता है। यह उनकी विदेशी मुद्रा आय का 10% होता है। यह कोटा आवश्यक आयात के लिए दिया जाता है। इसमें वाहनों का आयात भी शामिल है। इसके अलावा विदेशी प्रोत्साहन यात्रा, प्रचार और विज्ञापन आदि के लिए भी यह कोटा प्रदान किया जाता है। इसके अतिरिक्त विदेशी पर्यटन प्रोत्साहन के लिए पिछले वर्ष की विदेशी मुद्रा आय में भी 2.5% की छूट दी जाती है। जो अधिकतम 15 लाख रुपये तक हो सकती है।

(5) रियायती सीमा शुल्क—होटल की स्थापना और होटल के विस्तार के लिए आवश्यक वस्तुओं के आयात पर सीमा शुल्क में छूट दी जाती है। इसमें रसोई का सामान, हेल्थ क्लब, लांडण्ड्री, घरेलू सामान, ऊर्जा बचत के उपकरणों आदि का आयात शामिल है।

होटल के लिए निर्माण–सामग्री के रूप में सीमेंट व लोहा आदि के आवंटन तथा टेलीफोन, टेलेक्स और खाना पकाने के गैस के आवंटन में प्राथमिकता दी जाती है।

वर्गीकरण के मानदंड निम्नलिखित है–

(1) परिभाषा—1950 ई. के पूर्व निर्मित किसी राजमहल/महल/किला/हवेली तथा किसी आकार के आवास में चल रहे होटलों को विरासत होटल की संज्ञा दी जानी चाहिए।

(2) सामान्य विशेषताएँ—आवासीय स्थल की आकृति, स्थापत्यगत विशेषताएँ और समग्र निर्माण पद्धति में परंपरा और संस्कृति का पुट होना चाहिए। वाहन रखने के लिए पर्याप्त स्थान होना चाहिए। सभी सार्वजनिक कक्षों, क्षेत्रों और अतिथि कक्षों की साज–सज्जा में सुरुचि संपन्नता और परंपरागत जीवन पद्धति की झलक मिलनी चाहिए। वहाँ बिछी कालीन, फर्नीचर, आदि सब कुछ उसी के अनुरूप होना चाहिए। अतिथि–कक्ष साफ और हवादार हो। वहाँ कीड़े–मकोड़े न हों, कमरों में सीलन और आर्द्रता न हो और कमरे बड़े हों। कमरों में जुड़े हुए आधुनिक शौचालयों की सुविधा हो जैसे–फ्लश, कमोड, वास बेसिन, गर्म और ठंडा पानी

आदि। इसमें सुसज्जित और सभी सुविधाओं से युक्त एक लॉबी या लॉज होना चाहिए। इसमें उच्च कोटि के फर्नीचर लगे हों और पुरुषों के लिए लकड़ी के बने अलग–अलग प्रसाधन कक्ष हों।

(3) सुविधाएँ—इसमें एक स्वागत कक्ष, नकद और सूचना पटल होना चाहिए। जिसमें प्रशिक्षित और अनुभवी लोगों की सेवा उपलब्ध होनी चाहिए। यहाँ एक सुसज्जित, सुव्यवस्थित और सभी सुविधाओं से युक्त भोजन कक्ष होना चाहिए। कानून का प्रतिबंध न होने पर सुसज्जित और सुंदर मधुशाला भी होनी चाहिए। रसोईघर भी आधुनिक तरीके से पूर्णतः सुसज्जित होना चाहिए। वहाँ की जीवन शैली से साम्य रखता हुआ उत्तम श्रेणी की क्राँकरी, कटलरी और ग्लास के बर्तन होने चाहिए। पर्यटकों की संख्या के अनुरूप इनकी संख्या भी पर्याप्त होनी चाहिए। पीने का पानी बैक्टीरिया रहित और कीड़ों से मुक्त होना चाहिए। रसोई साफ, हवादार प्रकाशयुक्त और कीड़ों से मुक्त होनी चाहिए। ठंडे और गर्म जल के साथ–साथ सफाई की तिहरी-व्यवस्था होनी चाहिए। कूड़ा फेंकने की समुचित व्यवस्था व शुद्ध भोजन उपलब्ध होना चाहिए। अतिरिक्त जनरेटर की वैकल्पिक व्यवस्था भी होनी चाहिए। उद्यान और मैदान का रखरखाव उच्च स्तर का होना चाहिए।

(4) सेवा—होटल में बिस्तर का उत्तम प्रबंध होना चाहिए और भोजन की सेवा भी उच्चकोटि की होनी चाहिए। होटल में योग्य, प्रशिक्षित, अनुभवी, दक्ष और शालीन कर्मचारी होने चाहिए और उनके वस्त्र स्वच्छ और सुरुचि सम्पन्न होने चाहिए। अतिथियों के संपर्क में आने वाले कर्मचारियों में अंग्रेजी बोलने और समझने की योग्यता होनी चाहिए। इन होटलों में उच्च स्तर के घरेलू सामान रखने चाहिए और बिस्तर, मेजपोश कंबल, तौलिया आदि उच्चकोटि का होना चाहिए। प्रत्येक अतिथि कक्ष में बैक्टीरिया मुक्त पेय जल उपलब्ध होना चाहिए। मौसम के अनुरूप कमरे को ठंडा या गर्म करने की व्यवस्था होनी चाहिए। जहाँ टेलीफोन लाइन उपलब्ध है वहाँ कार्यालय में कम से कम एक फोन अवश्य उपलब्ध होना चाहिए, जिसकी लाईन प्रत्येक कमरे से जुड़ी होनी चाहिए। आवश्यकता पड़ने पर चिकित्सा सुविधा भी उपलब्ध होनी चाहिए।

(5) संरक्षण—इन सब के अलावा विरासत होटल की विशेषताओं की सुरक्षा और संरक्षण अनिवार्य है। इसमें किसी भी प्रकार का विस्तार/विकास/परिवर्तन परंपरागत जीवन शैली को ध्यान में रखकर ही किया जाना चाहिए। प्रत्येक आवास स्थल में अतिथि कक्ष की संख्या के अनुरूप कर्मचारी, भोजन आदि की व्यवस्था की जानी चाहिए। अपनी मूल प्रकृति और सेवा को बनाए रखते हुए इन होटलों को पेशेवर ढंग से चलाया जाना चाहिए।

विरासत होटलों को अपने आप में अनूठा तथा स्थानीय और परंपरागत जीवन पद्धति के अनुरूप होना चाहिए। इसकी सेवा, परिवेश और अन्य सभी व्यवस्थाएँ चार सितारा के स्तर की होनी चाहिए।

प्रश्न 8. विरासत होटल संगठन के मुख्य उद्देश्यों का उल्लेख कीजिए।

उत्तर— विरासत होटल के मालिकों ने मिलकर अपना एक संगठन बनाया। इस संगठन की उपयोगिता पर शंका की जाती है क्योंकि इस होटल के कुछ मालिक संगठन की सदस्यता को मुनाफे की कसौटी पर कसने का प्रत्यन करते हैं। लेकिन वस्तुतः संगठन अपने आप में एक शक्ति है। इससे एक सामूहिक सोच का जन्म होता है और इससे सरकार के सामने अपनी सामूहिक माँगों को पेश करने में सहायता मिलती है। इस मंच का उपयोग सभी होटल मालिकों के हित में किया जाता है।

इस सामूहिक शक्ति और सोच के बदले एक होटल को प्रतिवर्ष 1000 रुपये का नाममात्र का सदस्यता शुल्क देना पड़ता है। यह संगठन होटल वर्गीकरण समिति के अनुमोदन के पूर्व ही अपने सदस्य होटलों को प्रारंभिक चरण से ही मदद करता है, जो इस संगठन का एक प्रमुख उद्देश्य है। इसमें निम्नलिखित श्रेणियों के होटल शामिल हैं—

(1) स्थापत्य और ऐतिहासिक दृष्टि से महत्त्वपूर्ण किलों, राजमहलों, महलों, घरों, और हवेलियों को होटलों में बदलने और इसके लिए उनके मालिकों की सहायता और मार्गदर्शन करना। उन्हें इस प्रकार के होटलों के आधुनिकीकरण, विपणन और कार्य संचालन के लिए मार्गदर्शन करना।

(2) विरासत होटलों में समृद्ध राजस्थानी कला और संस्कृति की परंपरा को जीवित रखने के लिए मार्ग निर्देशन करना। स्थानीय जीवन की झलक दिखाने के लिए लोक संगीत और नृत्य का आयोजन करना। राजस्थान के इतिहास, कला, संस्कृति और परंपरागत जीवन पद्धति से लोगों को परिचित कराने में सहयोग देना।

(3) सभी प्रकार की रियायतें और लाइसेंस प्राप्त करने के लिए पर्यटन मंत्रालय अथवा राजस्थान पर्यटन विभाग से विरासत होटल का अनुमोदन और स्वीकृति प्राप्त करने में सहयोग देना। सभी प्रकार की रियायतें और लाईसेंस प्राप्त करने में मदद देना। संगठन इस प्रकार की सम्पत्ति को विरासत होटल का दर्जा दिलाने में सहायता प्रदान करता है।

(4) विरासत होटल के मालिकों के सामने आने वाली कठिनाइयों को दूर करने में मदद करना।

(5) दूरस्थ इलाकों में स्थित महलों, किलों, राजमहलों और राजस्थान के अन्य ऐतिहासिक स्थलों पर विरासत पर्यटन को पहुँचाना और उनका विकास करना।

होटल वर्गीकरण समिति के अनुमोदन के बाद होटल को कई प्रकार की रियायतें मिल जाती हैं। अतएव कार्यरत होटलों को यथाशीघ्र अनुमोदन प्राप्त कर लेना चाहिए क्योंकि इससे आय कर सदृश कई प्रावधानों से रियायत मिल जाती है।

निन्नलिखित कारणों से समिति किसी होटल को स्वीकृति देने से इंकार कर सकती है—

(1) रसोईघर का अस्वास्थ्यकर होना, चारों ओर गंदगी और इधर–उधर कूड़ा–करकट फैला होना। रसोईघर में काम में लाए जाने वाले टेबुल पर अल्यूमीनियम की चादर न लगा होना।

(2) भोजन परोसने का स्थान गंदा होना। चीजों का अव्यवस्थित होना।
(3) सार्वजनिक भोजन कक्ष तथा कर्मचारियों के लिए अलग शौचालय का अभाव एवं शौचालय का गंदा होना आदि।
(4) खाद्य पदार्थ, मेजपोश तथा बिस्तर रखने का स्थान गंदा और अव्यवस्थित होना।
(5) कमरे में टूटा-फूटा फर्नीचर या निम्न स्तर का फर्नीचर होना।
(6) अतिथि कक्ष से जुड़े शौचालय का गंदा और अस्वास्थ्यकर होना।
(7) पीने के लिए छने हुए पानी और खनिज पानी का अभाव होना।
(8) रसोई और भंडार में कीड़े-मकोड़ों, चिड़िया और जानवरों का होना तथा
(9) परंपरागत झलक का अभाव होना।

प्रश्न-पत्र

टी.एस.–2 : पर्यटन विकास : उत्पाद, संचालन और स्थिति अध्ययन
दिसम्बर, 2017

नोट: (i) **किन्हीं पाँच** प्रश्नों के उत्तर दीजिए। उत्तर लगभग 600 शब्दों में होने चाहिए।
(ii) **सभी** प्रश्नों के अंक **समान** हैं।

प्रश्न 1. पर्यटन की समाज–शास्त्रीयता से आप क्या समझते हैं? पर्यटन की समाज–शास्त्रीयता में गवेषणा के पाँच प्रमुख बिंदुओं पर चर्चा कीजिए।

प्रश्न 2. पर्यटकों के रूपरेखाकरण/प्रालेखन का क्या महत्व है? पर्यटकों के प्रालेखन में अपनाई जाने वाली प्रविधियों की चर्चा कीजिए।

प्रश्न 3. नगर दौरे की योजना बनाते समय विचारणीय मुख्य बिंदुओं पर विचार कीजिए।

प्रश्न 4. वन्यजीव पर्यटकों के अभिलक्षणों का वर्णन कीजिए तथा उसमें आने वाली समस्याओं पर चर्चा कीजिए।

प्रश्न 5. निम्नलिखित में से *किन्हीं दो* पर लघु टिप्पणी लिखिए:
(a) ताजमहल
(b) कलिंग बाली यात्रा
(c) थीम डिनर (मनोरंजन भोज)

प्रश्न 6. सुप्रसिद्ध समुद्री तट सैरगाह के रूप में कोवलम् के विकास पर प्रकाश डालिए।

प्रश्न 7. 'पैलेस ऑन व्हीलस्' परियोजना की प्रमुख विशेषताओं का उल्लेख कीजिए। इस परियोजना को कैसे बढ़ावा दिया गया?

प्रश्न 8. भारत में तीर्थयात्रा पर्यटन पर एक विस्तृत टिप्पणी कीजिए।

प्रश्न 9. राजमार्ग सेवाओं से आपका क्या अभिप्राय है? पर्यटन उद्योग में इसकी क्या भूमिका है?

प्रश्न 10. मार्गदर्शक और पथ–खोजी के मध्य अंतर्भेद स्पष्ट कीजिए तथा बताइए कि शेरपा पथ–खोजी के रूप में कैसे विकसित हुए?

टी.एस.–2: पर्यटन विकास : उत्पाद, संचालन और स्थिति अध्ययन
जून, 2018

नोट: (i) **किन्हीं पाँच** प्रश्नों के उत्तर दीजिए।
(ii) **सभी** प्रश्नों के अंक **समान** हैं।

प्रश्न 1. नगर यात्रा की तैयारी एवं उसे संचालित करते समय यात्रा गाईड/अनुरक्षी द्वारा विचारणीय विभिन्न बिंदुओं का विस्तारपूर्वक वर्णन कीजिए।

प्रश्न 2. पर्यटन उत्पाद के रूप में खजुराहो उत्सव की संकल्पना कैसे बनाई गई? इस (उद्यम) से प्राप्त अनुभवों की रूपरेखा बनाकर इस प्रकार के आयोजनों में सुधार के उपाय बताइए।

प्रश्न 3. किसी पर्वत–गाईड के लिए कौन–कौन–से कौशल अपेक्षित हैं? हिमालय क्षेत्र में पर्वतारोहण संबंधी गतिविधियों में शेरपाओं की भूमिका पर विचार कीजिए।

प्रश्न 4. निम्नलिखित पर्यटन उत्पाद तैयार करते समय उनकी संभाव्यता एवं सतर्कता बिंदुओं पर टिप्पणी लिखिए:
(a) पाक–शैली/पकवान
(b) स्थानीय रीति–रिवाज

प्रश्न 5. अपनी मनपसंद के किसी पर्वतीय यात्रास्थल (गंतव्य) के पर्यटन आकर्षण तथा उसके सतत् पर्यटन विकास की आधारभूत आवश्यकताओं का वर्णन कीजिए।

प्रश्न 6. यात्रा बिक्री अधिशासी के रूप में आप किसी संभाव्य (potential) विदेशी वन्यजीवन पर्यटक को भारत की वन्य–जीव–जंतु संपदा का परिचय कैसे देंगे?

प्रश्न 7. भारत के उन विभिन्न संग्रहालयों का लेखा–जोखा प्रस्तुत कीजिए जहाँ लोक–कला एवं शिल्प को महत्व दिया जाता है।

प्रश्न 8. निम्नलिखित में से **किन्हीं दो** पर लगभग 300 शब्दों में टिप्पणी लिखिए:
(a) हवाई साहसिक खेल (क्रीड़ा)
(b) जल साहसिक खेल (क्रीड़ा)
(c) जमीनी साहसिक खेल (क्रीड़ा)

प्रश्न 9. भारत के उत्सव/Festival of India की संकल्पना के मूल–भाव पर प्रकाश डालते हुए भारतीय पर्यटन के संदर्भ में इसकी प्रोत्साहन माध्यम के रूप में विवेचना कीजिए।

प्रश्न 10. संगत उदाहरण देते हुए स्पष्ट कीजिए कि राजमार्गों को किस प्रकार पर्यटन विकास के सुगम कारकों के रूप (संभावना-क्षेत्र के रूप) में अन्वेषित किया जा सकता है।

टी.एस.–2: पर्यटन विकास : उत्पाद, संचालन और स्थिति अध्ययन
दिसम्बर, 2018

नोट: *किन्हीं* ***पाँच*** *प्रश्नों के उत्तर लगभग 600 शब्दों (प्रत्येक) में दीजिए। सभी प्रश्नों के अंक समान हैं।*

प्रश्न 1. भारत में पर्यटन को प्रोत्साहित करने हेतु साहसिक कार्यों और खेलों की सामर्थ्यता एवं वाणिज्यिक लाभप्रदता संबंधी बिंदुओं की चर्चा कीजिए।

प्रश्न 2. अपनी पसंद के किसी शहर की यात्रा/भ्रमण के लिए एक–दिवसीय यात्रा कार्यक्रम की रूपरेखा बनाइए। इस यात्रा के दौरान आने वाली संभावित कठिनाइयों की सूची बनाकर उनके निवारक उपाय भी सुझाइए।

प्रश्न 3. निम्नलिखित पर्यटन उत्पाद तैयार करते समय उनकी संभाव्यता और सतर्कता बिंदुओं पर टिप्पणियाँ लिखिए:

(क) मेले एवं त्योहार

(ख) पाकशैली/पकवान

प्रश्न 4. वन्यजीवन पर्यटक की व्यवहारवादी विशेषताओं की विवेचना कीजिए। वन्यजीवन गाइड के रूप में आप पर्यटक की अपेक्षाओं की पूर्ति कैसे कर सकते हैं?

प्रश्न 5. पर्यटन और तीर्थयात्रा के अंतर्संबंध पर प्रकाश डालते हुए भारत में समग्र पर्यटन उद्योग विकास पर इसके प्रभावों को रेखांकित कीजिए।

प्रश्न 6. टी.सी.आई. (TCI-IndiaFest, 1993) के इंडियाफेस्ट, 1993 (तथ्य विवरण) के प्रयोजन, आयोजना, प्रोत्साहन, कठिनाइयों तथा उपलब्धियों के संदर्भ में एक विस्तृत लेखा–जोखा प्रस्तुत कीजिए।

प्रश्न 7. निम्नलिखित पर संक्षिप्त टिप्पणियाँ लिखिए:

(क) समुद्र–तट भ्रमण/यात्रा की योजना बनाना

(ख) द्वीपीय यात्रा की योजना बनाना

प्रश्न 8. समुद्रपार (विदेशी) पर्यटन गंतव्यों के विकास से संबंधित सरकार के प्रयासों तथा उसकी विपणन कार्यनीतियों की विवेचना कीजिए।

प्रश्न 9. एयर इंडिया को अपने अध्ययन क्षेत्र के रूप में लेते हुए पर्यटन गंतव्यों के विकास में हवाई सेवा कंपनियों (एयरलाइंस) की भूमिका पर चर्चा कीजिए।

प्रश्न 10. पी.ए.टी.ए. (PATA) के उद्भव पर प्रकाश डालते हुए पर्यटन विकास में इसके योगदान को रेखांकित कीजिए।

टी.एस.–2 : पर्यटन विकास : उत्पाद, संचालन और स्थिति अध्ययन
जून, 2019

नोट: *किन्हीं* *पाँच* प्रश्नों के उत्तर दीजिए। प्रत्येक प्रश्न का लगभग 600 शब्दों में उत्तर दीजिए। सभी प्रश्नों के अंक समान हैं।

प्रश्न 1. मजबूत मेहमान–मेजबान संबंधों को बढ़ावा देने में पर्यटन के विभिन्न प्रकारों में गंतव्य किस प्रकार इस्तेमाल किए जा सकते हैं? कुछ महत्त्वपूर्ण उदाहरणों का भी उल्लेख कीजिए।

प्रश्न 2. अपनी पसंद के किसी एक स्थान का चयन कीजिए और उन कारकों की व्याख्या कीजिए जिन्हें आप उस स्थान पर पर्यटक समूह के दौरे की योजना बनाते समय ध्यान में रखेंगे?

प्रश्न 3. राष्ट्रीय उद्यानों और वन्यजीव उद्यानों में वन्यजीव पर्यटन संबंधी गतिविधियों की संभावनाओं और समस्याओं की चर्चा कीजिए।

प्रश्न 4. आप स्वयं को एक पर्यटक–गाइड मानिए और यह लिखिए कि आप किसी पर्यटक समूह के सामने ताजमहल का वर्णन किस प्रकार करेंगे।

प्रश्न 5. भारत में पहाड़ी पर्यटन पर एक विस्तृत टिप्पणी लिखिए।

प्रश्न 6. पिछले कुछ वर्षों से धार्मिक पर्यटन की अवधारणा किस प्रकार बदल गई है? उपयुक्त उदाहरणों का उल्लेख करते हुए अपने उत्तर में व्याख्या कीजिए।

प्रश्न 7. भारतीय पर्यटन को बढ़ावा देने के एक साधन के रूप में विदेशों में 'इंडियाफेस्ट' के आयोजन के महत्व की चर्चा कीजिए।

प्रश्न 8. भारत में विरासत होटलों के वर्गीकरण के लिए दिशा–निर्देशों का उल्लेख कीजिए। इस अवधारणा में सरकार किस प्रकार सहायक सिद्ध हो सकती है तथा इस संदर्भ में और क्या किया जा सकता है? व्याख्या कीजिए।

प्रश्न 9. निम्नलिखित में से प्रत्येक पर लगभग 150 शब्दों में संक्षिप्त टिप्पणियाँ लिखिए:

(क) हवाई रोमांचक खेल
(ख) जल आधारित रोमांचक खेल
(ग) समुद्रतटीय आरामगाह की विशेषताएँ
(घ) पर्वतीय गाइड

प्रश्न 10. भारत में राजमार्ग पर्यटन की संभावनाओं की चर्चा कीजिए।

टी.एस.–2 : पर्यटन विकास : उत्पाद, संचालन और स्थिति अध्ययन
जून, 2020

नोट: *किन्हीं पाँच* प्रश्नों के उत्तर दीजिए। प्रत्येक प्रश्न का लगभग *600* शब्दों में उत्तर दीजिए। सभी प्रश्नों के अंक समान हैं।

प्रश्न 1. पर्यटकों की रूपरेखा से आप क्या समझते हैं? पर्यटक स्थल के संदर्भ में पर्यटकों की रूपरेखा किस प्रकार उपयोगी है?

प्रश्न 2. पर्यटन का समाजशास्त्र से क्या तात्पर्य है? पर्यटन के समाजशास्त्र के अध्ययन के लिए अपनाई जाने वाली पद्धतियों की संक्षेप में चर्चा कीजिए।

प्रश्न 3. नगर भ्रमण करने के दौरान पर्यटक के द्वारा अनुभव की जाने वाली सामान्य समस्याओं की चर्चा कीजिए। अपने उत्तर में उपयुक्त उदाहरण भी दीजिए।

प्रश्न 4. निम्नलिखित में से किन्हीं दो पर संक्षिप्त टिप्पणियाँ लिखिए:
(क) वन्यजीव पर्यटन में फोटोग्राफी की भूमिका
(ख) वन्यजीव, पर्यटन को बढ़ावा देने के आर्थिक लाभ
(ग) वन्यजीव पर्यटकों की विशेषताएँ

प्रश्न 5. रोमांच, खेल और पर्यटन के बीच संबंध की चर्चा कीजिए।

प्रश्न 6. पहाड़ी पर्यटन में आकर्षण के अवयवों (Pull Factors) का वर्णन कीजिए।

प्रश्न 7. भारत में तीर्थस्थल पर्यटन के महत्व की सोदाहरण चर्चा कीजिए।

प्रश्न 8. नृजातीय पर्यटन और सांस्कृतिक पर्यटन में क्या अंतर है? नृजातीय पर्यटन के विकास में मध्यस्थों द्वारा निभाई जाने वाली भूमिका का वर्णन कीजिए।

प्रश्न 9. 'पैलेस ऑन व्हील्स' (विलासितापूर्ण रेलगाड़ी) को शुरू करने के लिए सरकार क्यों प्रेरित हुई? इस परियोजना की प्रमुख विशेषताओं की व्याख्या कीजिए।

प्रश्न 10. विरासत होटल से आप क्या समझते हैं? इस योजना को बढ़ावा देने के लिए पर्यटक विभाग के द्वारा प्रदान किए जाने वाले प्रोत्साहनों की चर्चा कीजिए।

टी.एस.–2 : पर्यटन विकास : उत्पाद, संचालन और स्थिति अध्ययन
दिसम्बर, 2020

नोट: किन्हीं **पाँच** प्रश्नों के उत्तर दीजिए। प्रत्येक प्रश्न का उत्तर लगभग **600** शब्दों में उत्तर दीजिए। सभी प्रश्नों के अंक समान हैं।

प्रश्न 1. मेहमान–मेजबान संबंध से आप क्या समझते हैं? मेहमान–मेजबान संबंध के अध्ययन की प्रासंगिकता की चर्चा कीजिए।

प्रश्न 2. गाइड और पथ प्रदर्शक में क्या अंतर है? पथ प्रदर्शक के रूप में शेरपाओं का विकास किस प्रकार हुआ?

प्रश्न 3. पर्यटन में मानवशास्त्र के योगदान पर एक विस्तृत टिप्पणी लिखिए। उपयुक्त उदाहरण देते हुए अपने उत्तर में वर्णन कीजिए।

प्रश्न 4. निम्नलिखित में से किन्हीं दो पर संक्षिप्त टिप्पणियाँ लिखिए:

(क) खजुराहो उत्सव

(ख) पर्यटन के विकास में भोजन की भूमिका

(ग) बंगी जम्पिंग

प्रश्न 5. प्रसिद्ध समुद्रतटीय आरामगाह के रूप में कोवलम के विकास की चर्चा कीजिए।

प्रश्न 6. नृजातीय पर्यटन क्या है? नृजातीय पर्यटन के नकारात्मक और सकारात्मक प्रभावों की व्याख्या कीजिए।

प्रश्न 7. गिर राष्ट्रीय उद्यान पर एक विस्तृत टिप्पणी लिखिए।

प्रश्न 8. इंडियाफेस्ट के आयोजन का उद्देश्य क्या था? इंडियाफेस्ट के क्रियान्वयन में भारत यात्रा निगम को किन कठिनाइयों का सामना करना पड़ा? उल्लेख कीजिए।

प्रश्न 9. राजमार्ग सेवाओं से आप क्या समझते हैं? हरियाणा पर्यटन के द्वारा किस प्रकार की राजमार्ग सेवाएँ प्रदान की गई हैं?

प्रश्न 10. ट्रेवल एजेंसी के विकास को आप किन मापदंडों पर आकलित करेंगे? पर्यटन के विकास में सीटा (SITA) के द्वारा निभाई गई भूमिका की चर्चा कीजिए।

टी.एस.–2: पर्यटन विकास : उत्पाद, संचालन और स्थिति अध्ययन
दिसम्बर, 2021

***नोटः** किन्हीं **पाँच** प्रश्नों के उत्तर लगभग **600** शब्दों (प्रत्येक) में दीजिए। सभी प्रश्नों के अंक समान हैं।*

प्रश्न 1. किसी घरेलू पर्यटक की प्रोफाइल आप कैसे बनाएँगे? विस्तार से लिखिए।

प्रश्न 2. आगरा में स्थित ताजमहल के निर्माण का ऐतिहासिक विवरण प्रस्तुत कीजिए।

प्रश्न 3. भारत में पर्यटन को प्रोत्साहन देनें में नृत्य एवं संगीत के महत्व पर प्रकाश डालिए।

प्रश्न 4. निम्नलिखित पर संक्षिप्त टिप्पणियाँ लिखिएः

(क) वन्यजीव आकर्षण

(ख) जातीय पर्यटन

प्रश्न 5. रिजॉर्ट एवं होटल के मध्य अंतर स्पष्ट कीजिए तथा समुद्र तट पर स्थित रिजॉर्ट की विशेषताओं का उल्लेख कीजिए।

प्रश्न 6. पर्यटन की दृष्टि से अपने क्षेत्र की हस्तकला एवं लोक–कला पर निबंध लिखिए।

प्रश्न 7. "कलिंग–बाली यात्रा का सांस्कृतिक एवं पर्यटन महत्व है।" इस कथन का विस्तार कीजिए।

प्रश्न 8. पाटा–PATA एवं ट्रेवल मार्ट पर एक निबंध लिखिए।

प्रश्न 9. धरोहर–होटलों के विकासवादी चरणों की चर्चा कीजिए। छवि निर्माण में धरोहर होटलों के महत्व पर प्रकाश डालिए।

प्रश्न 10. निम्नलिखित पर संक्षिप्त टिप्पणियाँ लिखिएः

(क) पर्यटन में व्यंजनों का महत्व

(ख) समाजशास्त्र और पर्यटन

www.ingramcontent.com/pod-product-compliance
Lightning Source LLC
La Vergne TN
LVHW021816060526
838201LV00058B/3412
* 9 7 8 9 3 8 1 0 6 6 0 4 1 *